执行主编◎吴 平 王 蔚

中国政法大学教师发展中心 主编

青春者说

中国政法大学青年教师发展论坛文集

第一辑

中国政法大学出版社

图书在版编目（ＣＩＰ）数据

青春者说：中国政法大学青年教师发展论坛文集. 第一辑/中国政法大学教师发展中心主编. －北京：中国政法大学出版社，2019.6

ISBN 978-7-5620-8778-6

Ⅰ.①青… Ⅱ.①中…Ⅲ.①法律－文集 Ⅳ.①D9-53

中国版本图书馆CIP数据核字(2019)第002348号

	青春者说
书　名	中国政法大学青年教师发展论坛文集(第一辑)
	QINGCHUNZHESHUO　　　　ZHONGGUOZHENGFADAXUE
	QINGNIANJIAOSHI FAZHANLUNTAN WENJI DIYIJI
出版者	中国政法大学出版社
地　址	北京市海淀区西土城路 25 号
邮　箱	fadapress@163.com
网　址	http://www.cuplpress.com (网络实名：中国政法大学出版社)
电　话	010-58908466(第七编辑部)　　010-58908334(邮购部)
承　印	北京鑫海金澳胶印有限公司
开　本	720mm×960mm　1/16
印　张	21
字　数	332 千字
版　次	2019 年 6 月第 1 版
印　次	2019 年 6 月第 1 次印刷
定　价	65.00 元

前 言

  人才培养是高等教育的本质要求和根本使命，作为人才培养的第一阵地，高校在创新人才培养中发挥着关键作用。当前，我国已经建成世界上规模最大的高等教育体系，即将跨越高等教育大众化阶段，正快速迈向高等教育普及化阶段。世界范围内新一轮科技革命和产业变革扑面而来，与我国加快转变经济发展方式正在形成历史性交汇，国家创新发展和产业升级对人才的迫切需求前所未有。教育内在发展的大逻辑和国家发展的大逻辑都对高等教育的变革创新提出了新的更高要求。习近平总书记指出，"人才培养，关键在教师。教师队伍素质直接决定着大学办学能力和水平"。提升人才培养质量的核心在于建设政治素质过硬、业务能力精湛、育人水平高超、方法技术娴熟的高素质教师队伍。在高等教育中，新时代就要把握好国内国际发展新形势、教育发展新机遇，用新判断、新表述、新要求、新措施、新加强、回应高等教育新发展，这对教师队伍能力和水平提出了新的更高的要求。大学需要紧跟时代发展，为提高教师素质，从制度层面为打造一支有理想信念、有高尚情操、有扎实学识、有仁爱之心的"四有"好老师队伍提供保障和便利。

  以强化师资队伍建设为抓手，通过促使高校教师回归本分、回归初心、回归梦想，推进高校人才培养回归常识，实现高等教育内涵式发展，在世界范围内早有先例。美国密歇根大学于 1962 年最先成立了教师发展中心，而后世界其他国家和地区的高校也纷纷成立类似的机构。我国的教师发展中心建设工作始于 2006 年，直到 2012 年，随着教育部正式批准建立 30 个国家级教师发展示范中心，我国高校拉开了大规模成立教师发展中心的序幕。教师发展中心以促进教师的发展为核心使命，通过开展教师培训、教学培训、教学研究与评价、教学资源建设、咨询与服务等工作，以提升教师教学发展能力。

作为中国法学教育最高学府，中国政法大学成立于 1952 年，以"厚德、明法、格物、致公"为校训，以开放式、国际化、多科性、创新型的世界一流法科强校为办学定位，学校在 65 年的办学历程中，为国家培养了各类优秀人才 20 余万。中国政法大学是国家法学教育和法治人才培养的主力军，参与了自建校以来国家几乎所有的立法活动，引领着国家法学教育的创新、法学理论的革新和法律思想的更新，代表国家对外进行法学学术和法治文化交流。同时，中国政法大学是政治、经济、社会、文化等领域人才培养的生力军，培养了一大批富有创造力的卓越人才，推动了国家政治民主、经济发展、文化繁荣、社会和谐及生态文明等方面建设。为进一步顺应高等教育内涵式发展的新趋势，提升教师教学发展能力，建设高水平法学教师队伍，进一步提高人才培养质量，推进学校以质量提升为核心的内涵式发展，中国政法大学于 2017 年成立教师发展中心，挂靠人事处，重点开展教师教学、科研、思想政治、师德、自主提升等相关培训，推进建立健全青年教师交流体系、互助体系和成长体系。

中国政法大学教师发展中心以满足教师个性化、专业化发展要求为目标，自运行以来，基本形成了系统化的教师培养模式。

开展教师思想政治素质培训，提高教师政治思想理论水平。紧密结合学校教师队伍的思想和工作实际，组织教师深入学习马克思主义理论、党的理论创新成果和中央重大决策部署，学习习近平总书记系列重要讲话精神，培育和践行社会主义核心价值观，坚决抵制各种错误思想影响，增强教书育人的责任感和自觉性。

加强师德师风建设，引导教师把教书育人和自我修养结合起来。专设师德培训版块和课程，组织开展"青年教师社会实践项目"，大力宣传师德师风先进典型，实施教师思想引领计划和教师实践锻炼计划，积极营造风清气正的教书育人环境。

设立教师教学信息化能力提升工作坊，提高教师教学能力。加强教师教学方法理论学习及创新，及时跟进教育教学方法信息化步伐，开展慕课录制技巧、教学课件的制作和设计、智慧教室的使用技巧等培训，提高教学科学化、高效化、专业化、信息化水平。

设立教师健康解压活动室，培养教师积极的心理品质。一方面帮助教师了解学生心理特质，培养学生的健康人格，积极引导学生处理学习生活中遇到的问题和困难；另一方面增强教师自助能力，正确调适和应对心理压力，提升职业幸福感。

实施教师自主提升计划，鼓励教师参加各类专业提升活动。学校鼓励中青年教师按照专业兴趣，自主组织、参加各类专业提升活动，开展系列与教学科研活动紧密相关的交流讲座，以本校各学科的前沿问题和社会热点问题为导向，增强本校青年教师学术共同体的身份认同，提供跨学科间的交流契机，促进本校与外校学术骨干教师交流。目前，已经开展了"中青年骨干教师海外提升项目归国讲堂讲座计划""青年教师发展论坛""漫谈教学茶座""域外教学工作坊""师生对谈沙龙"等不同系列的活动。

除此之外，教师发展中心还开放专门会议室，提供热水、茶点服务，促进教师之间的信息共享和交流；打造"中国政法大学在线学习中心"平台，满足教师在线学习的需求。

现代学科的发展日益朝向精细化、专门化和独立化方向发展。学科细分虽然为学术研究提供了便利，但在一定程度上也容易形成"学科壁垒"。随着互联网、大数据和人工智能等新兴事物的产生和发展，许多新生的复杂社会问题，往往不是某一学科能够完全解决的，需要新兴学科和交叉学科形成合力，共同解决。为打破"学科壁垒"，促进学科之间的交流，中国政法大学教师发展中心特举办了青年教师发展论坛系列活动，搭建不同学科对话的平台，每期由主讲嘉宾作主题报告，邀请具有不同学科背景的与谈嘉宾进行点评，以实现不同学科观点的碰撞和交流，增强教师认识和分析问题的能力，从而提高教师的学术水平。

青年教师发展论坛作为教师发展中心重点支持的教师自主提升工作坊系列学术活动之一，目前已经举办了 14 期，主题涉及法理学、民法学、行政法学、刑事诉讼法学、国际法学、法律史学以及法与经济、经济史等不同的学科专业。论坛不仅邀请了本校不同学院的教师担任点评嘉宾，而且还邀请了来自北京大学、清华大学、中国人民大学、北京师范大学、中国社会科学院等兄弟院校和最高人民检察院检察理论研究所、腾讯研究院法律研究中心、中国仲裁法学研究会、国土资源部不动产登记中心等研究机构的专家学者参与点评。论坛的举办不仅吸引了不同学校本科生、研究生的参与，而且相关老师和实务部门的工作人员也到场参与讨论和交流，不仅有利于校内不同学科专业的教师交流沟通，打破"学科壁垒"，而且为校内教师与校外教师、实务部门进行学术对话和研究提供了契机。为了让青年教师发展论坛所取得的成果惠及更多读者，特将 2017 学年至 2018 学年举办的各期论坛文稿结集出版，以飨各位读者。但其中疏漏在所难免，真诚地希望读者朋友们批评指正。

李树忠

中国政法大学副校长、教授

目 录

第一期

法理学在何种意义上有助于部门法学？

主讲人：雷　磊　中国政法大学法学院教授

与谈人：（按姓氏笔画排列）

　　　　王　旭　中国人民大学法学院教授

　　　　孙海波　中国政法大学比较法学研究院讲师

　　　　赵　宏　中国政法大学比较法学研究院教授

　　　　翟远见　中国政法大学比较法学研究院副教授

主持人：王　蔚　中国政法大学法学院副教授

一、引言

无论是作为法学研习者，还是法律适用者，对法律原则的理解和法律规则的适用、对司法案件特别是疑难案件的分析，都离不开法理学的支撑。本期论坛探讨法理学对于部门法的作用，主讲嘉宾中国政法大学法学院雷磊教授和与谈嘉宾中国人民大学法学院王旭教授，中国政法大学比较法学研究院赵宏教授、翟远见副教授以及孙海波老师将围绕"法理学在何种意义上有助于部门法学？"这一主题展开讨论与交流。

二、主题报告[1]

主讲人：雷 磊（中国政法大学法学院教授）

"法理学在何种意义上有助于部门法学？"这个问题放大一些就是：法理学有什么用？从某种意义上来说，提出这个问题本身就反映了这个学科的危机意识。这与法理学目前所处的内忧外患的境地有关。外患指的是法理学学科先导地位的丧失，内忧则表现在法理学内部学派林立、进路繁多、纷争不休。现在的法理学至少存在八种思潮或研究路向，这些派别的研究者相互之间认同不足，甚至除了"法理学者"这一共同的称呼外，几乎没有共同之处。

综合德国传统、Nawiasky以及当代德国学者Jestaedt的三种划分，可以明晰法理学和部门法学的定位。一般来说，部门法学知识的主体是教义学，而我们通常说的法理学则包含法哲学和法理论两个部分。虽然今天关于法哲学和法理论间的关系仍有争议，但我们可以将它们作为平行的两个分支来划定各自的范围：法理论相当于德国传统中所讲的一般法学说，法哲学要解决的问题则是哲学三大问题在法学的投影——概念论（法是什么）、认识论（如何

---

〔1〕 参见雷磊："法哲学在何种意义上有助于部门法学"，载《中外法学》2018年第5期。

认识法，法律知识如何可能，法学方法论是其中的主体部分）、价值论（什么样的法是公正的）。

如何理解"有用"？首先，不同于思维经济原则；其次，也不等同于唯一正解；最后，我们把法哲学有用的场合界定为疑难案件。疑难案件恰恰是检验法哲学（也是部门法学）的重要场合。当然，聚焦疑难案件并不代表法哲学在其他场合（简单案件）中的缺席。

以下我们就聚焦于疑难案件的场合，来看看法哲学对于部门法教义学的助益。澄清了概念上的问题，接下来进入具体的讨论。法哲学要解决的第一个问题是法概念论，即关注法是什么？什么样的法是有效的法？这两个问题能够合一，因为通常我们谈论法是什么的时候，已经预设效力了。有学者将之界定为包含效力的法概念。典型案件有"告密者案"和"柏林墙射手案"。这两个案件的核心是，如何判断一个法律规范是否有效。反映在法哲学上的问题就是：法的效力标准是否要容纳道德判断？

法哲学上有一组经典的对立：自然法学和法律实证主义。实证主义者会承认纳粹和东德的法律的效力，而自然法学者则予以否认。这直接导致了相关违法阻却事由是否成立，以及犯罪嫌疑人能否被定罪的问题。两者间交锋的典型代表是哈特和富勒的论争，往遥远了说，其实是哈特和拉德布鲁赫的分歧。拉德布鲁赫认为，如果当某部实在法违背正义达到不能容忍的地步，它就会丧失效力（极端的恶法不是法）。哈特对此提出挑战，认为道德不能作为认定法律效力的一个标准，恶法同样是法，自然法学者是在隐蔽地溯及既往地追究他人的刑事责任。但哈特的论证中隐藏了一个致命的缺陷，那就是：为什么没有尽到道德义务要用法律（刑法）来进行处罚（也即是承担法律责任）？

这里就涉及了概念论背后的另一个层次的问题，即法概念与法律推理（司法裁判）的关系。如果法概念决定不了最终的裁判结果，司法裁判依然摆脱不了道德考量，那么这只能证明，要么法律推理与道德推理之间（而非法律与道德之间）无法分割，要么法律推理原本就是道德推理的一部分。这就涉及对法律推理（司法裁判）之性质的理解了。如果说"依法裁判"是法律推理的共识性条件，而自然法学认为的"法"已然包含道德要求，所以"依法裁判"和"依道德裁判"在这里已经合二为一地由法概念解决了，但是对于实证主义就不是这样了。它还得额外证明：尽管 X 是法，但 X 由于违背道德准则所以没有道德拘束力，而法律推理不仅要解决法律拘束力还要解决道德拘束力的问题。这使问题变得更加复杂。

可以看到，法概念论及其背后的思考可能影响案件的处理后果，或至少会影响关于案件的论证和说理。

我们接下来谈论第二个层面的问题，法学方法论的问题。如果要谈作为法哲学一部分的法学方法论对于部门法学的作用，一个核心问题在于，是否存在部门法方法论之上的共同方法论。

对于法律适用之性质的理解，则存在着法的发现与法的论证的区分。前者认为法学对于法律适用过程研究的是法官作出裁判的真实过程，它关注在法官裁判中究竟哪些要素结构影响法官判决的问题。与此不同，法的论证认为法律适用的重点在于裁判的理由和论据，而不在于真实过程。这在法律适用的基本模式上，造成了法律适用究竟是以涵摄模式还是以等置模式为核心的争论。涵摄模式认为法律适用的起点是规范，文义可以成为解释和续造的分界线；等置模式则认为法律适用的起点是案件，解释和续造的界限是不清晰的。典型案件是"盐酸案"和"放狗伤人案"，盐酸和狗是否为法条中规定的"武器"？对法律适用模式的理解会直接影响法律思维的基本样态，会影响具体案件的处理。

方法论的高级层面就是元方法，它是方法的方法，涉及司法哲学，也就是对于司法裁判性质之理解。一个典型的讨论就是，司法要追求的是依法裁判（服从民主制定权威，法的安定性）还是个案公正（追求正义，实质公正），是规则导向的还是后果导向的。对目标重心的不同选择会对案件的处理产生较大影响。司法哲学的背后至少涉及三个方面的问题：一是立法权和司法权的关系问题，依法裁判意味着法官放弃自己在个案中的判断而去尊重立法者（立法明文），而个案正义则支持法官可以运用司法权为制定法创制例外，是消极司法和积极司法的观念博弈。二是对法治的理解问题，是追求实质法治还是形式法治。三是涉及法律人对自身职业的理解问题，法官是做一个盲目的服从者，还是如黑克所说的，做"一个有思考的服从者"？

法哲学的第三个层面就是法伦理学。法伦理学的核心问题是什么样的法是正当的。法理学界对于这方面讨论不足，未来可能会成为重要的知识增长点。这部分有几个法理学经典的虚构案例，如"洞穴奇案""电车难题"。这些讨论的背后其实涉及伦理学的问题，即行为的正当性问题，尤其是在极端环境下的行为的伦理评价问题。

伦理学具有三个层次：应用伦理学、规范伦理学、元伦理学。首先，应用伦理学是指在具体的情景中的行为的对错，比如安乐死，律师为顾客的利益说谎。其次，规范伦理学关注行为对错的一般性标准，即什么是好的、什么是坏的。主要阵营有后果论和义务论。后果论认为行为对错的标准在于后果，义务论则认为一个行为的正确性只取决于它是否符合某个可普遍化的道德法则。最后，是元伦理学的问题，涉及伦理学基本概念能否成立的问题，如最基本的——道德判断是否可能的问题，我们有没有可能就好坏作出判断的问题。可知论认为可以，不可知论则持反对观点。只有在可知论的前提下，才有规范伦理学的问题。

通过以上剖析，可以得出两条基本结论：

（1）法哲学的作用是间接的而不是直接的，它通过部门法教义学影响实践。我们需要整合法理学和部门法教义学，此之谓"法哲学与部门法的一体化命题"。如果做个比喻，那法理学就是一条眉毛（参考相声《五官争功》）。有了眉毛，一张脸才是人脸。同样的，有了法理学，各个部门法分支才能合在一起成为法学。法理学是整个法学的粘合剂。

（2）法哲学旨在复杂化论证而非简化论证。它的要旨不是思维经济式的，而是提醒我们某些问题要比看上去的更为复杂，要去揭示深层的分歧。通过法哲学，我们能够发现实践背后的政治哲学和道德哲学。法理学要打通哲学和法学，此之谓"法理学与哲学的一体化命题"。而在疑难案件的场合，这种双重一体化是重要的，也是必要的。

报告的最后，可以用德沃金的话作为结尾："法理学是司法裁判的总论，是任何法律判决的沉默序言。"法理学不出场，是因为平时不需要它出场；而一旦它出场，正是它重要性显现的时刻。

三、嘉宾与谈

主持人:王　蔚（中国政法大学法学院副教授）

雷磊老师将法理学定位为"粘合剂"，希望重塑法理学在法学体系中的先导地位。分享的内容共分为三个部分:第一部分是问题的提出,讲述了法理学学科所面临的"外患"和"内忧",即从外部来看学科先导地位丧失,从内部来看学派林立、进路繁多、纷争不休;第二部分是破题,什么是"法理学",什么是"部门法学",什么是"有用"。雷磊老师做了精妙的分类。第三部分则是从法哲学概念论、认识论和价值论三个角度,通过六个疑难案例说明了法理学如何出场的问题,对于我们驳斥宪法无用论和冗余论也有所助益。另外,同学们也能够获得法理学的整个框架,从法概念论、法认识论和法价值论去切入问题。

接下来,按照刚才雷磊老师的报告,我们按照这样的与谈顺序:孙海波老师首先出场,赵宏老师第二位,翟远见老师第三位,最后是王旭老师。这样做是为了呼应陈景辉老师的文章《法理论为什么是重要的》,雷老师认为陈景辉老师主要是侧重法理学对部门法的单向评析,孙海波老师作为法理学的学者,可以从内部视角点评,也方便后面嘉宾"磨刀霍霍"。我们把话语权交给孙海波老师。

与谈人:孙海波 (中国政法大学比较法学研究院讲师)

感谢论坛给我这样一个点评的机会! 接下来我主要谈一下自己的几点感触:

第一,我的立场与雷磊老师是基本一致的,不敢说法理学在整个法学体系中占据主导性或者核心性地位,但可以说它相对于部门法学科而言是基础性的,在一定程度上确实能够为部门法提供一些概念和方法。

第二,尽管对于法理学的地位或功能存在各种各样的争议,但是对于"法理学是重要的"这一立场应该已经成为一种共识,至于为什么说法理学是重要的,如何发挥它的重要作用,应该是重点讨论的问题。法理学能够为部门法学做些什么,这一问题可能有两个方面的体现:一是法理学能够为部门法学提供基础概念和一般理论;二是从方法论的角度来讲,法理学能够为部门法的司法实践提供方法论上的指导。从概念论、方法论以及法伦理学出发确实可以提供一个分析法理学地位的参照。我在考虑,是否可以将具体的部门法作为一个切入点,以部门法哲学这个概念作为一个抓手,进行切入、观察和分析,帮助部门法学学者审视中国法理学如何对部门法发挥作用。我想,这应该是一个不错的努力方向。

第三，在中国，一些部门法学学者对于法理学的接受并不是发自内心的尊重和认可，在更多时候支撑这种接受的是一些功利性的目的或考虑。部门法学学者应当认真对待法理学，其对于法理学的接受应当更多地出自于内心的认同和尊重，而不仅仅是基于单纯的功利性目的。

第四，我们是否可以从部门法的角度反观法理学与部门法学之间的互动关系？这也是一个值得进一步思考的问题。

总之，不管是部门法学学者还是法科学生，都应该正确认识法理学这个学科的性质与地位，我们需要迈向"有尊严的法理学"，它与部门法保持一定的距离，但部门法却又确确实实离不开它。

主持人：王　蔚（中国政法大学法学院副教授）

孙老师的发言可以概括为：一个立场、一个抓手、一点批评、一点建议。"一个立场"是指孙老师同意雷磊老师提出的法理学是整个法学体系"粘合剂"的观点。"一个抓手"指从一般法理学到部门法法理学，从而建构部门法。"一点批评"指孙老帅又站在部门法学的角度，批评部门法学对法理学的功利性看法。"一点建议"是一个开放性的态度，部门法也可以补充法理学的不足。谢谢孙老师，下面请赵宏教授发言。

与谈人：赵　宏（中国政法大学比较法学研究院教授）

非常感谢论坛提供这样的一个平台，感谢雷磊老师为我们带来这样一堂生动又深刻的法理课。雷老师从法理学的概念论、认识论和价值论三个角度阐释了法理学是如何对部门法学产生作用的。听完报告，我受益很大，我也思考了几个问题作为对这个报告的回应。

首先，法理学何以能够影响部门法学，我认为可能需要两个前提：第一，法理学的研究对象应该是边界清晰、内容明确、丰富生动的；第二，部门法本身的法教义化达到了一定程度。

其次，法理学怎样有助于部门法学。刚才雷老师已经从三个方面作出了解答，我想从行政法的角度为这一问题提供一个注解。第一，部门法基本制度的理解和构建，都要回溯到法理学。比如法理学讨论了什么是法，什么是有效的法，它对行政法的影响体现在形式法治到实质法治的变迁，从行政法的角度进行理解，是良好的行政取代正确的行政，但这背后体现的是对于法本身的认识，对于秩序价值的认识。第二，特别同意雷磊老师说过的，法理学的工作不是简化思维，而是让思维复杂化。部门法学学者的研究大都是问题导向的，在回应问题的过程中寻求唯一正解，往往将问题简单化了，实际上并非如此。比如，2014年《行政诉讼法》的修改，面对实践中出现的立案难、审理难、执行难这三大问题在法律制度上通过修改予以解决。但是，有些条文经不起形式逻辑的推敲。未来的法律实施效果可能有待观察。以解决问题为导向，为了寻求唯一的正解，可能会导致经不起一般逻辑检验的后果。从我切身的感受来看，法理学应该贯穿部门法的始终。

最后，法理学与部门法学之间应该维持一定的距离感。虽然法理学对部门法具有重要作用，但是，法理学发挥作用应该是有限度的。探讨法律主要有三个层级：第一是法的本质的问题，这应该是法理学研究和关注的问题，第二是立法的层级，第三是法的解释和适用的问题。部门法应该涉及第二和第三层级。在部门法已经教义化的情况之下，出现问题，应该首先诉诸部门法学，无法解决之时，再诉诸法理学。法理学对于很多问题是开放的，不能将部门法领域出现的所有问题都诉诸法理学。如果动辄诉诸法理学，我想可能会打破部门法教义化体系和部门法学与法理学之间的秩序。

主持人:王　蔚（中国政法大学法学院副教授）

谢谢赵宏教授！赵老师在最后间接而婉转地与雷磊老师进行了商榷，认为法理学应该与部门法学保持些许距离，不能太近。赵老师的论述也为孙海波老师的观点提供了注解，从行政行为的概念到《行政诉讼法》的修改、部门法学的基础概念、如何寻求实质正义等等。这些问题的解决需要从法理学开始溯源。下面有请第三位点评人翟远见副教授。

与谈人:翟远见（中国政法大学比较法学研究院副教授）

感谢雷磊老师为大家带来的这场思想盛宴，听完令人受益匪浅。

民法和法理学属于"近亲属"，法理学的很多概念都来源于民法，而很多研究民法的学者也都有研习法理学的偏好。这一点或许可以从法制史的角度予以说明。我们知道，在欧洲，罗马法复兴伊始，各大学法学院讲授的民法都尽量超越"地方特色"，争取讲的都是大家普遍接受的"理性产物"，也就是有一定哲学高度的民法。

法理学与部门法学之间的关系，在我看来，应该是互动的关系。不关注部门法学的法理学是没有"温度"的，而不关注法理学的部门法学是没有高度的。因此，法理学与部门法学是相互滋养的关系。法理学学者和部门法学学者，都应当像古罗马法学家乌尔比安说的那样，追求"一种真正的而非肤浅的哲学"。

中国的法理学对部门法学的研究有积极意义，但也产生了一些不利的影响。例如，有的法理学教材大谈特谈"法律行为"，但是这些法理学学者理解的法律行为，完全与民法中至少已有几百年历史的法律行为概念不是一回事。某些法理学学者理解的法律行为，是指所有能够产生法律效果的行为。而民法学者眼中的法律行为，是私法自治的工具，是以意思表示为要素、直接指向特定私法效果的行为。我们中国政法大学的本科法理学课堂上，老师们都不讲什么法律行为，这种做法值得赞赏。

法理学的研究应该照顾到部门法学中既有的概念，不能对约定俗成的概念随意赋值。否则，我们将失去沟通交流的平台。另外，法理学应该是对部门法学中共同的东西进行"提取"。但是"提取"到何种程度？公因式能力越强的东西，则其与生活现实的距离可能越大。

刚才海波老师谈到，法理学要在中国取得更多的尊严，我完全同意。怎么取得尊严？个人认为，这就要求法理学既能够抽象到空气稀薄，又能够具体到无处不在。

最后，在我看来，中国法理学在发展的过程中还遭遇到了极端实证主义的挑战。充斥着极端实证主义的法理学教材，读起来毫无思辨的乐趣。这样的法理学，怎么会受到学生的普遍欢迎？

主持人：王　蔚（中国政法大学法学院副教授）

翟老师探讨了法理学的源头，民法和法理学有天然的"近亲"关系，但又感谢中国政法大学法理学不讲授法律行为、不混淆概念之恩，是不是又不动声色地扩展了民法帝国的版图？我认为虽然翟老师自谦地说以上评论是"浅见"，但却恰恰体现了他的"远见"。法理学曲高和寡，或许本科生确实难以接受。但如果我们像今天雷磊老师这样讲授，还是能够吸引学生的。再次感谢翟老师！下面有请王旭老师。

与谈人: 王　旭（中国人民大学法学院教授）

非常荣幸回到母校，参加这样的一个论坛活动。在雷磊老师的启发之下，针对法理学对于部门法学的影响，我认为可以概括为两句话:

第一句是"无用之用是为大用"。看上去没用，一旦用起来则山崩地裂，甚至整个范式都会发生变化。例如，德国行政法在发展过程中，总论部分发生了较大的革新，法律关系理论取代了行政行为理论，清除了行政行为理论所带有的命令性、强制性、高权性色彩。在"和平"的时候，看不出法理学的作用，但是在理论范式的转化时，则会显现法理学的身影。

第二句是"日用自不知"。其实每个部门法学学者背后都有法理学的立场和预设。很难想象部门法学学者没有法理学立场的预设能够得出什么具体的结论。

从诠释学的角度来看，法理学与部门法学的关系是整体与部分的关系，二者是相互诠释的关系。法理学是整体，以一般的法作为研究对象，部门法学是具体的，这是整体与部分互为理解的前提。另外，法理学学者在研究的过程中对于部门法学也是"日用而自不知"的，法理学学者也在运用部门法学的材料和概念来改写对于法的整体的判断和认识，二者是互相接近的过程。

接下来再对今天所讲的主题做一个注脚:

第一，以概念论为例，法律概念一定是预设了目的和价值的，其一定是目的导向的，是有一个"语意的深度"的，最后是一个价值的世界，这样就一定要回归到法理学所提供的法伦理学。行政法领域的很多概念，具有不同的价值预设，得出来的答案是不一样的。例如对于行政处罚概念的认识，站在"报应论"和"公益论"的角度，得出的观点是不一样的。再例如，"解禁说"和"赋权说"对于行政许可概念的认识也是不同的。不同观点都是不同价值在概念解释上的体现。法理学对于部门法学的作用体现在概念解释的正当化辩护上。

第二，德沃金认为，法律实践是理论内置型的实践。何为理论内置型实践? 法律人的任何行为都是有理论支撑的。实践本身就是带有理论旨趣的，这说明了法理学与部门法学应该是同步进行的。

第三，我认为，法理学和部门法学应该是两个相互平行的领域，不可能完全合一，只有相对的距离才能互相启发。

　　主持人：王　蔚（中国政法大学法学院副教授）

　　非常感谢王旭教授！王老师的点评是对雷磊教授观点的提炼和再阐释，从知识地图到实践理性，从互相诠释、互相接近再到本专业的问题诸如行政处罚、行政许可的概念及背后的价值预设。但后续王旭老师又提到两者为"平行"关系，那么我在这里有一个小问题，法理学和部门法学的距离应该保持一个怎样的度？这个度如何去寻觅？再次谢谢几位嘉宾的精彩点评！

四、总结回应

　　主讲嘉宾首先澄清了本次报告的基本思路，然后针对与谈嘉宾的点评进行了简要回应。

　　这里，首先澄清一下报告的基本思路。第一，报告的主题限定在法理学这个学科本身对于部门法学的意义，而不是中国的法理学，不是法理学的教科书，更不是某位法理学学者的学说。第二，报告主要阐述一般法哲学对于部门法学的影响，其中不包括部门法哲学，当然，部门法哲学可以作为重要"抓手"，但这不在此次的论述范围之内。第三，报告主要是以"实践"为轴来论述法哲学对于部门法学的帮助，没有涉及法理学对于具体部门法知识本身的影响。这当然也是有的，反过来部门法知识对于法理学具体学说也有影响。

　　赵宏老师提到的法理学何以能够影响部门法学的一个前提是法理学本身的对象应该是明确的。这里存在的问题很大程度上要归结到法理学教材的问题。我国法理学的教材承担着多重任务，同时要作为法学基础理论、实现法学的入门和对基本法律制度的介绍，并非仅仅从自身的学术逻辑出发进行建构，这样难免会产生对象不明确的问题。

　　另外，同意刚才提到的法理学和部门法学应当是相互平行的关系，并不是说二者合一，报告中提到的也是在疑难案件中二者如何进行合作的问题。另外关于翟老师所提到的问题，很大原因在于个别学者对西方法学概念的错误翻译。

第二期

我国非法证据排除规则的确立和发展

主讲人： 汪海燕　中国政法大学刑事司法学院教授

与谈人：（按姓氏笔画排列）

　　　　　许身健　中国政法大学法学院教授

　　　　　张　翔　中国人民大学法学院教授

　　　　　林　华　中国政法大学法治政府研究院副教授

　　　　　胡思博　中国政法大学诉讼法学研究院讲师

主持人： 王　蔚　中国政法大学法学院副教授

一、引言

在最近几年众多冤假错案被平反的大背景之下，刑事诉讼法学界对于非法证据排除的主体、形式、程序及"排除合理怀疑"等问题进行了讨论。本期论坛将以"我国非法证据排除规则的确立和发展"为主题，主讲嘉宾中国政法大学刑事司法学院汪海燕教授，与谈嘉宾中国政法大学法学院许身健教授、中国人民大学法学院张翔教授、法治政府研究院林华副教授和诉讼法学研究院胡思博老师将以刑事诉讼领域中的非法证据排除规则为主轴，从民事诉讼法学、行政诉讼法学以及宪法学等不同的角度对非法证据涉及的相关问题进行分析和解读。

二、主题报告[1]

主讲人：汪海燕（中国政法大学刑事司法学院教授）

对于非法证据排除规则的理解要把握两点：一是什么是非法证据；二是为什么要排除非法证据，即非法证据排除规则的理论基础是什么？

非法证据有广义说和狭义说。在我国学界通常认为，证据应具有三性，即客观性、关联性和合法性。而证据的合法性又包括证据的形式合法、取证主体的合法以及取证程序的合法等。凡是不符合形式合法、主体合法以及程序合法的证据都属于"广义的"非法证据。但是，并不是所有的不符合法律规定的证据材料都不具有证据的资格，如对违法程度较轻、可以通过程序"补正"的瑕疵证据，就可以作为定案的根据，它们并不属于非法证据排除的范围。非法证据排除规则中的"非法证据"，是指侦查人员、检察人员等以通过侵犯公民基本、重要权利方式收集的证据材料。它们属于"狭义的"非法

---

〔1〕 参见汪海燕："审判中心背景下非法证据排除规则的完善"，载《中国刑事法杂志》2017年第4期。

证据。

为什么要排除非法证据？国内外形成了以下学说：第一，保障无辜说。其观点是，通过排除非法证据以保障无辜的人不被非法定罪。这种学说将非法证据排除与案件的真实紧密关联，但很难解释一些具有关联性的证据材料被排除的情形，如实物证据被排除。第二，保障司法纯洁说。培根说过，一次不公正的判决比十次犯罪危害尤烈。如果法官采纳警察违法收集的证据，实际上裁判承继了此前的违法性，污染了司法本身的纯洁性。第三，威慑说。该学说背后隐藏着权力制约的观念，即通过非法证据排除规则威慑警察的违法取证行为。实证考察发现，美国确立非法证据排除规则以后，警察非法取证行为确实减少了很多。第四，人权保障说。即通过排除非法证据，达到人权保障的目的。最后一种是综合说，基本上是将以上的观点加以汇总。我个人认为，在法治背景下，威慑说和司法纯洁说比较站得住脚，人权保障说比较笼统。在我国的实践中，非法证据基本上停留在第一个层次，即通过排除非法证据以保障无辜。

我国 1979 年和 1996 年的《刑事诉讼法》都态度鲜明地反对非法取证。但相关条文只是一种宣言式的规定，没有明确非法取证对证据资格的影响。2010 年"两院三部"出台了两个规定：《关于办理刑事案件排除非法证据若干问题的规定》和《关于办理死刑案件审查判断证据若干问题的规定》。这两个规定确立了我国的非法证据排除规则，在一定程度上弥补了上述空白，是刑事诉讼制度史上的突破。

2012 年《刑事诉讼法》虽重申非法证据排除规则，但程序性后果的规定仍不太清楚。第 50 条明确禁止四种方式收集的非法证据（刑讯逼供、威胁、引诱、欺骗），而第 54 条却没有全面回应程序性消极后果。在收集犯罪嫌疑人、被告人供述时仅仅写明"采用刑讯逼供等非法方法"；在收集证人证言、被害人陈述时也只进行了不完全列举："采用暴力、威胁等非法方法"。那么，第 54 条中的"等"是否包括第 50 条的四种方式呢？按照最高人民法院的解释，第 54 条中的"采用刑讯逼供等非法方法"不包含威胁、引诱、欺骗。另一个层面，《高法刑诉解释》第 95 条对于"刑讯逼供"本身的解释也不尽合理。它在客观标准（即肉刑或变相肉刑）的基础上加入了主观标准（迫使被告人违背意愿供述），增加了实务操作的难度。

按照 2012 年《刑事诉讼法》第 54 条后半部分的规定，排除非法的物证、书证需要满足三个条件：不符合法定程序；可能严重影响司法公正；不能补正或作出合理解释。第一个是客观的标准，但第二个"司法公正"到底是程序的标准还是实体标准？法律语焉不详。在实践中，排除非法实物证据极为鲜见。修改后的 2012 年《刑事诉讼法》规定了八种形式的证据，但 2012 年《刑事诉讼法》第 54 条仅仅排除了犯罪嫌疑人、被告人的供述，证人证言，被害人陈述，物证以及书证。还有三种证据，即鉴定意见，勘验、检查等笔录和视听资料、电子数据。这些证据如果是被非法收集的，要不要排除？法律也是语焉不详。非法证据排除的范围，无论从解释学的角度来讲，还是从法律周延的角度，都有待进一步的探讨。

近期出台了"两院三部"的《关于办理刑事案件严格排除非法证据若干问题的规定》（以下简称《规定》）。对此规定，大家的期待值很高。应当说，此《规定》相对于以前的解释，有很大的进步。如果以"审判中心"为视角，其进步主要表现为以下几个方面。

第一，明确非法证据排除的范围，强化审判程序对审前程序的制约。按照推进以审判为中心的诉讼制度改革要求，"侦查、审查起诉的案件事实证据经得起法律的检验"。原有的规定排除范围狭窄和相关规定语焉不详导致司法实践中非法证据排除较少，无法通过审判程序有效规制审前程序尤其是非法取证等行为。此次《规定》将"威胁""非法拘禁"和"重复性供述"纳入非法证据排除的范围，在很大程度上将有效实现审判权对追诉权的规制，即《规定》要求，将"采用以暴力或者严重损害本人及其近亲属合法权益等进行威胁的方法"使"犯罪嫌疑人、被告人遭受难以忍受的痛苦而违背意愿做出的供述"作为非法证据排除；"采用非法拘禁等非法限制人身自由的方法收集的犯罪嫌疑人、被告人供述，应当予以排除"；"采用刑讯逼供方法使犯罪嫌疑人、被告人作出供述，之后犯罪嫌疑人、被告人受该刑讯逼供行为影响而作出的与该供述相同的重复性供述，应当一并排除"，仅在讯问主体发生变更并告知法律后果后仍自愿供述的作为例外。

第二，详细规定庭前会议程序中非法证据排除的启动、程序与效力，为实现庭审实质化、高效化夯实了基础。《规定》不仅细化了庭前会议中启动非法证据排除的程序，而且明确了庭前会议对非法证据初步审查的效力以及与庭审的衔接，即第 25 条的规定，辩护方在庭前申请排除非法证据并提供相关线索或者材料的，人民法院应当召开庭前会议。人民检察院应当通过出示有关证据材料等方式，有针对性地对证据收集的合法性作出说明。人民法院可以核实情况，听取意见。人民检察院可以决定撤回有关证据，撤回的证据，没有新的理由，不得在庭审中出示。被告人及其辩护人可以撤回排除非法证据的申请。撤回申请后，没有新的线索或者材料，不得再次对有关证据提出排除申请。毋庸置疑，明确赋予庭前会议对非法证据排除问题初步处理的效力，可以有效避免相关诉讼主体对庭前会议解决了的非法证据排除问题在庭审过程中再次提出，推动实现庭审实质化、高效化。

第三，增强审判阶段非法证据排除程序的可操作性。主要表现为：其一，要求非法证据的排除要以庭审为中心，控辩双方在庭前会议中对证据收集是否合法未达成一致意见的，人民法院对证据收集的合法性有疑问的，要求在庭审中审查；其二，坚持先行当庭调查原则；其三，要求当庭决定是否排除。应当说，这些规定能够有效地切断非法证据对法官裁判的影响，对真正实现庭审实质化起到重要作用，这无疑是非法证据排除规则的重大进步。

第四，强化非法证据排除程序中被追诉人辩护权的保障。《规定》专章规定了辩方申请排除非法证据的相关问题，如将法律援助制度扩大适用于犯罪嫌疑人、被告人申请排除非法证据的情形；法律援助律师可以对刑讯逼供、非法取证情形代理申诉、控告；辩护律师享有阅卷权；规定对辩护人向法院、检察院申请调取的证据材料，只要经审查认为与证明证据收集的合法性有联系的就应当调取。非法证据排除规则中辩护权的加强，不仅可以有效规范公安司法机关的办案活动，遏制刑讯逼供，而且可以使认罪认罚案件中的犯罪嫌疑人、被告人免受胁迫，对确保犯罪嫌疑人、被告人自愿、真实认罪认罚发挥了重要作用。

此次新出台的《规定》进一步细化和完善了我国的非法证据排除规则体系，标志着我国非法证据排除规则走向成熟，体现了我国越来越重视保障人权和实现司法公正。当然，《规则》中有的规定如何把握还有待进一步解释，也有待接受司法实践的检验。至少有以下问题需要进一步明确或探讨：

（1）排除的范围。关于非法取得的电子数据、鉴定意见和勘验检查笔录，《规定》没有涉及；关于以引诱、欺骗的方式取得的证据的效力没有规定，尤其是合法侦查策略与二者之间的关系，需要法律或解释进一步明确；《规定》对于"刑讯逼供""威胁"的解释本身是否合理也需要进一步研究；重复性供述的例外规定也需要接受实践的进一步检验。

（2）审前阶段，尤其是侦查阶段的侦查机关自行进行的非法证据排除，其本质是侦查阶段证据审查，还是典型意义上的非法证据排除？如果审前非法证据排除之后，侦查机关或者检察机关能否再自行取证？如果非法证据排除后，根据其线索获取的证据是否排除？

（3）辩护律师调查讯问时的录音录像和犯罪嫌疑人的体检记录，是否需要向检察院、法院申请，并经其准许？

（4）如何防止非法证据对庭审法官造成先入为主的有罪印象？庭前会议的主持法官与庭审法官有无必要分离？等等。

相信随着我国法治的进步，非法证据排除规则必定越来越完善，并会在人权保障和法制建设方面发挥重要的作用。

三、嘉宾与谈

主持人：王　蔚（中国政法大学法学院副教授）

感谢汪老师的精彩讲述，汪老师的报告我认为可以总结为以下几点。第一，破题，从广义和狭义界定了非法证据的概念。第二，对非法证据的理论基础进行了批判性的梳理，汪老师似乎更赞成威慑说。第三，用翔实的法条回顾了从 1979 年《刑事诉讼法》出台到 2017 年 6 月出台的"两院三部"最新解释。非常感谢汪老师从技术层面对非法证据的主体、形式、程序进行了梳理，找到了非法证据排除的范围这个难点。以这个范围难点为出发点，向我们介绍了许多法解释上的新思路。这样的一些技术性思考或许对我们同学包括本人在内都是有所裨益的。当然我本人非常关注的还是汪老师在其中留给我们的宪法学从整体架构上去思考的空间。在现代人权保障的大范围之下，非法证据排除不仅仅涉及被告人、被害人、辩护人作为主体的基本权利，也涉及公检法三机关之间的关系。那么如何配置公权力的关系？对案件真实和正当程序之间的博弈，汪老师给出了如何协调的回答。再次感谢汪老师！

接下来，有请几位重量级的点评嘉宾。首先有请许身健教授。

与谈人：许身健（中国政法大学法学院教授）

汪海燕老师的演讲让我很受启发。首先，我要对"我国非法证据排除规则的确立和发展"破一下题，非法证据排除规则的确立和发展实际上是要阐释我国非法证据排除规则的"今天"和"明天"，但是我们不能割裂历史，忘记"昨天"。改革开放之初，法学界甚至为是否确立"无罪推定"原则而争论，所以，今天，非法证据排除规则的确立体现了我们国家人权保障观念的不断进步和发展，我们也期待其在明天，在未来不断完善。我们今天下午讨论的非法证据排除规则是与历史相联系的，既要看到其中的进步之处，也要反思其不足。

其次，非法证据排除规则的理论基础是什么，刚才汪老师提到了各种学说。我认为，非法证据排除规则确立的最深厚的理论基础是保障人权说，因为无论是刑讯逼供还是与之相关的错判都是极为突出的侵害人权事件，刑讯是《联合国反酷刑公约》所禁止所谴责的行为，是对人权的侵犯。在当下价值观念多元的世界，统合人类社会的共同价值就是人权保障。如果说刑法中罪刑法定是从静态的角度保障人权，那么刑事诉讼法特别是非法证据排除规则的实现，则是从动态的角度保障人权。

《刑事诉讼法》的发展、非法证据排除规则的确立和发展状况反映了一个国家的人权保障水平，刑事诉讼在诉讼进程中动态地对人权进行保障。国外非法证据排除规则的发展是与犯罪嫌疑人、被告人正当程序权利不断扩张关联在一起的。我国非法证据排除规则确立的初衷是保障人权，但如果忽视犯罪嫌疑人、被告人的程序性权利，那么完善非法证据排除规则所面对的一些障碍则是无法移除的。

最后，我想谈一下如何看待刑事司法，对刑事司法持有何种观念决定了非法证据排除规则的生存空间。传统刑事司法观是追求真相，与西方对抗制刑事诉讼的司法游戏观存在巨大区别，后者给非法证据排除规则的生根发芽以及茁壮成长提供了肥沃的土壤。确立程序正义，真正实现控辩平等，真正确立以审判为中心，辩护律师真正发挥作用，非法证据排除规则才真正能够发挥其人权保障功能并不断完善。

主持人：王　蔚（中国政法大学法学院副教授）

谢谢许老师的精彩点评！许老师对汪老师提到的理论基础有稍微不同的理解，把重心更放在人权保障方面，希望由这个来统摄。再次谢谢许老师。第二位点评人是张翔老师。张老师近年来一直致力于对部门法的宪法化进行研究，力主将很多在部门法中提炼的原则归结到宪法中来。

与谈人：张　翔（中国人民大学法学院教授）

近几年我也在关注宪法与部门法之间的关系问题，通过汪老师的讲解，我的收获也比较大。

汪老师刚才讲到的非法证据排除规则的两个主要理论依据，一个是人权保障理论，另一个是威慑理论，也就是权力制约理论，这两者都是宪法原理。从这一意义上来说，宪法与刑事诉讼法关系是比较密切的。在《"近亲属证人免于强制出庭"之合宪性限缩》这篇文章中，我总结了宪法与部门法之间的三重关系。首先，部门法是对宪法的具体化，宪法的很多规范需要部门法来进行具体化；其次，法律制定出来需要进行解释，要进行合宪性解释；最后，就是法律的合宪性审查。在这三个层面上，我认为在宪法和部门法之间可以开展非常良好的对话。比如，正当程序问题发展出来的宪法上的基本权利的程序化保障。其实，非法证据不仅是涉及人身自由的问题，还有隐私、良心自由、住宅自由、通信自由等问题。

另外，在《刑事诉讼法》修改过程中，我们可以发现刑事诉讼法教义学发展所起到的作用，从汪老师的讲座中可以看到，对于"等"字该如何解释，这完全是教义法学严谨的操作，这种操作的结果，在很大程度上要指导未来法律的修改。从方法论的角度而言，今天汪老师的讲解对我来说也有很大的启发作用。其实，未来我们可以合作进行很多具体的研究。宪法学与部门法学可以相向而行，宪法学与部门法学之间有着相同的目标，都是为了保障人权，都是为了实现法治，有很多可以交流合作的地方。

主持人：王　蔚（中国政法大学法学院副教授）

张翔老师提炼、铺陈宪法问题，再从方法论上回应汪老师的教义学启迪，最后提出了宪法学与部门法学合作的两种具体形式。在欧洲，谈论刑事诉讼或者与辩护权相关的任何话题，都离不开对宪法规范的援引。张老师的发言也点明研究宪法的学者值得向刑事诉讼法学者借鉴的地方，从技术层面把宪法的价值渗透到刑事诉讼中。谢谢张翔老师！下面将话语权交给中国政法大学行政诉讼法研究领域青年教师代表林华副教授。

与谈人：林　华（中国政法大学法治政府研究院副教授）

感谢论坛的邀请。听了汪老师的精彩演讲，我有几点学习体会和大家分享。

第一，目前《行政诉讼法》及相关司法解释关于非法证据排除规则的规定比较单薄和原则，相关研究也比较薄弱，更多的是关注作出行政行为的程序合法性，关注行政主体的职权，而不是证据收集程序的问题。这实际上也对立法者提出了一定要求，如何使行政诉讼非法证据排除规则更具可操作性，使其更好地运用到实践层面。

第二，刚才汪老师提到"并非任何非法证据都要予以排除"，在行政诉讼领域也存在着相应的制度，违反法定程序作出的行政行为并非都要予以撤销，而是要区分重大明显的程序违法、程序一般违法、程序瑕疵。借鉴此种模式，也可以对违反法定程序收集证据的行政行为按照违法程度的不同作不同的处理。

第三，刚才汪老师提到侦查、起诉和审判"阶段论"的观点，其实在行政法中行政行为作出的程序、复议程序和行政诉讼程序也可以对此进行类比。我在想，非法证据排除涉及证据的收集主体和证据的排除主体的区分，侦查阶段不是真正的非法证据排除，因为侦查机关既是证据的收集主体，也是排除主体。在行政法领域中三个阶段程序中是否也存在着类似的问题呢？行政诉讼阶段很明显应当包含非法证据排除，在复议程序阶段，相关的法律没有明确作出规定，但是已规定复议机关认为具体行政行为事实不清、证据不足，可以撤销该行政行为，这其中隐含了非法证据排除。在行政行为作出的程序中，一些行为可能存在这样的空间，例如最近刚修改的《行政处罚法》规定在作出行政处罚时，应该先经法制部门的审核，重大的执法活动也存在着内部的制约环节。从这个角度来看，行政行为作出阶段也存在与非法证据排除类似的方法。

第四，刑事诉讼中的举证责任是公权力机关承担的，非法证据排除也是针对公权力机关。我在思考行政诉讼领域是否也存在着这样的情况。在行政诉讼领域，一般情况下由被告承担证明行政行为合法的责任，但司法解释也规定了三种情况下原告承担举证责任的情况。如果作为原告的公民、法人和其他组织在收集证据时采取了非法手段，是否要适用非法证据排除规则？

第五，行政诉讼的证明标准在理论和实践中是多元的，针对不同的行政行为，分别采取初步证明标准、优势证据标准和排除合理怀疑的标准。基于此，是否针对不同的行政行为，也需要不同标准的非法证据排除规则？

第六，在刑事诉讼中非法证据排除相对容易，存在比较统一的标准和可操作的空间。在刑事诉讼中，国家投入大量的人财物对犯罪行为予以追诉，但是在行政法视野下，行政行为数量众多，类型复杂，性质不同，这就涉及如何平衡公正与效率的关系。考虑到可操作性，国家不能像追诉犯罪行为一样，追究违法的行政行为，如何建构符合我国国情又逻辑自洽的行政法领域下的非法证据排除规则依然面临困难。

主持人：王　蔚（中国政法大学法学院副教授）

林华老师提出了六点思考，对行政法领域中行政证据研究的盲点做出了不少建构。一个建构是希望与刑事诉讼法的研究稍稍有所区分，第二是希望能够在排除中与举证责任相关联，实际上是与行政诉讼中的行政主体相联系。最后林华老师提出了自己有点悲观色彩的展望，他认为在行政诉讼法中提出一个具有可操作性的排除规则非常困难，但是可能正是因为困难，我们才需要跨学科去创造可操作的行政诉讼方面的规则。再次感谢林华老师。接下来的这位点评人是中国政法大学民事诉讼法研究领域青年教师代表胡思博老师。

与谈人：胡思博（中国政法大学诉讼法学研究院讲师）

非常荣幸能够参加这次论坛。民事诉讼是公权与私权相互制约的过程，既有当事人的诉权，也有法院的审判权。在中国的司法实践中，审判权绝对占据主导地位。为此在民事诉讼研究的过程中，但凡遇到有关公权力的相关问题时，我经常会有意识地阅读一些刑事诉讼领域的书籍，其中对公权制约的一些观点对我有所启发。

目前仅就法律规定而言，在审判权范围之内，诉权对审判权的制约基本上可以说没有途径。为此 2012 年修改的《民事诉讼法》，赋予当事人向检察机关就违法审判行为申请检察监督的权利。但是在实践中，几乎很少有当事人就正在审判中的案件因法官的程序违法而向检察院申请监督。原因有两点：一是不敢，当事人害怕法官事后会在实体上给自己"穿小鞋"；二是不能，当事人难以收集证据证明程序违法，除非实施录音录像行为。

以强迫调解为例，《民事诉讼法》规定违反自愿原则的调解书可以申请再审，但是当事人如何证明法官是违背其自愿呢？我最近发表了一篇论文，其中设想要把对调解合法的证明责任倒置给法院。如果当事人以法院调解违反自愿原则申请再审，证明没有违反自愿原则的责任应该由法院承担，为此方能有效保护诉权、约束审判权。

主持人：王　蔚（中国政法大学法学院副教授）

胡老师从实践的角度揭示了在民事诉讼中公权（审判权）对私权（诉权）有着压倒性的优势，从而为我们提供了一个新的研究切入点，即在民事诉讼构造中如何保护私权的问题。最后，胡老师提出了一个非常新颖的观点，把证明没有违反调解自愿原则的责任倒置给法院，再次感谢胡老师！

四、互动回应

来自实务部门的办案人员和在场的同学向汪海燕老师进行了提问。刘辰检察官提出，在非法证据排除实践中如何破解检察机关所处的"尴尬"境地，一方面，法院在审判中人权保障观念不断提高，对于非法证据采取了较为严格的标准，而另一方面，侦查机关的取证方式仍存在侦查惯性，不能很好地应对当前"排非"的严格要求，导致有的案件存在诉不出或判不了的情况。另一位来自大兴区检察院的检察官提出如何看待不久前山西运城中院要求法官配合监察委员会办案，非法证据的排除要谨慎、要报告。在场的同学提出如何规避侦查阶段进行非法证据排除给辩护人、犯罪嫌疑人带来的"陷阱"问题。

汪海燕老师针对上述问题一一作出回应。他认为在当前非法证据排除规则循序渐进地不断推进之下，破解检察机关的"尴尬"境地，关键还是观念问题，侦查机关、检察机关应该尽快转变观念，坚持以审判为中心，落实非法证据排除规则。面对山西运城中院作出的要求，其实质是对当前正在进行的推进以审判为中心的刑事诉讼制度改革的一种背叛。关于"陷阱"的问题，侦查阶段进行非法证据排除其实质是证据的审查，当非法证据排除之后，侦查机关完全可以重新取证，还可以通过非法证据带来的线索找到其他证据，这些证据是否应当排除，法律没有明确规定。针对言词证据应当予以排除，但并非意味着无罪。

第三期

《民法总则》的多学科视角

主讲人： 刘家安　中国政法大学民商经济法学院教授

与谈人：（按姓氏笔画排列）

　　　　王　雷　中国政法大学民商经济法学院副教授

　　　　王　锴　北京航空航天大学法学院教授

　　　　张钦昱　中国政法大学民商经济法学院副教授

　　　　陈景辉　中国政法大学法学院教授

主持人： 王　蔚　中国政法大学法学院副教授

一、引言

新中国成立以来，民法典的编纂历经曲折和反复。十二届全国人大五次会议于 2017 年 3 月 15 日表决通过了《民法总则》，作为民法典的总则编，规定了民事活动的基本原则和一般规定。《民法总则》从其起草、审议以来就引起了法学界的广泛关注。本期由中国政法大学民商经济法学院刘家安教授带来题为"《民法总则》的多学科视角"的报告，与谈嘉宾北京航空航天大学法学院王锴教授，中国政法大学法学院陈景辉教授和民商经济法学院王雷副教授、张钦昱副教授将从宪法学、法理学、民法学和经济法学等角度就相关问题进行点评和交流。

二、主题报告

主讲人：刘家安（中国政法大学民商经济法学院教授）

近年来，民法学者已经对《民法总则》进行了较为充分的讨论。报告的主题一来要契合青年教师发展论坛的宗旨，二来要打破法学内部不合理的学科切割，有一个综合的视角。于是，将本次报告的题目定为"《民法总则》的多学科视角"。其实，这个题目不甚准确。真正的多学科视角应该有法学以外的学科加入，如政治学、经济学、哲学等，但本次论坛其实仍然只是法学学科的人组成的。尽管不是真正的多学科视角，但法学内部的学科之间汇聚一堂仍有助于用综合的、一般的视角来看待被过度切割的法学，为我们认识问题提供助益。

2017 年 10 月，《民法总则》开始实施。观察其体例，我们发现它很像三十年前的《民法通则》，几乎可以说是后者的"2.0 版本"。这是否符合民法典编纂的技术要求？例如，其第五章民事权利的规定就稍显突兀。在缺乏民事权利规范的时代，《民法通则》需要规定民事权利。时至今日，《民法总则》的应有定位，再加上三十多年来我国民事立法的不断丰富，是否仍要在《民法总则》中规定独立的"民事权利"一章？民事权利是否具有"提取公因式"的属性？

报告的内容主要包括三个方面：第一个方面探讨的是作为民法典第一编的总则，这主要涉及民法典编纂的技术问题，第二个方面是民法规范性质的再认识，最后一个方面是公法、私法界分视野下的《民法总则》。

（一）民法典编纂技术及指导思想

改革开放四十年来，以单行立法的方式，实质性民法规则基本上已经齐备，《婚姻法》（1980 年）、《继承法》（1985 年）、《民法通则》（1986 年）、《担保法》（1995 年）、《合同法》（1999 年）、《物权法》（2007 年）、《侵权责任法》（2009 年）相继出台。那么，在这种情况下，编纂民法典有什么意义呢？作为立法技术的法典化有助于消除单行立法之间的冲突和漏洞。另外，我们也可以利用此次法典编纂的机会将四十年来的民事立法加以修订，解决现实问题。在我国，修订法律比较困难，牵涉方方面面的因素。

在今天这个时代，法律愈加分化，《消费者权益保护法》《劳动法》《环境保护法》等法律兴起，民法中"人"的形象已经不再统一和完整。传统民法典非常抽象，在"权利能力者"的意义上界定自然人、法人。自然人是不带标签的，指的就是自然的、生物意义上的人。宪法规定公民在法律面前一律平等。这就是平等保护的思想，它要去除个体的身份等特性，抽象出法律上"人"的形象加以保护。现代社会，立法政策的考量越来越多，针对某一群体进行特殊保护的理念也被政治和社会普遍接受。但民法典的制定恰恰要抛开特别的立法考量，尽可能将民法典塑造为普通私法，尽量不在民法典中做特别保护的设计，而将这种特别保护在民法典之外的民事特别法中实现。

当然，这绝不意味着民法典编纂可以忽视时代和民族的特别需求。在民法典编纂完成后，应该使民法典居于民事法律规范的中央地位，成为一种剩余规范，即，当特别法没有做特别规定时，民法典可以提供基础规范。过分追求"时髦""新颖"，在民法典中过度体现所谓时代特色和倾斜性保护的法律政策，可能会使得民法典无法摆正其在法律体系中的位置。

我们应该回归古典民法上"人"的形象，将身份等标签全部除去，单纯地规范买受人、出卖人、出租人、承租人、债权人、债务人的权利义务，将消费者、经营者、劳动者等形象去除，在特别法中再对这些人群进行特别保护。法律政策主张应考虑优先保护某一群体，在原则上，这个问题不应该由民法典来规定。只有使民法典变得更纯粹，我们的民法典才能更理性，也才能更持久地发挥规范效应。

2017 年 3 月 8 号，李建国副委员长在《关于〈中华人民共和国民法总则（草案）〉的说明》中指出，《民法总则（草案）》以《民法通则》为基础，采取"提取公因式"的方法形成。《民法通则》实际上是一个"微型民法典"，而作为民法典第一编的《民法总则》，应该是"提取公因式"的产物。《民法总则》不可能既承继《民法通则》，同时又采取"提取公因式"的技术，两者之间实际上。个人认为，正是这种立法指导思想，才导致了总则立法中的一些问题，例如前面谈到的"民事权利"单独成章的问题。这种矛盾也给分则各编的立法编排造成困难。比如，全国人大法工委民法室已经提出《民法典·合同编》的草案。其中在对无因管理和不当得利进行规范时，缺失了最基础的规定，要问为什么，答案只能是"因为《民法总则》已经在第121 条和第 122 条提供了相应规范"。

民法典编纂在基本指导思想方面还有一个重要问题：在编纂民法典时，立法者是在创设规范，并将其植入到我们的社会共同体之中，还是仅仅在我们共同体的生活中发现法律规范并加以记录？《民法总则》第 10 条旗帜鲜明地承认了习惯的法源地位。从法律史来看，习惯在本初就是无可置疑的法律渊源。最早的罗马法全是习惯规范，成文法只是发现并汇编这些习惯。在罗马法传统的国家，习惯法的法源地位没有争议。但我国作为接受法律移植的国家，成文法更像是在创设规范。私法自治在民法典中占有核心地位。我们甚至可以说，在民法领域，私人是真正的立法者。举例来说，虽然继承法律规范中规定了继承人的顺序等法定继承的规则，但一旦被继承人基于私人自治，写下有效的遗嘱，这份遗嘱就是法律，它超越了法定继承的规则。私人订立的合同、遗嘱将成为后续裁判的依据。既然如此，那么，在何种意义上，民事立法者"创设"了规范？基于此，立法者应保持谦逊，例如，在制定继承规范时，他应将自己想象为订立遗嘱的当事人，正是因为被继承人通常都会愿意将财产留给自己最亲近之人，所以立法才有了法定继承人范围和顺序的规定。

作为普通私法的民法典应具有自然法的色彩。自然法就是要按照一定的逻辑，依据一些基本的价值判断，推理出一套完备的规则。与之类似，民法典应摒弃干预私人生活的思想（哪怕是基于父爱式的动机），尽可能还原人和人交往中公认的基础价值，从这些价值中引出法律规则。在这个意义上，我们说民法典作为普通私法，带有自然法的色彩。法律政策、政治意志的介入通常是在特别法上。因此，本段开头的问题得到解答——民法典的编纂是在发现规范而非创设规范。在民法典编纂的过程中，技术上可以采取西方的，而价值和利益的考量则要根据中国本土情况来确定。

（二）民事规范到底是行为规范还是裁判规范

民事规范究竟是行为规范，还是裁判规范？我觉得，民法学者对这个问题把握得不是太好，需要多多求教于法理学等学科。民法学者一般认为，民事规范既是行为规范，也是裁判规范。总体上看，中庸的道路往往是最差的一种选择。那些看上去不是面面俱到、貌似片面的观点，往往才是深刻的。

基于此，我试图立论，所有的民事规范就应该是裁判规范。所谓行为规范不过是裁判规范的折射效应。立法者在编纂民法典时始终要坚持一切具体规范都是为裁判提供依据的目的而设，而不应考虑为民事主体提供行为规范。如果认为民法要给民众的生活立规矩，那么民法中就需要有很多的行为规范。为了让民众获得确定的指引，民法的这些规则就得通俗易懂、贴近民众生活。民法典的立法者需要明确，是要制定一部法律人的法，还是贴近民众的法。这其实是本段开头问题的延续。

明确民事规范的裁判规范属性有助于减少规范表述上的问题。例如，《民法总则》第5条规定，民事主体应当遵循自愿原则。私主体基于私法自治可以自己进行立法，他要不要遵循自愿原则也属于其自治范畴。"应当"表达了一种行为的指引，有伦理上"当为"的意义，这种表述恰恰与私法自治的精神相冲突了。又如，《民法总则》第103条第1款规定："非法人组织应当依照法律的规定登记。"这一条文要表达的规范内涵是，如果一个组织没有登记，法律就不将其作为法律主体看待。这并不意味着不登记就是非法组织。这是立法者指导观念的偏差所导致的法律表述的问题。如果立法者采用裁判规范的观点，以上问题就可以迎刃而解。

另一个例子，《合同法》第 13 条规定："当事人订立合同，采取要约、承诺方式。"其实，现实生活中参与缔约的人中并没有人了解什么是要约，什么是承诺。法律人用来裁判的规范被写成行为规范时就会遇到这种问题。本条应该这样写：合同是否成立，应依要约、承诺加以判断。

让我们再看一个事例。《民法通则》第 6 条规定："民事活动必须遵守法律，法律没有规定的，应当遵守国家政策。"一般认为，本条表达了民法的法源，但却被写成了一条行为规范。《民法总则》在这一点上有所进步了，在第10 条，情景变为"处理民事纠纷"，这是典型的裁判者立场的体现。

民法中大量出现的"应当"，皆非以道德义务为基础、行为规范意义上的"应当"。比如，房屋买卖合同应当采取书面形式。这并不意味着当事人订立相应合同时没有采取书面形式，其行为就是不道德的。民法的主要规范根本就不是行为规范，这些规范根本没有伦理义务的属性。行为规范的定性与民法的私法属性不相容。私人自治之法不可能同时是一个规制民事主体行为的规范体系。当然，法律有法律行为的效力判断等规则来评价私人意志的运用。通过法律评价后，被评价的当事人意志就成为实际发生效力的裁判规则。

或许可以说，一切法律规范都是裁判规范，不论民法的、行政法的规范，都要规定效力以及后果。法律规范与习惯、道德等规范有本质的区别。将法律规范认为是一种行为规范，这是一个虚假的问题。所谓行为指引作用其实是一种折射效应，是社会心理层面的问题，不是立法者规范的目的。

（三）公法、私法的界分与《民法总则》

一般认为，民法是私法。这是公理，不须论证。但是，从中国的政治、社会文化基础以及法律表现来看，以上论断似乎有问题。很多民事立法，甚至民法典的编纂，没有遵循这种划分。以下就四个问题简单谈谈自己的看法。

第一个问题，民法典如何"绿色"？《民法总则》第 9 条规定了"绿色原则"，并获广泛好评，认为体现了时代精神。《民法总则（三审稿）》第 133条曾规定："民事主体行使民事权利，应当节约资源、保护生态环境；弘扬中华优秀文化，践行社会主义核心价值观。"该条款将以上内容都作为主体行使民事权利的限制，显然是不妥当的。最终通过的《民法总则》仅在基本原则部分规定了保护生态的原则，有所进步，但还是存在疑问。环境权利是公民对政府的权利吗？这种规定放在民法中是否可行？另一个层面，绿色原则是否影响民事权利的内容和行使？侵权法是行动自由和损害赔偿之间的平衡机制，一个人的行为只要符合法律的规定，这个人即可正当行使权利，而行使权利本身将构成一种违法性阻却事由。绿色原则是否会突破违法阻却事由：当一个人正当行使权利，但其行为仍带来了环境损害影响，他是否要承担责任？所谓"绿色原则"究竟是一条宪法性规范，还是民法规范？其如何发挥规范效应而不简单停留在"宣言"层面？这些问题值得深思。

第二个问题，胎儿利益保护条款是否具有公法的辐射效应？我认为，《民法总则》第16条的胎儿利益保护意义有限，不应过分解读。顺便指出，该条中"胎儿视为具有民事权利能力"的表述不妥，该条就是要赋予胎儿民事权利能力，不存在"视为"的问题。正确的表述是"视为已出生"。法律只能对事实进行拟制。有人认为，本条坚持了人本主义，据此，在法律上，人的生命始于胚胎。其实，本条仅是一个民事裁判规范：当涉及遗产继承、接受赠与或胎儿在母体中受侵害等问题时，为了防止胎儿缺乏权利能力带来的困难，法律做了这样的规定，便于处理。如果非得将"生命始于胚胎"的意义赋予该条，则有可能引起堕胎是否合法等复杂的政治、宪法问题，而《民法总则》显然无意卷入这一问题的纷争。

第三，法人分类中的公、私法问题。有一个问题大家争论不休——什么是法人的元分类。一种观点认为要坚持传统大陆法系国家的法人分类，将法人分为社团法人和财团法人。另一种观点与时俱进，将法人分为营利法人和非营利法人。其实，真正的元分类是公法人和私法人。私法人有营利和非营利的划分，公法人无所谓营利与否的问题。《民法总则》将法人分为营利法人、非营利法人和特别法人，其中特别法人主要指向公法人或准公法人，暗合了上面所说的真正的元分类。但是，究竟什么是公法人？作为私法的《民法总则》何以要规定公法人？这些问题都值得深入探讨。可以确定的是，从《民法通则》开始，所谓"机关法人"完全是出于对公法人范畴的误解而设计的。法人制度还涉及一个与公法尤其是宪法具有重要关联的方面。既有民事规范将一切法人置于"合法设立"的前提之下，《民法总则》甚至进一步对所谓的"非法人组织"设置了"应当依照法律的规定登记"（第103条）

的条件。1896 年《德国民法典》之前，德国就采取一种组织体控制机制，选择登记的社团可以成为法人，不登记的就是无能力社团。《民法总则》要求一切私人的组织均应登记才能获得主体地位，未经登记，不仅不能成为法人，甚至无法获得"非法人组织"的地位，弄不好还会被认定为"非法组织"。

第四，民事权利与宪法权利的问题。一些学者认为，民法典不应该规定人格权编，理由有两个：第一，人格权的概念是用来解决受侵权法保护的法益识别问题的，把侵权法完善了，就没有太大必要正面规定人格权；第二，人格权是宪法权利。后一种说法显然过于偏颇。《民法总则》第 109 条规定："自然人的人身自由、人格尊严受法律保护。"本条规定像极了宪法规范。但要注意，宪法的核心在于防范公权力。虽然宪法条文对公民的人身自由和人格尊严也有规定，但其规范含义是用公民基本权利为公权力划出界限，尤其是约束国家以立法权侵蚀基本权利，而民法的立法角度显然与宪法不同。人格权真正的作用场域是侵权法。我认为，在人格权法上讲人格权意义不大。越是一般人格权，越应该在侵权法的范围内讨论。具体而言，第 109 条如果不配合侵权法规范，就没有民法价值。人们不仅在人格权问题上讨论其民法和宪法意义，而且这种讨论也延伸到了所有权。具体而言，有宪法所有权和民法所有权的争论。作为主权者的国家形象与作为所有权人的国家形象交叉，自然资源在何种意义上被国家所有？这一系列的问题都需要宪法和民法学者共同探究。

《民法总则》虽然有不少地方未达到学者心目中的理想状态，但它仍实现了一些重大的进步，而这些进步恰恰主要体现在公、私法交织的方面。通览《宪法》第 13 条第 3 款、《物权法》第 44 条以及《民法总则》第 117 条的规定，前两者的规范都是授权性的规范，即授权公权力"可以"为一定的征收行为。《民法总则》第 117 条却表现为一个限制公权力的规范：公权力主体要实现征收，须满足该条设定的一系列约束条件。某种意义上，本条更像是一个宪法规范。在宪法机制尚不健全的情况下，部门法可承担一部分宪法职能。

三、嘉宾与谈

主持人：王　蔚（中国政法大学法学院副教授）

非常感谢刘家安教授精彩的报告！我简单的归纳了一下，他的"套路"是这样的：从民法傲慢主义到勇于自我批评、自我质疑再到打破公、私法分化的固化分野，逐渐落入我们大宪法的"窠臼"。为什么说是傲慢主义，因为他一开始展露了同情法理学、拉拢经济法学的"调调儿"，再顺便打击了一下行政法学，但是慢慢地家安老师转向了《民法总则》，认为其益大于弊，对它的批评、质疑非常细节：批判整体的立法技术存在问题，没有把民法上的"人"抽象化；质疑《民法总则》对权利列举的必要性。另外，刘老师还评论习惯法源中的发现法律还是创设规范问题，而且民法的私法自治性中过度吸纳了国家父爱主义的温暖。最后，我把刘老师的脉络简单进行回顾，一个是如何在"人"的形象转变中，不过分在《民法总则》中植入新法律关系，而是在特别法中予以保护，这个问题您指定的评论人是陈景辉教授和张钦昱副教授，还有一个问题是民事规范到底是裁判规范还是行为规范，您的观点是均为裁判规范，您指定陈景辉教授进行评论。谈到公、私法框架打破则落入到了宪法领域，所讨论的很多问题都是宪法学界所讨论的，比如您所说的胎儿利益与我们宪法关注的生命权。

有请第一位点评人，陈景辉教授。陈景辉老师的《法理学为什么是重要的》更多的是从一种法理学内部、单向的对部门法进行讨论，今天希望景辉老师换一个方向，在部门法的基础上，坚定回击部门法学对法理学的同情，从这个角度进行探讨。

与谈人：陈景辉（中国政法大学法学院教授）

感谢论坛的邀请！报告主要涉及两个话题，一个是中国《民法总则》，一个是《民法总则》的问题，家安基本上是站在《民法总则》的问题上来回应中国的《民法总则》，大体上展现出许多批评，而有些学者则是站在中国《民法总则》的视角来看，看到的就全是好的地方，这是两种观点截然不同的原因。或者说，家安更多关注的是民法的一般问题，而不是民法的中国问题，这是两回事，所以看到不满意的地方就比较多。这是对的，这是学者的任务，否则就有负于学者的身份了，这样的态度我是赞成的。

我主要关注前两部分的内容，第一部分是关于总则的问题。这里涉及两个问题，第一个是我们为什么要制定一个法典，第二个是总则扮演什么角色。关于第一个问题，在我看来，法典不过是法体系外显的一种形式，法典的背后是法体系，法体系被展现为法典的样子，它当然可以展现为其他样子，比如判例。所以说为什么要制定一个法典的问题，很难给出一个充分的解释，通常认为是因为习惯、因为传统，我们过去总体上是一个成文法的传统。重点不在于法体系如何被展现出来，而是这个法体系观念成不成熟。今天，家安讲到的一些问题，主要是因为体系性观念还不够成熟。法典中最能体现法体系观念的就是总则部分，当然分则也会体现体系性观念，那只不过是体系性观念在部分中的体现。但是总则本身在体系性观念体现过程中存在问题，那么分则就一定会存在问题。如果体系性观念得不到很好的体现，法典的功效则不会得到很好的发挥。法典的功效主要体现在两个方面：一方面是它的体系性，这解决了法律内部的一致性的问题；另一方面是是否蕴含了解决法律缺陷或者法律漏洞的可能性。如果体系性观念没有很好地解决的话，它不仅不能解决法律内部的一致性问题，而且也不能为法律漏洞的填补提供方向。现在《民法总则》确实存在体系性观念不足的问题，比如，民事权利的问题。作为总则的一部分，应该是具有普遍的拘束性效果的，至少是对分则中几个部分有用，不能只对分则中的一个部分有用。如果仅对分则中的一个部分有用，为何不在分则的第一部分进行规定呢？实际上是因为对《民法总则》的功能效果缺乏有效的评估，这样就会导致一些不应该放在《民法总则》中的东西放进来了。之后的立法中，如果再规定一次，则会造成冗余；如果不再规定一次的话，则造成了割裂。体系性问题就没有解决。体系性问题本身主要体现在两个方面，一个是比较低的层次，即语词、概念的一致性。另外一个，也是《民法总则》在制定的过程中遇到的最大的问题，那就是价值的问题。家安后面讲到的两个问题，实际上都是价值问题。我们能否找到那一个或两个价值贯穿整个法体系，如果能找到一个比较单一的价值，其效果在填补漏洞时，则更为明显。这里就涉及民法规范是行为规范还是裁判规范的问题，家安的判断我是完全同意的。民法规范都是裁判规范，没有行为规范之说，因为一旦有行为规范，就会挑战私法自治。这就涉及我们如何认识民法的基本价值的问题。如果坚持私法自治的主张的话，裁判规范是我们唯一的选择。但是，不幸的是，如果民法的价值不是意思自治或者私法自治，那么情况就会发生转变。如果国家管制的力量始终要进入的话，那么民法规范作为行为规范的性质就显现出来了。例如法人制度的问题，只有进行登记，才是合法组织，不登记就是非法的。因此这不是单纯的民法规范的划分问题，而是涉及价值的问题。这也和公、私法的划分问题有关，私法贯穿什么价值、公法贯穿什么价值，如果两个贯穿的价值都一样，那么公、私法的划分也就没有什么必要了。正是因为不一样，划分才有意义。法典本身首先是形式上的体系化的问题，核心问题是价值的一致性问题，这两者构成了我们审视、评价《民法总则》的基本问题的基础。

民事权利和宪法权利，在我看来，两者都来源于道德权利。法律权利看起来是由法律所创设的权利，但是法律所创设的权利，似乎是可以随时取消的，但是又似乎不是。例如生命权，不太容易取消。任何权利都是有道德基础的，没有道德基础是没有办法成为权利的。法律对于权利还是有影响的，那就是在法体系中将其放在更重要的位置，还是更次要的位置。比如在德国，把人的尊严放在首位，但是在其他国家并不是这样的，这体现了法律权利的特点，它的分量是由法律所确定的，但是谁也不能取消它，因为取消它，则会挑战其作为权利的道德基础。它为什么会有道德权利的含义，是因为我们在说它是权利的时候，它就已经具有先天的正当性，我们不能说任何事都是我的权利，但是一旦说它是我的权利，其就有了正当性。在我看来，民事权利和宪法权利没有什么区别，它们都建立在道德权利的基础上。只不过，哪些权利放在宪法权利中，哪些放在民事权利中，是由法律确定的，要看法体系内部的安排。

主持人：王　蔚（中国政法大学法学院副教授）

景辉老师认为家安老师没有更多的关注民法的中国问题，而是不停地讨论民法一般问题。从这个元命题出发，景辉老师从技术层面和价值层面去追问到底《民法总则》应该采取什么样的技术和价值，正如刚才我们所提到的私法自治和国家管制两种价值在《民法总则》中如何安放，而且不仅在《民法总则》，在以后的民法典中如何安放，如果安放的位置不同或安放的点太过具体则会产生冲突，但是这个冲突如何解决并不是能够一蹴而就的。感谢陈老师。下面有请来自北航法学院的王锴教授。

与谈人：王　锴（北京航空航天大学法学院教授）

感谢论坛的邀请，我主要从以下两个方面进行与谈。

第一，宪法与民法的关系问题。

对这个问题的讨论离不开两个命题，即"宪法是母法"与"宪法是公法"。宪法相对于其他部门法是母法，并不是说在"出生上"，（近代）宪法要晚于很多部门法产生，而是就内容而言的，更多是凯尔森所说的效力来源，即一个规范的效力来自于另一个规范的授予，经过无限递推的话，最终可以追溯到宪法。比如为什么《劳动法》规定了劳动者的工作时间，因为宪法上规定劳动者有休息权。这里要注意，凯尔森所说的效力来源是站在规范的角度来说的，他不是讲权利，也就是说，不是说民事权利的效力来源在于宪法权利。这里需要区分一下规范和权利，权利是一种由主体、客体、内容组成的三重构造，一讲到权利，就必须是谁享有、对抗谁，而规范只是针对权利的内容，即人人都应当遵守、尊重的那个主张。

因此，即使讲基本权利的第三人效力或者私法效力，它其实不是从权利的角度来谈的，而是把基本权利化约为一个规范，即所谓客观法或者客观价值，如果从权利的角度这就无法理解，因为基本权利是约束国家的，怎么能用于约束私人呢？但如果它是一个宪法规范，作为其他法的效力来源就是可以的。这是母法的内涵。

如果说宪法是母法是从内容来谈的，那么宪法是公法就是从调整对象而言的。大家都知道，公法是约束国家权力的，但问题是，公法有很多，不止宪法一个，还有行政法、刑法、诉讼法等等，为什么有这么多公法？因为需要约束不同的国家权力，宪法作为公法，主要是约束立法权，这是它的独特使命，这个功能是其他部门法乃至其他公法都无法实现的。因此，宪法之所以能与其他部门法发生联系，就是通过宪法约束立法权来实现的，因为其他部门法都是立法机关制定的。

当然，这个命题需要面对一个很大的挑战，也是刚才家安老师提到的，即民法到底是法律创制的产物还是法律发现的产物？民法的规则是立法者制定的还是生活中本来就有的？如果是后者，那也就是说民法不是立法机关制定的产物，那么自然宪法无法通过约束立法权来进入民法。

这可能涉及一个更为深层次的问题，一个古今之争的问题——为什么过去的法主要以习惯法为主，而现在的法主要以制定法为主？这可能涉及古代社会与现代社会的区别问题。古代社会被称为目的论社会，人们生活有一个统一的目的，这个目的就是按照一种既定的秩序生活，这种秩序要么来自于上帝，要么来自于自然中产生的规则，因为人是自然的一部分，自然的规则就是人要遵守的规则。这种古典意义的自然法打破了事实与规范的二分，把现实中存在的视为应然的，这是目的论社会的性质所决定的。而现代社会被称为义务论社会，它的最大特点就是休谟所说的事实与价值的二元对立，因为人不再臣服于某种既定的秩序，而是开创秩序，人不再是自然的一部分，而是可以创造一个与自然平行的世界——人为的世界，人不再服从于一个统一的、外在于人的目的，而是每个人自成目的，这就带来了秩序的混乱，因为需要某种意志来为人设定义务来重新形成秩序，这就导致了制定法，即立法者意志的体现。这就是为什么过去以习惯法为主要形式，现代社会需要立法者的意志，通过施加义务使社会有秩序。如果我们承认今天的法以制定法为主的话，其他部门法是立法者意志的体现，那么宪法要约束立法机关，立法机关自然要在立法的时候贯彻宪法的规定。

宪法对立法机关的要求有两个：一个是课予立法作为义务的条款，比如国家任务和国家目标条款；另一个是课予立法不作为义务的条款，这又分为两个：（1）国家机构的条款，这意味着立法权在行使的时候，要遵守立法权的职责和程序，不能侵犯其他国家机关的权力。比如《侵权责任法》由全国人大常委会制定是否侵犯了全国人大的基本法律制定权。（2）公民基本权利的条款，立法机关在立法的时候不能侵犯公民基本权利，比如立法机关如果在婚姻法中规定，同姓不得结婚，这是否侵犯了婚姻自由？当然，这里面有一个问题，就是公法与私法在内容或者精神上还是有不同的，因为公法是更多限制，私法是更多自由。因此，如果把宪法对立法机关的要求被立法机关转嫁到私法关系中，是否会有损私人自治？

我想，宪法对立法提供的只是一个框架，在框架内允许立法者根据宪法的标准——最高标准或最低标准——而享有形成自由。（1）在作为义务上，宪法是最高标准，民法可以比宪法的要求低。比如受教育权，国家对公民承担受教育的给付义务，但是私人对其他私人就不需要。（2）在不作为义务上，宪法是最低标准，民法可以比宪法要求高。比如言论自由，公民诽谤一个公务员不仅要不真实，还要有恶意。而诽谤一个私人只要不真实即可。也就是说，民法上的诽谤比宪法上的诽谤更容易成立。

总而言之，宪法与民法的关系既要考虑内容，也要考虑对象。过分强调内容的一致性，忽视了对象的不同，就会造成公私的混同；过分强调对象的不同，忽视了底线上的相同性，那就无法发挥宪法作为母法的功能。所以，宪法只是为民法提供了一个框架，民法只要不突破这个框架即可。

第二，一般人格权是民事权利还是宪法权利。

关于这个问题，各方观点不尽相同。我认为，这本质上不是一个理论问题，而主要是对德国法的理解问题。

关于一般人格权在德国的定性问题主要涉及 1954 年的"读者来信案"。该案中有几个特殊的地方不太容易理解，首先它是一个民事案件，联邦最高法院在判决时涉及宪法，为何一个普通法院能够解释宪法？在德国，联邦宪法法院并不垄断宪法解释权，只要没有被联邦宪法法院推翻，其他法院也可以解释宪法。这应该和我们固有的认为宪法解释权只能垄断在一个国家机关的观念不同。第二，案件中提到人的尊严和人的自由发展是基本权利，所以一般人格权也是基本权利，因为一般人格权是由人的尊严和人的自由发展两者推导出来的。同时，案件中还提到人格尊严和人的自由发展权同时也是私权。在德国学者看来，这个案件的裁判就开启了基本权利的直接第三人效力。首先承认它是一个宪法权利，同时也是私权，对私法产生约束力。这种从两者之间联系的进路来谈，与我们今天基于对抗国家和对抗私人的不同功能来区分两者的思路是不同的。但无论哪一种进路，结论是相同的，一般人格权既是宪法权利，也是民事权利。

我们所面对的问题是，为什么有些学者认为民法规定比宪法规定要好？这是因为民法可以诉讼，宪法不可以诉讼。所以，民法中规定一般人格权可以使公民得到更多救济。这种出发点是好的，但问题并没有得到根本解决，即使民法中规定一般人格权，就像当年《民法通则》第 121 条规定国家机关的民事责任一样，它也只能约束公权力机关的非权力性活动，而公权力活动无法通过民事诉讼来救济，因为我们的审判权是有分工的。

主持人：王　蔚（中国政法大学法学院副教授）

王锴教授从宪法约束立法权出发来考虑民法到底是不是立法权的创设，再来讨论宪法到底能不能对民法进行宪法化。从刚才王老师的脉络，我觉得宪法的价值渗透到部门法还是有很多可能性的路径的，王老师也从德国法的角度给我们介绍了一般人格权既是宪法权利，也是民法权利，而且通过直接第三人效力从宪法辐射进民法。刚才王老师也说到虽然宪法诉讼缺失，但是在党的十九大之后，一直在提合宪性审查机制，可能也提供了一种新的宪法和民法交流的途径，就是普通法院在审理民事案件中，在适用民事规范时，如果发现民事规范可能存在着违宪的情况，那么有没有可能由当事人将案件提交到最高人民法院，由最高人民法院过滤以后，根据《立法法》的规定，再向全国人大常委会移送，如果打通这样的一个路径，会不会提供一种新的宪法和民法交融的方式呢？再次感谢王锴老师！第三位点评嘉宾是张钦昱老师，希望张老师对家安老师刚才提到的拉拢经济法到民法的问题作出回应。

与谈人：张钦昱（中国政法大学民商经济法学院副教授）

民法学者一般认为经济法是民法的特别法，但是否真的如此呢？

第一，经济法主要分为两大块内容，一部分是市场规制法，另一部分是宏观调控法。市场规制法中比较具有代表性的是《消费者权益保护法》，在消费者权益保护领域，当消费者的权利受到侵害时，其首先想到的是寻求消协的帮助，而不是提起民事诉讼，消协不是民事主体，一般认为它是政府部门，而且会去找工商行政管理部门，一般不会通过私人诉讼来予以解决。另外《反垄断法》与《反不正当竞争法》，两部法律的条文基本上没有赋予什么权利，而是规定了不得做什么，这是因为在经济法中很难找到经济法的权利主体，只能找到义务主体，赋予义务主体很多义务，进而反射回来，保护权利主体的权利，这与民法规定权利是不同的。另外宏观调控法部分，例如财政法、税法、货币金融法等，民法的课堂从不会去讲这些法律，涉及的诉讼也很少是私人诉讼，更多的是与政府有关。

民法的理论是契约自由，意思自治，其前提是人是有理性的，人可以自己决策，自己的行为自己负责。但是，人一定是有理性的吗？比如，七天无理由退货制度，其是基于信息不对称的角度，考虑到人是感性的，而作出的规定。《消费者权益保护法》只规定了消费者的权利，而没有规定消费者的任何义务。而对于经营者则是规定了其义务，而没有规定其任何的权利。这就不符合民法中权利义务相对等的原则。

第二，民事主体的分类，民事主体的分类主要分为自然人、法人和其他组织，为什么民法固执地把人抽象成自然人呢？主要是与民法产生的背景有关，民法产生于自由资本主义时代，是为了反抗等级森严的封建社会，去除掉不同等级的身份，破除封建等级枷锁对人的束缚，人格抽象是对去身份化的一个保护。民法在自由资本主义时期，为了能够促进经济的发展，使人们能够吃饱穿暖，所有才有了这样的一个规则。"穷则独善其身，达则兼济天下。"而随着经济社会的不断发展，特别是当今社会，我们有理由、有时间、有能力关注弱势群体。《民法总则》出现消费者保护的问题，并不是中国所独有的，《德国民法典》在修改时也有这方面的争论。最新的《德国民法典》，将消费者权益保护放进了债编，总则第 13 条也加入了消费者等具有明显政策倾向的规定。但是很多德国民法学者持批评态度，认为只增加了消费者，那么对于劳动者、残疾人、老年人等其他主体是否都需要纳入民法典呢？特别法之所以是特别法，应当将一般法的理念、思路、原则一以贯之。

民法是一个完美的逻辑大厦，加入特殊主体便会破坏民法体系的自洽性，这是民法无法承受之重。

主持人：王　蔚（中国政法大学法学院副教授）

很感谢张老师的点评。张老师对经济法不是民法的特别法进行了论证，具体谈论到经济法是宏观调控法，很难找到权利主体，更多的是从义务主体出发，而民法是契约自治，另外在特别主体的分类和识别上，钦昱老师提到，妇女、残弱人士、消费者的特殊保护和民法当中强调权利主体的抽象性大相径庭。所以我觉得这是一次很好的反叛，再次感谢钦昱老师。

最后一位点评人是王雷老师。希望王雷老师在民法体系内对家安老师的报告作出点评和提问。

与谈人：王　雷（中国政法大学民商经济法学院副教授）

感谢论坛的安排，感谢家安老师的精彩报告和几位老师的精彩评议。

（一）我心目中理想民法典的形象

每一部民法典中都有一个典型的"人"的形象，在我们每个人心目中实际上也有相应的理想民法典的形象。每个人心目中民法典的形象不尽相同。家安老师心目中的民法典形象带有淡淡的怀旧风，具有古典浪漫气息，那是一个具有自然法色彩的、百姓日用而不知的、为立法者发现而不是创制的、淡化时代特点的、裁判规范属性的、技术中立的古典民法典形象。这是一个理想的民法典形象，是我们追求的目标，正如江平先生对《民法总则》"继受有余、创新不足"的精当评价所显示，《民法总则》文本并不完全符合这个理想预期。

我心目中的民法典，像很多其他法律一样，要充分实现"定分止争"的功能，要通过明确民事权利、民事义务和民事责任以实现民事主体从事民事活动时能够各得其所、各安其分、各尽所能而又和谐相处。荀子在"王制"篇开篇就论及定分思想："人，力不若牛，走不若马，而牛马为用，何也？曰：人能群，彼不能群也。人何以能群？曰：分。"他说，人力气没有牛那么大，跑得也没有马那么快，为什么牛马被人役用，是因为人能够结成社会群体，过群体生活，克服个体力量的不足，为什么人能够过群体生活？是因为人能够通过"定分"的方式，划清人与人在社会群体生活中的边界。我想不仅是民法，各部门法都是为了厘清权利（权力）、义务、责任以定分。

家安老师在报告第三部分，公、私法区分中也提到《民法总则》第9条绿色原则确立的缘由，这实际上展现了《民法总则》回应21世纪资源环境日益枯竭恶化趋势的时代特征，为单色调的、技术中立的民法典增添了一抹绿色。还有其他公法因素的介入，也都使得民法典变得丰富多彩、色彩斑斓。21世纪的民法典不是单色调的，在主色基调之外，还有辅助色、点缀色与之搭配协调。

（二）是否所有的民法规范都是裁判规范

回答这个问题，取决于我们在何种意义上界定裁判规范。对此，我从以下几个方面展开：

第一，区分立法论和解释论。如果站在立法论的角度，我赞成民法规范应该最大可能地表述为裁判规范。李永军老师主编的法大版《民法典总则编草案建议稿》在第1条立法目的中就规定"为给民商事案件的审理提供裁判依据"。如果站在解释论的角度，本着最大善意来理解立法者，会发现《民法总则》中的一些规范并不是裁判规范。例如，《民法总则》第54条第二句话，"个体工商户可以起字号"，这个规定就不是裁判规范，而只能理解为对个体工商户参与经营活动的一种行为引导。再如，《民法总则》第143条规定了民事法律行为的一般生效要件，这和民法学界民事法律行为自成立时生效、完全不需要规定其生效要件的通说观点不同。第143条生效要件不具有裁判规范功能，我们可以将其解释为行为规范，是对当事人作出一个合法有效的民事法律行为进行引导。

第二，区分请求权基础规范和请求权辅助规范。疑难案件的法律适用，很难仅通过一个法条实现，而往往是，在适用请求权基础规范的同时，还需要其他辅助规范，基础规范和辅助规范一起构成了个案中完整的裁判规范体系。如果在请求权基础规范的层面定位裁判规范，那么现行法上有很多无法单独发挥裁判规范作用的法条，比如说一些定义性法条。《合同法》中每一种有名合同都有一条定义性法条，这些定义性法条很难单独发挥作用，而是可以作为裁判规范体系中的请求权辅助规范。再比如说，《民法总则》中有很多解释限制性法条，比如第196条对不适用诉讼时效请求权的列举，属于例外规定，其实质是对第188条的限制。第196条本身很难单独发挥裁判规范的作用，但是可以作为裁判规范体系的一环，整体上发挥裁判规范的作用。

第三，区分裁判说理规范和直接援引据以得出裁判结论的规范。如果认为所有的裁判规范都是直接援引据以得出裁判结论的规范，那么宪法规范就不是裁判规范了。但实践中宪法规范除了可以起到立法准则功能外，还可以作为裁判说理规范存在。因此，对裁判规范的界定不同，其答案也不同。另外，我也同意王锴老师前面说的人格权既是一个宪法权利，也是一个民事权利。作为宪法基本权利的人格权，可以从立法准则层面要求民事立法予以具体化。作为民事权利的人格权，民法典可以通过配置裁判规范，实现对人格权的全面保护。

第四，区分以令行或者禁止形态存在的行为规范与通过赋予法律上利益形态存在的行为规范。家安老师说到，裁判规范对人们行为有一个反射性的引导，反过来说，行为规范在逻辑上同为裁判规范。行为规范不仅限于令行禁止，比如一个行为规范不是从义务的角度，而是通过规定一种行为模式，行为人可以据以得到附带的法律利益。从这个角度，有些法律规范还是有作为纯粹行为规范存在空间的，其不对应裁判规范。例如《合同法》规定有些有名合同应当采取书面形式，站在解释论的角度可以理解为这是在提倡当事人在订立合同时最好采取书面形式，这有利于保存证据。

（三）民法与行政法交叉视野下相关法律的解释适用

首先，《民法总则》第183条规定了见义勇为救助者遭受损失时的补偿机制。"没有侵权人、侵权人逃逸或者无力承担民事责任，受害人请求补偿的，受益人应当给予适当补偿。"这个法条表述不是很完整，适当补偿不是全面赔偿，当受益人给予适当补偿之后，救助者的剩余损害如何填补？我认为这时应当由公共财政兜底弥补。论证依据何在？一方面见义勇为具有民法上紧急无因管理的属性，另一方面从公法的角度，我将其界定为广义的行政协助。当然行政法上的行政协助是不同行政机关之间所进行的公务协助。但我发现《人民警察法》第21条将一般意义上的危难救助法定义务赋予警察，然而现代社会并不是一个警察社会，我们不能期待每个人身后都站着一个警察，当我们遇到危难时，能随时有警察出手相救。见义勇为救助者一定意义上是代行了人民警察的危难救助义务。按照目的解释，可以扩张行政协助的内涵，以涵括见义勇为。救助者在行政协助过程中遭受的损害应当纳入公共财政予以救济，以避免"英雄流血又流泪"。

其次，《民法总则》第46条规定了宣告死亡制度，不同于《民法通则意见》第24条和第25条，《民法总则》对利害关系人的顺序乃至范围没有作出限定，这留下一个思考的空间。是否利害关系人的范围不再局限于"有民事权利义务关系的人"？具有公法上利害关系的公法主体能否作为利害关系人申请宣告自然人死亡呢？例如，某低保户家中一人下落不明，符合第46条规定的宣告死亡条件，但其家人不申请宣告死亡，而一直领取属于下落不明之人对应的那份低保补助金。发放低保补助金的行为属于政府的授益性行政行为，但是问题是这个人已经长期下落不明，继续发放则达不到救助目的，这时公共财政给付者能否作为公法上的利害关系人申请宣告其死亡呢？实际上第46条暗含了这种扩张解释的可能。

最后，《民法总则》第32条规定的国家监护制度。《民法总则》通过之后，很多媒体宣传，基于人文关怀的理念，立法确立了家庭监护为原则、社会监护为补充、国家监护为兜底的三元监护体制，这样的理解存在一定的问题。实际上村委会、居委会的社会监护并不是当然居于补充地位，其作为监护人是有条件的，需要"具备履行监护职责条件"才可以担任监护人。实践中，村委会、居委会极少能够具备履行监护职责条件。因而，在家庭监护无法实现的情况下，由民政部门进行兜底的国家监护就会更为常用。如果民政部门怠于履行监护职责，如何进行救济呢？从实体法的角度来看，民法人文关怀观念通过国家监护得到了贯彻，但是民政部门怠于履行监护职责时，谁有资格依照何种程序提出救济呢？被监护人的其他近亲属也不提起救济的话，检察机关能否提起公益诉讼？被监护人属于社会弱势群体，其利益是社会公共利益的一种，此时能否由检察机关通过提出检察建议乃至提起公益诉讼来救济？是按照行政公益诉讼程序还是按照民事公益诉讼程序进行？这又涉及不同公益诉讼程序中举证证明责任分配的问题。

主持人：王　蔚（中国政法大学法学院副教授）

王雷老师先是明面上的"吹捧"，继而暗中商榷，最后再进行全力的建构。王老师对家安老师的主要观点，民法规范均应是裁判规范稍微进行了否定，论证了行为规范存在的必要性。在论证这一点的时候，列举了《民法总则》第54条、第143条，然后把请求权的基础规范和辅助规范进行了综合性的表述。最后提到了人格权，说它既是一个宪法权利，也是民事权利。

王老师最后的建构也使得我们宪法学者受益良多，从《民法总则》第183条、第46条、第32条分别谈到了见义勇为、宣告死亡和国家监护当中存在的一些问题。但是我关注到王老师一直在说公共财政兜底，这个使我想起中国人民大学去年召开的一个国家责任研讨会，与最高人民法院设立了一个国家责任研究基地。我记得当时王利明老师也提到了这个问题，如果我们在侵权法中不能得到足够补偿，能不能通过国家责任获得救济。我觉得这也是未来公法学科和私法学科交叉、对话的具体空间。

　　由于时间关系，在征求主讲嘉宾意见之后，不再安排提问环节，但是刘家安教授还是对张钦昱老师的点评作出了回应，首先，经济法没有单独的诉讼机制，只能通过民事诉讼予以救济，其次，《民法总则》第 128 条，明确了对于特殊主体的保护依照特别法的规定处理，这实际上表明了经济法是民法的特别法。

第四期

互联网平台的行政法律责任

主讲人：赵　鹏　中国政法大学法治政府研究院副教授

与谈人：（按姓氏笔画排列）

左亦鲁　北京大学法学院博士后

张　力　中国政法大学法学院副教授

张　欣　对外经济贸易大学法学院讲师

柳雁军　腾讯研究院法律研究中心秘书长

陶　乾　中国政法大学法律硕士学院副教授

主持人：王　蔚　中国政法大学法学院副教授

一、引言

近年来，互联网平台得到了快速发展，越来越成为我们生活中不可缺少的部分，由此也引发了很多的问题。互联网平台自身并不直接提供某种产品或者内容，而是在其平台上存储、链接或传送源自第三方的内容，或者为第三方提供基于互联网的服务。这种开放性使平台能够迅速聚合大量资源，事实上具有了一种强大的介入国家治理和市民社会自治的能力。在这一大背景下，法学界从不同学科角度对其展开了研究和讨论。行政法视域中更多关注互联网平台是否具有"准公权"及其权力正当性。本期主讲嘉宾中国政法大学法治政府研究院赵鹏副教授和与谈嘉宾腾讯研究院法律研究中心柳雁军秘书长、中国政法大学法学院张力副教授、法律硕士学院陶乾副教授以及对外经济贸易大学法学院张欣老师、北京大学法学院左亦鲁博士将以"互联网平台的行政法律责任"为主题进行深入的讨论和交流。

二、主题报告 [1]

主讲人：赵　鹏（中国政法大学法治政府研究院副教授）

在讨论互联网平台的法律责任之前，首先需要理解，平台对我们的信息传播环境带来了什么改变。前互联网时代的信息传播通常需要借助一个中枢进行交互，例如媒体、电话交换系统。这种通信方式在战时很容易被破坏，因而，美国发展起了全新的通信架构——互联网。互联网的通信是一种点对点（end to end）的结构，形成了一个终端可以通过无数条路线和另外一个终端交互的网状结构。在这种结构下，即便大部分通信被破坏，其余的通信仍可以正常进行。这种架构革新了整个社会的信息传播方式。本来，信息的传

---

〔1〕　参见赵鹏："私人审查的界限——论网络交易平台对用户内容的行政责任"，载《清华法学》2016 年第 6 期。

播受制于少数媒体，而互联网的出现使得媒体不再是一种稀缺资源。任何人只要接入互联网，就可以发表自己的意见，这极大地促进了信息生产方式的民主化。一个微博"大V"一条信息的"发行量"可能比一个传统大报还要多。信息生产方式的民主化还带来了其他社会生产的民主化，例如，一些很小的公司可以通过阿里巴巴的平台便捷地找寻交易对象，在互联网出现之前这可能是很难想象的。

但是，互联网的这种去中心化的结构也给政府规制带来了挑战。最初，一些观点认为政府是不可能有效地对互联网上的活动进行规制的。现在，这种"无政府主义的乌托邦"的想法已被抛弃，其中，平台经济的崛起是一种很重要的原因。因为，当信息生产力的解放带来信息爆炸之后，我们发现，人们的注意力逐渐成为稀缺的资源（这也是互联网公司为什么视"流量"为最重要的资产）。为了效率，人们的注意力逐渐集中到少数平台上。对此，经济学家已经用"多边市场效应"或"双边市场效应"来解释：滴滴和快的合并使得用户和出租车司机都大幅增加，也使得双方更容易找到对方并发生交易，这说明一个集中的平台更有效率；同样，阿里巴巴网站商家越多就对买家的吸引力越大，反过来充足的买家也会招来更多商户的入驻，这是一个自我强化的过程；社交平台亦是此理。

因此，平台的崛起在一定程度上改变了互联网去中心化的架构，少数平台掌握了互联网信息传播的瓶颈：理论上，离开这些大型平台，人们仍然可以发表意见和信息，但是，这些声音很难受到关注，因而其意义有限。如何理解这些平台所拥有的力量，魏则西事件、人民日报的评论[1]等均反映了一种隐忧：平台企业通过控制信息的呈现结构，事实上可以决定某些信息成为公众的永久记忆，某些信息仅是转瞬即逝的插曲。这可以极大地影响整个社会知识建构以及相应的交易机会选择。

因此，平台在事实上成了现代社会信息传播的"看门人"，这种力量会不会被私人滥用？我想这个问题需要关注但也无须恐慌，毕竟，平台处于市场竞争之中，而互联网的技术迭代又十分得迅速，平台的力量始终处于一个动态的变化过程，市场机制对其还是有非常强大的制约。

---

〔1〕 参见"不能让算法决定内容"，载《人民日报》2017年10月5日，第4版。

与此同时，政府基于公共利益的考量，例如维护国家安全和民族团结，控制淫秽色情信息传播，确保食品药品安全和消费者保护等等，也要求平台企业对平台上呈现的信息进行控制，过滤一些信息，否则就需要承担相应的行政法律责任。这些监管举动是有正当基础的，但是，也需要认识到，一旦规则设定得不合理，也可能侵犯其他法律所保护的价值。例如，在现行责任体系下，已经出现平台为了避免法律责任，而采取过度严格的过滤策略的问题。例如，微博曾经因为信息中的"黄色"二字过滤掉气象部门发布的雾霾黄色预警。这提醒我们，某些监管导向，可能已经破坏了我们的信息传播环境，也提醒我们思考一个根本性的问题，即我们希望平台扮演什么角色？我们希望它是相对中立的，对于那些并非明显违法的信息，让它通过，然后事后通过法律程序评价它并进行归责；还是希望它成为一个高度积极的管理者，可以全面控制用户看到的信息，甚至以大量合法的信息也遭到牺牲为代价。与此同时，政府对平台施加法律责任，迫使其履行某种"主动监控"义务，这种主动监控的边界何在，如何理解个人信息保护的价值？

从上述宏大的背景回到法律的技术细节，我们可以看到，早在对互联网平台的行政法律责任的立法突飞猛进之前，平台的民事责任就有广泛的实践。《侵权责任法》第36条第3款规定，"网络服务提供者知道网络用户利用其网络服务侵害他人民事权益，未采取必要措施的，与该网络用户承担连带责任"。但是，这一规则在司法实践中被解释为，网络服务提供者对平台用户产生的内容一般无须承担普遍性的监控义务，除非存在非常明显的违法信息，平台原则上在履行"通知—删除"义务之后即可免除责任。这实际体现了对违法有害信息的控制和保障合法信息交流之间的平衡。而在《互联网信息服务管理办法》第16条、《食品安全法》第62条、《广告法》第45条中也有类似表述，只是一旦违反需要承担行政法律责任。但是，在行政部门的执法过程中，其规范内涵却大相径庭——互联网平台企业需要普遍性的主动监控其用户产生的内容，否则将面临行政处罚。

与此同时，这些行政解释还影响到之后民事案件乃至刑事案件的判决。而且，这种加强平台责任的趋势还在进一步强化，例如，《网络餐饮服务监督管理办法（征求意见稿）》第27条就要求网络餐饮服务第三方平台承担对商家线下审查的义务；第29条则要求平台对商户经营行为和服务进行抽查和监测。由线上对信息的主动监控义务扩展到线下审查经营者经营活动的义务，平台义务的扩张似乎已经完全背离了其基本的技术能力。与此同时，《电子商务法（二审稿）》第23条第2款进一步要求平台经营者向有关部门报送经营者的经营信息，这又使得平台从发现违法之后报送扩展到主动全面的报送，相关个人信息泄漏和数据产权侵犯的风险不容小觑。从行政部门立场来看，平台承担更多的管控之责，可以极大减小监管压力。但是，这种解释是否背离了法律的原意，法律是否要对行政部门行动进行基本的控制，这些均是需要冷静讨论的问题。

在我看来，平台需要承担与其经营活动性质相一致的注意义务，但是，当下激进地扩张平台义务的做法，使得行政部门"转移"了本应由自己承担的监管义务，这种情况对行政法治是一种挑战：首先，行政部门的监管隐于幕后，而由平台出面治理，平台依据合同条文建立与用户之间的关系，原先的"依法律治理"转化为"依合同治理"，传统的行政法控制机制（如要求对相关违法行为的处理建立在事实清楚、证据确凿并遵守正当法律程序的基础上）难以发挥作用。其次，行政部门在幕后指挥，但对于其错误的行为，不能被有效问责。最后，也是更关键的，平台是否是相关信息违法的最佳判断者，它的错误判断——不管这种错误判断在实践中是否已经大量存在，是否侵蚀了信息的自由流动。

由此，当下片面强化平台责任的做法可能会伤害到其他法律保护的价值，我们需要更加理性地设计相关制度。对此，区分场景予以处理可能是较好的。

第一，区分信息有害和线下行为有害。一些煽动性、诽谤性、色情的信息本身具有危害，此时，平台需要尽到对那些明显违法信息的监控义务。但是，一些问题的根源是线下的行为或者产品有问题。例如，餐饮、产品的质量出现问题。对此，我们需要认识到，仅仅从线上呈现的信息，是很难对其进行判断的，平台的监控能力有限。而且，更加根本的是，我们是仅仅让这些经营者不再在网上出现甚至换个马甲出现就行了，还是应当将平台交易信息作为线索，进行线下整治。国外不少执法部门就根据 yelp 上的点评来配置监管资源。在我看来，针对网络食品、产品领域中的种种乱象，监管部门线下监管的懈怠恐怕是主要原因。

第二，区分信息的危害程度。对于涉及国家安全、暴恐行为、民族歧视性言论、版权等的内容，要求平台承担一定的主动监控义务确有必要，但是，是否所有的信息都需要经过这种筛选？

第三，区分平台内用户保护和平台活动外部性控制。一些监管规则的目标在于保护平台内的消费者，但是，我们需要认识到，平台本身是一个多边市场，保护消费者创造更好的平台环境本身能提升其对消费者的吸引力，平台自身就有很大的动力去提升。而且，通过技术创新实现的治理绩效可能比那些过时的监管规则有效得多。对于此类问题，监管部门不宜设定过多的强制性规范——你怎么保证你这些规范切中问题要害并与快速迭代的互联网技术相同步？相反，一些活动是对平台外的权利人，如版权人、商标权人产生了侵害，这些方面平台自我治理的动力可能并不是那么充分，设置合理的责任，就比较重要。

而且，我们还需要思考，治理平台是否只能通过课以法律责任的方式？基于数据驱动的放松管制可能是一条新的路径。以电子商务为例，在电商平台崛起之前，交易在大大小小的市场、商店里分散进行，监管很难及时触及这些交易。于是，我们发明了大量的准入管制、强制性标准，力图确保相关产品、服务是符合质量要求的。这套体系是否有效暂且不论，在电商平台崛起之后，交易场景已经高度集中化了：大量交易都在一个或几个平台上进行。通过平台生成的大量数据，例如用户的点评，我们已经很大程度上可以了解到商品或者服务的质量，那么，原来那套体系还需要继续适用吗？我们的思路是否可以转到诸如监管部门及时地根据用户点评来优化监管执法的指向；或者通过法律行动制止虚假、恶意点评等行为，保证数据真实有效以便市场有效选择？这种基于数据驱动的放松管制模式或许能够既最大程度地保证信息的有效传播，又能借助互联网技术解决经济、社会生活中存在的弊病。

三、嘉宾与谈

主持人．王　蔚（中国政法大学法学院副教授）

感谢赵老师的精彩报告！刚才赵老师细致梳理了我国现行法律当中的规范结构，并且指出了其中存在的法律规范与行政解释间的矛盾和冲突。赵老师接着从监管部门、平台和用户的关系出发，揭示出了行政权的"两大面孔"。"第一大面孔"是"贪婪"：行政权存在天然扩张的倾向，即在每个领域延伸权力。"第二大面孔"是"懒惰"：行政权尽力逃避责任，在拥有权力的同时，把责任推给了具有"准公权"性质的平台，平台不得不直接面对用户。赵老师最后提出问题：权力本身有没有干预信息流动的正当性以及网络平台承担责任保护的利益是什么，这个责任和行政权的界限在哪里？在我看来，赵老师的核心观点是网络平台的合适地位应该是助力监管。这个时候，有必要请出对这个问题有着深入研究的腾讯研究院法律研究中心柳雁军秘书长。我疑惑的是，腾讯研究院作为网络平台的智库，进行的学术研究是站在价值中立的立场上呢，还是站在互联网平台经营者自我利益的立场上？下面有请第一位重量级点评嘉宾柳雁军秘书长。

与谈人：柳雁军（腾讯研究院法律研究中心秘书长）

根据赵鹏讲述的内容，我想从行业的角度再补充几点：

第一，对于平台的行政责任，我更倾向于称之为平台的行政义务。所谓平台的行政义务是指行政机关将自己应当履行的监管职责通过立法的形式全部或者部分"转嫁"为平台所应履行的事前实名登记的义务，事中违法信息或者行为的发现、停止传输、保存、报告等附随义务，事后的配合义务等系列义务。如果平台违反上述义务则要承担相应的责任。在尚未形成定论的情况下，我倾向于称之为平台的行政义务。平台行政义务的特征主要有：第一，行政主体是最初的权力主体；第二，具有"准行政权力"的属性，例如对违法信息的处理等行为具有很浓厚的强制色彩；第三，与平台上的用户（包括经营者）权益密切相关。

平台行政义务的实质是行政机关面对互联网带来的问题所形成的一种监管思路和监管方法。传统线下社会形成了行政主体与相对人二元均衡的状态，而互联网的出现，则打破了这种均衡。政府如何在互联网虚拟性、复杂性和特殊性与政府行政资源有限性之间严峻冲突的背景下实施有效监管，成为亟待解决的一大难题。而互联网平台的出现，为政府提供了新的思路。在互联网监管领域，从传统新闻媒体"把关人"的理论出发，到"谁办网谁负责"的原则确立，政府逐渐探索形成了"以网管网"的监管思路，以互联网平台为抓手，通过管互联网平台来实现最终监管目的。

第二，刚才赵鹏讲到区分信息有害还是线下行为有害的问题，在实际上，信息和行为存在一定的交叉。现在还存在着如下几点问题：首先，平台作为一种私主体，是否是行使准行政权力的适格主体，值得商榷。传统的行政授权、行政委托还无法从理论上很好地解决这个问题。其次，在用户救济方面，表面上看似是民事法律关系，其背后却掺杂着行政法律关系，但由于平台并不是行政主体，用户遭受权利侵害后无法通过行政诉讼救济，这是法律后果的混淆。再次，违法信息认定标准的模糊问题。目前存在的标准相对比较泛化，这样导致了平台处理违法信息的不确定性，使得平台陷入了"两难"的境地。最后，还可以对信息类型作出这样的区分，即发布的信息和发送的信息。对于发布的信息可以采取"发现—处理"的模式，而对于发送的信息，这样的点对点的即时通讯信息，应当采取"知道—处理"的模式。

第三，关于多元治理的可能。在强调多方参与治理的大背景下，平台作为其中的主体之一，应当在其中承担必要的义务及责任。但究竟应当承担多少，如何承担，才能更好地实现监管的初衷，是我们必须审慎思考的问题。

鉴于此，我们必须立足现阶段互联网发展的实际，在充分考虑可行性、有效性、补充性及差异性等诸多因素的基础上，构建科学合理的平台行政义务体系，以有效发挥平台在互联网治理中的积极作用，最终实现共同促进互联网持续健康发展的目的。

主持人：王　蔚（中国政法大学法学院副教授）

我原以为柳秘书长会更多地站在平台的视角，会吐吐苦水，讲讲平台应少些责任。没想到他主动提出了要构建多元科学的治理体系，还勇敢地确认平台必要的义务和责任，指出鉴于平台所履行的义务或者责任的复杂性，导致目前平台和用户之间的关系其实并没有梳理清楚，造成一种混淆。最后，柳秘书长还做了非常有启发性的一个区分，就是区分信息的类型。

再次感谢柳秘书长。那么接下来有请中国政法大学法律硕士学院陶乾副教授。作为唯一一位在场的民事责任领域的专家，期待陶老师能够从民法角度探讨如何应对行政解释的扩权行为。

与谈人：陶　乾（中国政法大学法律硕士学院副教授）

非常感谢论坛的邀请。我一直专注于知识产权法领域和网络侵权问题的研究，听了今天的报告受益匪浅。我主要从民事侵权的角度对平台责任做一个简要的梳理。

首先，我们谈平台责任，其基础是网络信息提供者的责任规则。而网络信息提供者责任起源于美国。早在 1996 年，《美国文明通讯法案》（Communications Decency Act，CDA）第 230 条，为了保护刚刚兴起的互联网产业，对于网络信息提供者提供了较多的责任限制。1998 年，由于克林顿政府极力主张知识产权保护，为了控制互联网上著作权法领域的侵权行为，出台了《美国数字千年版权法》，确立了"避风港"原则和"红旗"标准。在一般情况下，网络信息提供者不对用户发布的侵犯他人著作权的信息承担侵权责任，但是当侵权行为像红旗一样高高飘扬之时，则不能免责。美国通过上述两个法案对于互联网中用户发布的侵犯著作权和人格权的网络服务商责任进行了规范。

欧盟在 2000 年出台了《欧盟电子商务指令》，沿用了《美国数字千年版权法》的规则，但是不再局限于著作权领域，而是扩展到了互联网上所有侵权行为，包括对名誉权、隐私权、肖像权等的侵犯。《欧盟电子商务指令》对网络信息提供者进行了类型化的划分，例如提供存储服务的，提供链接服务的等。网络信息提供者对于一般性的信息没有监控义务。但是针对儿童色情、贩卖人口、跨国犯罪、民族歧视等信息具有主动的控制义务。《欧盟电子商务指令》的责任限制主要是要求网络信息提供者明确知道或应当知道并实际知道侵权内容存在的情形下，承担间接侵权责任。

在中国，2006 年出台了《信息网络传播权保护条例》，引进了欧美的规则为著作权的侵权责任进行了规定。2010 年施行的《侵权责任法》第 36 条对于所有的网络侵权行为确立了两个规则："知道+删除"规则和"通知+删除"规则，但是对于"知道"如何理解存在不同的说法，事实上，在《侵权责任法》通过之前的几个审议稿中，对"知道"的表述亦是三易其稿。这其中最为关键的是，"知道"是否包含应当知道，但是实际并不知道的情形。如果认为包含此种含义，那么网络信息提供者就用户发布的内容应当承担较高的注意义务。

其次，网络平台属于网络服务提供者，但与我们最初提出此概念时候的网络服务提供者相比，平台更加的多元，一个平台所提供的服务也更加多元。考虑到网络平台的多样性，谈平台责任时，要对网络平台本身作类型上的区分，例如内容方面的平台，服务链接的平台，电子商务平台以及社交通讯平台等。何种类型的平台才能享有《侵权责任法》第36条规定的责任限制，不能一概而论，而要界定其提供的具体的某一项服务是否具有中立性。平台的中立性判断显得尤为重要，平台对于所发布的信息的干涉程度直接影响到其中立程度。

再次，在讨论平台责任时，应该具有多元化的视野。对于平台责任扩大或者限缩到何种程度，应该考量以下几点因素：第一，经济政策。平台责任扩大或限缩的程度是否会对产业创新带来不良影响。第二，我们法律上一直讲的利益平衡，这涉及平台方、网络用户和社会公众以及权利受侵害者等不同主体之间利益的衡量。从平台方的角度来看，要考虑比例原则，对其施加的责任不能限制其经营自由；从用户和社会公众的角度来看，网络言论自由和获得信息的自由不能受到不当的干涉和影响，因此，要考虑到平台责任和平台过滤技术对用户权利的侵蚀效应；从权利人的角度来看，保护其权利的同时也要防止权利的滥用。第三，技术机制。当信息过滤技术发展到一定程度时，平台的注意义务应当有所提高。另外，由于技术的进步，通知与反通知机制也可以更加的成熟，将更多的假设情形包含在通知机制上，使得权利人、被控侵权人和平台三者之间信息的交换更加全面。而且，技术的发展也使得平台与权利人之间的合作机制更容易实现。

最后，从司法裁判的角度来谈一下平台责任。刚才也讲到了区分场景、区分类型。我认为：第一，应该区分平台所提供的具体服务的类型和性质；因平台提供的某项服务而产生了第三方侵权行为，平台享受责任限制的前提是相关服务的中立性；第二，在判断平台的注意义务的程度上，应结合个案的具体情形予以认定，比如，平台采用的技术过滤措施和人工监控措施、平台对特定内容设置的阅读数或商品价格等方面的阈值、被诉侵权内容的重复性等因素；第三，应该区分要求被保护的权利和利益的种类，区分要求被保护的是财产性权利还是人身性权利，对于财产性权利在明知或者应当知道并实际知道的情况下才承担责任，也就是"故意帮助"。而对于人身性权利，在应当知道而实际不知道的情形下也应当承担责任，也就是"过失帮助"。对于财产性权利，"知道"的是被控内容的侵权性质，这种"知道"是基于普通人的一般认知或者从权利人提供的初步证据获得；对于人身权，"知道"的是被控侵权的内容的存在。此种区分还影响到了"通知+删除"规则内容和形式，对于人身权利的侵犯，对发出通知的主体、通知的内容和形式要求应该更具弹性化，比如，通知发出的主体不限于权利人，而可以是任何人。在该规则的具体适用方面，分为"通知+删除"、"知道+删除"和"禁令+删除"。其中，"禁令+删除"是指依照法院的诉前行为保全裁定和判决的禁令进行删除。这三种情形对应的平台和服务应当是不同的。

主持人：王　蔚（中国政法大学法学院副教授）

感谢陶老师。由于陶老师多次长期的留学和访学经历，使她有着非常广阔的国际视野，所以从她的点评中，大家可以感受到美国、欧盟与我国不同阶段的发展模式在细节上的不同处理。陶老师也从平台主体义务与其他的主体之间的权利进行利益协调的角度进行了阐释。最后提到在个案认定当中，司法权对平台的责任要区分"场景"，例如区分平台的服务类型。下面有请来自对外经贸大学的张欣老师。

与谈人：张　欣（对外经济贸易大学法学院讲师）

非常荣幸来到中国政法大学，感谢论坛的邀请。赵老师的文章我已经认真拜读，结合刚才的讲解，我觉得收获非常大。其中既有现实制度的把控，又有对互联网规制脉络的思考。结合今天的主题，我主要想谈以下五点。

第一，网络规制和治理的状态与方式会根据人们对于网络发展的认识而不断发生变化。例如，就像赵老师刚才提到的，从人们曾经认为网络世界是完全不能被规制的，但后来人们发现网络是可以被规制的，而且到后来如劳伦斯·莱斯格所说的，会走向一个更加透明和高度的规制形态，并且在这个过程中，推动规制的主体不仅是政府，网络企业或者我们今天谈到的网络平台也是重要的推动者。

第二，具体到赵老师的文章，从平台本身的特质、角色和定位入手来探讨平台的责任这个进路我是非常认同的。那么平台到底是何种定位？从最开始的作为信息聚合的平台逐步发展到今天，很多大的平台都认为自己正在营造一个"生态圈"，在这一过程中平台的角色无疑变得更加复合、更加立体、更加丰富。很多时候，平台不再仅仅是扮演一个信息匹配和聚合的中介，而是成为在"生态圈"治理过程中的规则缔造者、规则适用者和裁决执行者。

例如淘宝网，它在今天所发挥的功能就是逐步形成自身的一个"生态圈"，在这一个"生态圈"中的所有买家、卖家等各方主体都被纳入到其治理的范围之中。所以，即使法律不给平台施加各项义务，为了"生态圈"的有序发展，平台本身在做大做强的过程中也会逐步生成一套规则演生的能力。

此时，在这里，要通过两个小实例来回应赵老师的两个问题：

（1）关于报告中提到的平台在（替政府）"执法"过程中可能存在正当程序的问题。我觉得，其实在相关专业领域，行政机关有时难以达到平台所具有的专业化程度。例如，淘宝网在实际运营过程中遇到了很多买家与卖家、卖家与卖家、卖家与平台甚至买家与平台间的纠纷。淘宝网最初有一个由500人的淘宝小二组成的专业客服团队来解决这些纠纷。在纠纷解决的过程中，对网购中常遇到的纠纷类型，如是否虚假描述，是否过度修图未真实显示等这些专业性问题，形成了较为专业的鉴别能力。而从这点来看，其实它所具备的专业能力是超过行政执法者的。

但是其专业能力不能完全解释其程序上的正当性，所以淘宝网在纠纷解决方面积极探索，后来受到陪审团制度的启发，引入了多方共治的模式，即今天我们看到的"大众评审"制度。在这个过程中，由买家、卖家针对某一纠纷在证据、淘宝规则等基础上，通过投票来完成"裁决"，其实在这个过程中，程序层面的正当性有所增强。所以，我觉得随着组织结构的变化和技术的发展，对于程序正当化的发展可能会体现出一定的积极作用。

（2）关于报告中提到的利益平衡和过度管控的问题。从根本上来说，平台是最大的利益相关者，所以从长久来看，其会协调好买方与卖方、自己与用户以及与监管者之间的关系。对于关键词过滤时过度管控的问题，我个人认为随着语义分析等技术的发展，可能这个问题不会像我们今天认为的那么严重，会有所缓解。

第三，解决的路径问题。我非常赞成赵老师刚才讲到的场景化解决路径。刚才几位老师已经从不同的角度探讨了进一步类型化的问题。我再稍微补充一下。例如我们通常都是根据平台的服务类型或者主营业务对其进行划分，但我受到赵老师刚才提到的美国行政立法的启发，我觉得是否有可能在未来，探索出一种能够根据平台的市场影响力或者经济显著性或者对某一重要标准的显著程度的类型划分。因为不同体量和影响程度的平台在具体履行义务时除了有必须要予以一以贯之的普遍性义务外，还应当精准化，就是根据平台的显著影响程度再探索义务承担的细分标准。对于一些肯定确定的事项，可以通过规则的方式予以确定下来。而对于动态发展的事项，可以制定相应的标准。同时，我觉得在介入的阶段，即刚才提到的事后监管的问题。我个人认为还应当再根据被监管的内容予以细化。一项事项是需要事前监管的，例如儿童色情信息，如果不在到达未成年人之前阻止信息的显示和传递，则事后的监管就失去了意义。

第四，政府为何将平台"拉"进来，让平台作为"抓手"。我觉得这样一个路径的形成还有一部分原因是信息获得性的问题。任何一个监管框架的构成，都需要掌握"谁在做、在哪儿做、在做什么"的信息。而在平台之上，就像文章中也提到的，平台的确对于获取这些信息具有一定的优势。

第五，对于核心的主导路径，未来还应朝着多方共治的方向去努力。不仅是平台本身，在规制的形成过程中，政府也应当更好地参与进来。例如，对一些必要领域实现政府数据的开放和共享，而不是单纯地要求平台单方报送信息，履行义务。

主持人：王　蔚（中国政法大学法学院副教授）

非常感谢张老师丝缕入扣的评论！与赵老师的观点有些差异，张老师认为政府让渡一些监管的权力给平台是必要的，因为平台具有更为专业的规制能力，而且现在从规制的程序看，张老师认为有两个可以继续发展下去的切入点。规制层面技术的发展以后可能会为规制提供一个新的"抓手"，而不仅仅依靠平台自己推动。当然张老师说的解决路径与其他老师的观点不谋而合。张老师所提到的场景化、事前事中事后的监管途径，正好契合了服务型政府信息共享的精神。谢谢张老师！下面有请左亦鲁老师。

与谈人：左亦鲁（北京大学法学院博士后）

感谢论坛的邀请和赵鹏老师精彩的报告！

赵鹏老师的报告超越了具体部门法，背后是对"网络时代平台是什么"这一元问题的思考。我最近也在思考相关的问题，不过与赵老师聚焦在平台不同，我可能针对的是更广义的网络信息提供者。我觉得存在两种模式：第一种是传统的二元模式，即"政府 vs. 个人"或者"公 vs. 私"模式，在这样的情形下，平台与个人一样，都是私主体，两者之间不存在矛盾和冲突。第二种则是"三体模式"，由传统的"政府—个人"或者"公—私"模式演变为"政府—企业（巨头）—公民"之间的"三体模式"，由此则带来了更加复杂的关系。其呈现为两个突出的特征：第一个特征，美国学者称之为新派规制，政府将企业推到治理的前台，分担政府治理的责任，而老派规制则是政府直接成为治理的主体。第二个特征称为私的治理（Private governances），接近赵老师所说的"私人审查"。但是与之不同的是，这里的私的治理或者私人审查是私人或者平台主动进行的治理，主动设立社区规则，例如 Google 和 Facebook 对自身平台上种族主义言论和仇恨言论的规制。

在新的"三体模式"之下，从公民权利的角度来看，除了政府之外，平台企业也有可能成为侵犯公民权利的主体。但另一个方面，公民也需要借助政府的帮助来对抗企业巨头。欧文·费斯（Owen Fiss）曾提出所谓"言论自由的反讽"，借用这个说法，其实新的"三体模式"下，出现了一种"公民权利的反讽"。

如何在这两种模式间选择？这背后还是对元问题的思考，即我们应当如何看待平台、巨头、服务提供者的角色。美国学者曾给出了很多名词来定义平台的角色，诸如 speaker, editor, common carrier, information fiduciary, new governor 等。不同角色的定位，意味着对其责任、义务的要求也不同。在实践中，早期对于平台的监管处于比较宽松的状态，认为平台是一个相对中立的角色。例如，刚才陶老师提到的美国的两个法案。其中补充一点，《美国文明通讯法案》对于平台的监管比较少，但是并不意味着平台自身不去监管，该法案第 230 条的目的其实是说，平台你即使去进行监管，也不需要你对平台上的内容承担责任，在当时这主要是针对儿童色情问题。这对前网络时代的判例是一个颠覆。但是近几年，大数据、人工智能的出现，使得平台的"权力"越来越大，可以越来越积极有为，这些大数据、人工智能形成了一个"黑箱"。但是政府与之相比，反而更不知道其是怎样运作的，也不知道如何去监督它。在这个新的语境之下，我们应当如何想象他们的角色，然后如何定位他们的责任，需要一个怎样的信息传播环境是值得进一步深思的问题。

主持人：王　蔚（中国政法大学法学院副教授）

左老师开始先把传统的二元规制模式和新的"三体模式"更加具象化地

表述，而且从中也把美国新的规制模式和传统的规制模式之间的区别进行呈现，左老师提到平台应该是怎样的"想象"，把赵老师的观点扩展了一些，即政府不仅仅是"看门人"的角色，本身它就是游离不定的。如果"平台本身是什么"这一元命题还没有解决的话，我们在这样一个大框架下，再去设定它的权利义务责任是不是有一点操之过急？当然，左老师提到美国的判例是从早期对平台的宽松，到现在人工智能时代，希望加强它的责任，这一历程对中国未来的发展也会有一定的借鉴。或许这一点，也是需要和各位老师继续探讨的地方。下面有请最后一位重量级嘉宾张力老师。

与谈人：张　力（中国政法大学法学院副教授）

感谢论坛的邀请。接下来就今天的主题，我主要谈论以下八点：

第一，关于到底是行政责任还是行政义务。涉及这一话题时，还有其他的表述，例如私人基于行政法的义务，平台的治理权等。柳秘书长认为更为适当的表述应该是行政义务，赵老师称之为行政责任，我想对赵老师的观点做进一步诠释。行政责任这个概念涉及权责统一的问题，既包括平台作为私主体对政府承担的责任，也包括对用户个人所行使的一种职责。赵老师谈到平台的行政责任，其可能隐含进一步论述平台本身的职责之意。

第二，在谈论平台义务时，平台承担行政法上的义务是基于其私主体身份还是公共主体属性。这涉及平台本身的定性问题。目前，可以看到监管机关隐约有一种倾向，就是将平台定性为公共企业，从而推导出其应当承担公共义务。但这应是一种非常冒进的做法，传统行政主体是"二元论"的结构，即行政机关+被授权组织。公共企业只有在信息公开领域承担有限的义务。基于公共主体身份进而要求平台企业承担更多的义务是否合适，这是值得警惕的，也是于法无据的。

第三，在谈论平台责任时，责任起源于何处？是基于平台已经拥有的一种自然权力而推导出来的？还是基于现行法律的规定，或者说是基于对秩序维护的需求？如果是基于前者，则意味着这种责任有很大的延展空间，如果是基于后者，那么其责任范围应是有限和克制的。

第四，关于责任的对象问题，是针对行政机关还是个人？如果是针对行政机关，应称之为承担责任，比如报告违法的责任、义务等，如果是针对用户个人，则应该称之为行使职责。

第五，关于规章的解释问题。赵老师报告中提到的美国判例 Chevron 案所确立的法院尊重行政机关解释的规则不适合中国，因为中国司法机关在行政机关面前一度处于相对弱势的局面。况且 Chevron 案所确立的尊让规则即便在美国也被一些人认为属于 Chevron Bias，是一种偏见，过度偏向行政机关。产生的结果就是依据行政机关的解释去审查行政机关自己的行为是否合法，相当于是根据被告的观点去审理被告的行为，这是对正当程序的违背，是很荒唐的事情。

第六，关于为何监管机关通过平台间接地向用户个人"加码"，主要是因为我国行政机关长期以来的传统习惯是将外部关系内部化。主管机关把针对用户的管制活动交给平台，则会出现大量"看不见"的行政活动。这种现象与今天的简政放权和放松管制有一定关系，也就是在监管力道总量不变的情况下，取消的"权力"以非法律的方式或者半法律的方式转移到私主体身上，例如外卖平台对于餐饮企业进行现场抽查和监测，这恰恰是与中国在放松管制的过程中所呈现的趋势——把原来的实质审查变为形式审查相关。实质审查淡化之后若出现问题，监管机关还是应当承担责任的，因此为了规避责任，监管机关便将现场抽查这样的监管责任转嫁到私主体身上。

第七，关于区分信息和事实的问题。就平台的筛查过滤规则来说，对于事实和信息的筛查过滤规则应该是不同的，对于事实的规范密度应该低于信息。

第八，回归问题的原点，在前面亦鲁老师说的"三体关系"中，最为根本和起基础性作用的应该是平台与用户之间的关系。平台可能有两种形式：一是平台是基于民商事领域的分工而形成的普通企业；二是类似于承担普遍公共义务而自然形成的拥有特许权的企业。它的这种垄断地位是自然形成的，是基于客观的演进形成的垄断性平台。

问题在于，对于这种平台企业来说，它是否天然地只可能是这种垄断性形态，而不太可能是其他类型。这就引申出权力这个概念，关于权力，韦伯从社会学的角度认为权力是一种支配性或者影响性作用，福柯则是从微观角度来理解，即微观权力也是权力，因此可以说"Information is power"，但这些都不应是法学上的定义。

从法学或者政治科学的角度定义权力应该遵循其最本质的属性，坚持公和私的区分，据此，恐怕并不能认为平台拥有权力，更不能由此认为其具有抽查、监测的职责。立法者也不应制定法律赋予平台这样的职责，否则就是破坏了既有的法律上对权力的理解。

主持人：王　蔚（中国政法大学法学院副教授）

非常感谢张老师洋洋洒洒的八点点评。先是从权责相统一的框架下切入，对什么是权力进行定义，私人企业到公共企业这样从责任的对象给我们展示"权责相统一"的诘问。后面几点回到了一个元命题，就是如何去定义平台以及敢于质疑福柯和韦伯。我觉得这一点是不是也是跟我们现在来去诘问事实的规范力相吻合？是不是说在韦伯的源头上从事实到规范的这一个法理学的推理、法社会学的路径本身就存在问题？再次感谢张老师。

四、互动回应

在场的同学围绕本期论坛主题，向在座的各位嘉宾进行了提问，嘉宾们针对相关提问和点评进行了回应。

（一）学生提问

来自刑事司法学院的一名本科生根据自己正在关注的"大数据背景之下的个人信息保护"问题，提出提取个人信息的主体不仅是网络平台，政府也在通过不同的方式和途径提取公民个人信息，如何规制政府基于公共利益提取个人信息的行为，使得个人信息自主权与政府获取信息达到平衡。

来自法学院的一名研究生提出了政府的监管责任与平台的私人审查的责任之间的界限问题。另一名研究生针对互联网医疗，提出如何看待当前互联网医疗企业直接整合医生为患者提供医疗服务这一互联网医疗模式，如何看待卫计委出台的禁止非医疗机构提供互联网医疗与市场准入清单制度的关系以及如何认识患者的电子医疗数据的性质问题。

来自学术精英班的一名本科生，提出了平台在"政府—平台—个人"的模式中已经具有相当大的独立性，如何将平台独立出来的问题。左亦鲁老师对此作出了回应，他并不认为平台已经具有了独立性，而且平台是否独立不作为其思考的一个变量。

（二）与谈嘉宾回应

陶乾副教授针对个人信息保护的问题，补充了美国和欧盟在保护理念上的差异，她认为在欧盟的法律框架中隐私权是一项基本权利，在美国隐私权不是基本权利。在价值平衡上，欧盟偏重于尊严（dignity），美国偏重于自由（liberty）。因此，在美国，有关个人信息保护的法律主要是防止来自政府对个人信息的不正当获取和处理，而在欧盟，不仅是防止个人信息免受政府的侵犯，而且对于包括平台在内的商事主体对个人信息的收集、处理和存储均在其于 2018 年 5 月生效的《欧盟一般数据保护条例》所规制的范围之内。

张欣老师针对如何规制政府对个人信息保护的干预行为分享了自己的观点。她认为在当前的情况下，对个人信息的保护应该是多方共治的。首先是法律层面的约束，通过法律规定政府权力的边界；其次是市场中的道德规则；最后是技术层面。一个复合性的多方参与的不再赋予主体更多权力的模式才应该是更好的规制框架。

张力教授针对左亦鲁老师提出的"政府—企业（巨头）—公民"模式提出了自己的看法。他认为这样的一个"三体"模式，具有很大的不可预测性和复杂性。施加于任何一方的"力"，会引起全方位的变化，其中包括政府与平台、平台与个人以及政府与个人的关系，关涉到公法和私法的关系。但任何复杂的问题都可以"返璞归真"，通过衡量政府行为所欲达到的监管效果与实施的手段和方法的比例关系是判断和解决问题的关键。

柳雁军秘书长针对张欣老师提出的区分大小平台的问题，他认为在立法实践中实现的难度很大。另外，关于互联网监管的问题，当前可以将互联网平台作为"抓手"，而当人工智能时代到来，平台也力所不能及时，该如何规制是值得进一步思考的问题。

（三）主讲嘉宾回应

针对同学们提出的互联网医疗的问题，我想，我们原有的医疗系统存在大量痛点，互联网医疗可能是一种趋势，但如何管控风险也需要妥善衡量。

责任产生在相关主体违反义务之后，在法律规范中的确是先有"义务"规范，然后有"责任"规范。然而，在现实世界中，我们很难明确义务本身的性质。比如，"不得打人"很难仅仅被确定为民事义务，也不能局限于行政义务。在这个意义上，我们或许可以不过多地讨论义务的形式，而更多地关注确保这种义务得到履行的责任机制，在不同的部门法如民法、行政法如何产生效果上的差异。

平台事实上享有巨大的"权力"并不意味着就可以将它作为一个公共行政的主体，它与用户之间的核心还是民事协议关系。但是，我们也需要意识到，当某种力量巨大到可以影响大量用户的基本权利时，立法可能需要建立这些平台行为的管制规范。但现在的问题是，我们的监管实践一方面希望平台公平、合理地对待其用户；另一方面，又基于一些需要、要求平台强化对用户内容的干预，如何实现这种平衡，就颇为困难。

第五期

"一带一路"倡议与我国国际商事争端解决机制的变革

主讲人：覃华平　中国政法大学国际法学院副教授

与谈人：（按姓氏笔画排列）

　　　　刘　力　中国政法大学国际法学院教授

　　　　朱子勤　中国政法大学国际法学院教授

　　　　朱明哲　中国政法大学比较法学院讲师

　　　　余　丽　中国政法大学国际法学院副教授

　　　　陈　建　中国仲裁法学研究会副秘书长

　　　　姜丽丽　中国政法大学仲裁研究院副院长

　　　　霍政欣　中国政法大学国际法学院教授

主持人：王　蔚　中国政法大学法学院副教授

一、引言

"一带一路"充分依靠中国与有关国家既有的双多边机制,借助既有的、行之有效的区域合作平台,共同打造政治互信、经济融合、文化包容的利益共同体、命运共同体和责任共同体。该倡议自2013年首次提出以来,中国在对外投资和进出口方面取得了重要成果,但是面对沿线国家在政治、法律、文化和宗教方面的巨大差异,"一带一路"倡议在实施的过程中也潜藏着一定风险,在对外投资和贸易的过程中发生纠纷该如何解决?现有国际民商事争端解决框架能否有效发挥作用?中国应该做出何种选择?主讲嘉宾中国政法大学国际法学院覃华平副教授和与谈嘉宾中国仲裁法学研究会副秘书长陈建博士,中国政法大学仲裁研究院副院长姜丽丽、国际法学院刘力教授、朱子勤教授、余丽副教授、比较法学研究院朱明哲老师以及中国政法大学国际法学院霍政欣教授围绕"'一带一路'倡议与我国国际商事争端解决机制的变革"这一主题进行了充分的讨论和交流。

二、主题报告

主讲人:覃华平(中国政法大学国际法学院副教授)

"一带一路"的官网中有大量的时效性强的数据,这些大数据显现出当前"一带一路"蓬勃发展的势头。第一,"一带一路"国别合作度上升。合作度高的国家主要有:俄罗斯、巴基斯坦、泰国、哈萨克斯坦。第二,区域合作加强。西亚、北非、南亚、东北亚、东南亚都开展了广泛合作,其中东北亚的贸易往来比较密切。第三,政治互信增强。17个国家的元首在不到一年时间内共访问中国26次。2017年3月,沙特阿拉伯王国(以下简称"沙特")国王来访,就签订了650亿美元的合作备忘录。另外,74个国家签订了"一带一路"的合作文件,涵盖经贸科教文卫等各个领域。高峰论坛中,沿线国家也签署了270多份合作文件。第四,交通通信设施连成网络。在民航方面,我国已经和 43 个"一带一路"国家实现了空中直航。在火车、移动通信和光缆铺设方面，相关建设颇具规模。通信对于国际合作非常重要，比如沙特的电话资费标准为一分钟 13.99 元，显然不利于商事合作。第五，贸易往来更加密切。2016 年有 19 个合作国家，2018 年将会增加到 28 个国家。第六，金融领域的合作也在深化。亚投行 2016 年有 35 个成员方，2017 年这个数字增加到 40 个。第七，民心相通。数据显示，泰国和中国的民心最为契合。越南、俄罗斯、埃及、乌克兰的"民心指数"都有所提升。

此外，官网的数据还显示，民营资本在"一带一路"对外投资中占比 40%。阿里巴巴、京东、华为等企业是代表性的民营资本。由于民营资本与国有企业资本在资本归属上的不同，其参与国际商事交易的理念也不同，因此这种情况会影响后续投资争端解决的方式。根据以往的实践来看，国有企业在处理投资或商事争端时更多地考虑所谓的国际影响和形象，再加上有些交易在签署时审查不合规，都可能导致发生争端后出现"哑巴吃黄连，有苦说不出"的后果。但民营资本的增加在一定程度上会改变这种解决问题的现状。

由于"一带一路"沿线国家众多，存在很多不确定的风险。在法律方面，沿线国家所属的法系众多：大陆法系、英美法系和伊斯兰法系。法系之间的差异性增加了海外投资的法律风险。其中，伊斯兰法系比较特别，处理起来难度很大。以沙特为例，其法律渊源包括《古兰经》《圣训》、公议、对比、皇室法令等，理解起来相对抽象困难。在 20 世纪 50 年代的一个国际商事仲裁案例中，双方当事人约定采用阿拉伯法律。但来自英美国家的仲裁员认为，沙特的法律制度不够健全，无法应对相关的国际商事争议，遂不采用阿拉伯法律。沙特法律的繁杂无序客观上加大了法律查明的难度。沿线国家的政治变动也增加了海外投资的潜在风险。此外，宗教文化冲突的风险也不可忽略。

"一带一路"倡议繁荣景象的背后有着诸多潜藏的风险，这使得争议的出现不可避免。按照主体不同，投资争端分为平等主体之间的争议、投资者与东道国之间的争议以及国家之间的争议。争端解决的主要途径有：诉讼、调解、仲裁。当平等主体之间发生民商事争议，诉讼往往不是最佳选择。商务部发布了一个报告，分析"一带一路"沿线国家的投资法律环境。针对沙特，报告强烈不建议在该国进行诉讼。仲裁是解决国际投资争议经常采用的方式。尽管在具体概念和制度上存在差异，沿线国家都有仲裁法，但仍存在一些问题。

第一，仲裁需要相关机构来运作，中国是否存在这样能管理复杂案件的仲裁机构？大家耳熟能详的是 ICC（国际商会仲裁院）、SCC（斯德哥尔摩商会仲裁院）以及新加坡和我国香港地区的国际仲裁机构。我国主要仲裁机构在国际化方面也采取了很多行之有效的措施，取得了巨大进步，但与世界领先仲裁机构相比还有一定差距。比如，由中国国际经济贸易仲裁委员会发布的国际商事仲裁年度报告显示，我们处理了相当数量的案件，但案件标的额却无法与国际著名的仲裁机构相比。面对"一带一路"的前景，我们的仲裁机构还有很多需要提升的空间。

第二，沿线国家都是 1958 年《纽约公约》的缔约方，表面上看，裁决的承认与执行不存在问题，但各国和地区对其执行的程度不同，往往耗时日久。有些国家和地区尽管加入了公约，但还是难以在执行方面得到投资者的青睐。多边条约和双边条约构成了投资者和东道国争端处理的法律框架。在国际上，处理这类争端常常依照《华盛顿公约》。但"一带一路"沿线有 16 个国家没有加入这个公约，如印度、缅甸、泰国、越南、孟加拉等。我们与这些国家有较为密切的贸易往来，但不能适用公约，无法采用 ICSID（国际投资争端解决中心）解决机制处理争端。此时就需要签署双边条约进行解决。

联合国官网发布了国际投资仲裁情况（1987~2017）的统计数据。数据显示：（1）大部分投资争端通过 ICSID 解决。（2）很多"一带一路"沿线国家经常被诉，如乌克兰、印度、俄罗斯、波兰等。（3）英美国家常常是"维权大户"。（4）东道国和投资者在仲裁中基本上被平等对待。在 37 个案件中，仲裁机构支持东道国；在 27 个案件中，投资者获得支持。（5）仲裁机构往往不能达成完全统一的意见。一致意见的占比 7%，有不同意见的占比 67%。（6）ICSID 规则是最常用的仲裁规则，占比 55%。（7）仲裁员集中在欧美国家，"一带一路"沿线国家的仲裁员很少被指定。（8）在 ICSID 解决框架下，有 9% 的仲裁被宣布为全部无效，还有一些被部分撤销，维持的占比 70%。在非 ICSID 框架下，其 17% 的仲裁被撤销。与之相对，国内仲裁机构的被撤销比例应该不会低。对数据进行分析，得到以下结论：（1）裁决被撤销的比例偏高。这个比值会反映并影响裁决的公信力。（2）"一带一路"沿线国家被诉的比例很高。（3）被指定的仲裁员国籍集中。（4）仲裁规则的适用有一定程度的多元性。（5）特设仲裁庭制度缺少连贯性。这种仲裁庭是临时的，很难形成可供后来参考的经验。（6）纠错制度缺失。（7）程序耗时过长，费用过高。（8）缺乏透明度。联合国贸易法委员会已经对制度的改革进行了如火如荼的讨论。

沿用现有的投资争端解决途径当然不足以解决问题。联合国贸易和发展会议（以下简称联合国贸发会）提出两条改善的路径：设立国际投资仲裁上诉机制、设立专门的国际投资法庭。但第一个方案冲击了"一裁终局"的原则，也会增加时间耗费。第二个方案难度更大，设立地点、人员构成、经费预算都是问题。为更好地处理问题，联合国贸发会已经委托日内瓦大学开展调研。这可能也是我们中国的机遇期。在这个"动荡"的时期，我们的挑战和机遇共存，因此可以从以下几个方面思考我们在处理国际商事和投资争端方面的改革。

首先，需要修订国内的仲裁法。比如，现行仲裁法律处理平等民事主体间的争议，可否将东道国和投资人的关系纳入法律的规范之中呢？修订的蓝本是联合国贸发会的仲裁示范法。该示范法得到很多国家的采纳，包括曾经对仲裁不太支持的沙特，沙特2012年修改的仲裁法就是以该示范法为模板。

其次，仲裁机构要更加国际化。机构的仲裁规则也可以更多地参考 UNCITRAL（联合国国际贸易法委员会）的仲裁示范规则。

再次，设立国际商事法庭。我个人比较倾向于这种方案。这种国际商事法庭兼具诉讼和仲裁的优势。在保证一国司法主权的前提下，给以当事人一定的意思自治权利。另外，该国际商事法庭在法官的选任、程序规则的适用、审理案件的语言以及律师代理权限等方面都会对现有法院组织法以及律师法等产生挑战，但是我个人认为是值得尝试的。新加坡2015年成立国际商事法庭，由来自主要法系和国家的学者、退休法官等组成，不限于新加坡本地人士。澳大利亚、荷兰、比利时也要设立国际商事法庭。这种商事法庭至少可以解决特设仲裁庭上诉机制的缺失问题。

最后，在亚投行下设立类似 ICSID 的投资争端解决中心。这种方案有可行性，但问题仍然存在，如何召集人员，怎么筹集资金等。中心建立起来后，仍然会遇到 ICSID 面临的那些难题。

三、嘉宾与谈

主持人：王　蔚（中国政法大学法学院副教授）

非常感谢覃老师内容充沛、脉络清晰的讲述，让我这个外行能够通过简短 50 分钟的时间了解"一带一路"倡议蓝图下国内法和国际法取得连接点的必要性以及政治、经济、法律的不同系统之间抵触与交融的现状。

覃老师的发言，从 2017 年的"一带一路"大数据报告中提取数字，让我们直观地看到目前我国与 50 多个国家已经有了 5000 列的列车、与 43 个国家实现空中直航以及更加先进的网络通信，这是"一带一路"所取得的成就。正是在这个事实层面，覃老师对接下来对我们可能面临的法律政治风险、宗教文化冲突以及在此基础上确定的三大类型的争端进行分析，提供了一个很好的切入点。之前我们在公法层面研讨国家主权的绝对豁免的问题，在刚果（金）案中涉及刚果民主共和国和中国中铁集团的经济纠纷，刚果民主共和国能否享有主权豁免引发争议。各位老师能否赐教，在遇到这种投资者和东道国之间的纠纷时，国际商事仲裁以其独特的价值理论如何解决，这个地方可以继续挖掘。

感谢覃老师敲响了警钟，用如此详实的细节向我们展示了个别"一带一路"沿线国的诚信度可能存在问题。但是这个推断是不是有违正当程序中所说的无罪推定的色彩呢？即使用大数据看出某国的诚信存在缺陷就演绎出以后的诚信都有问题？这个问题可能需要进一步的讨论。

最后，覃老师提出了非常明确的观点，我们国家现有的立法主体、程序机构层面存在可以由学界推动主导的国际商事法庭建立的可能性。非常感谢覃老师。下面有请中国政法大学国际私法研究所的刘力教授。

与谈人：刘　力（中国政法大学国际法学院教授）

"一带一路"倡议的提出，在学术界掀起了研究的"热浪"，这在某种程度上也体现了一定的中国特色，政治上的影响所带来的一种独有文化。从今天参与论坛的嘉宾来看，包括主讲人在内，国际私法研究所就来了四位老师，对于"一带一路"研究的热度可见一斑。刚才王蔚老师总结的两点中，第一点涉及国际私法上一个连结点的问题，国内法与国际法的连结，这样的一个倡议如何落实到实践，实现我们所希望达到的一个结果是值得我们积极研究的；第二点，当前我们研究所需要探究的东西还是有很多的，比如说，一个国家或政府不守信的历史记录能否推知之后的行为，我想这是显而易见的，东南亚国家的政权更迭所引发的问题就说明了这一问题。

从具体的角度来看，报告中提到有关机构的设置或者说争端解决的平台，这让我想到了"共同法院"，在欧盟、非洲国家间的区域合作中，都存在这个共同法院，但它们的设置、运作及解决争议的范围是否也具有区域性特征，同样也值得研究，当然也值得我们借鉴。海牙国际私法会议正在制定法院判决承认和执行方面的公约，公约草案明确给予"共同法院"一席之位，但是如何界定"共同法院"，"共同法院"的目的是什么等问题尚不十分清晰，论证公约草案的专家们都建议针对"共同法院"设立一个名单，一方面我们可以了解有哪些"共同法院"，另一方面，"共同法院"能否在"一带一路"这个倡议之下建构起来尚需讨论。这是我受启发所想到的一点。

从抽象的角度来看，我们在强调全球治理，"一带一路"倡议虽然更突出区域化贸易合作的特点，但"一带一路"地缘之外的国家也越来越多地有意愿加入。我们应该重视这个"水治"的"治理"，全球治理或区域治理是否可以如"水"般思维，入方则方，入圆则圆，而不要强调勇往直前，冲破所有的堤坝。我们应当更切合实际地去考虑，比如说对于不讲诚信的国家，我们采取何种策略，我们如何自保。我们仍然倡导"一带一路"，但是首先应当自保，确保自己在合作中不受损失。我们的倡议要真正落地，就应首先考虑"治理"的智慧。

主持人：王　蔚（中国政法大学法学院副教授）

感谢刘教授能够把政治风险做一个法律上的解析，而且也提出能不能借鉴欧盟已经有的"共同法院"的机制，在"一带一路"的平台里获得更多的我国现今机构创设的论证，并指出我们其实处在从区域治理到全球治理的过程。作为"治"，国家法律能够提供怎样的保障以保障国家的财产，可能不仅是企业的财产，也是每个公民的财产。非常感谢刘教授的精彩点评。

下面有请中国仲裁法学研究会副秘书长陈建博士，希望带来实务界不一样的视角。

与谈人：陈　建（中国仲裁法学研究会副秘书长）

非常有幸参加今天的交流活动。就今天所讲的内容，我想就公信力的问题谈一下个人看法。最近，国内提到的仲裁公信力的问题主要是从国家的层面来说的。提高仲裁机构的公信力，是为了让更多的公众、企业愿意选择仲裁这一争议解决机制，法院在审查仲裁裁决的时候更"放心"；从国家治理的角度来看，能够使得经济纠纷得到及时有效的解决。

而今天我要说的是仲裁的国际公信力。为什么要说国际公信力呢？因为涉及国际争端的时候，不再局限在一个国家。以北京市海淀区人民法院（以下简称海淀法院）的公信力为例，海淀区居民对于海淀法院的公信力有质疑吗？并不排除个别质疑声的存在，但是从总体上来看，应该是不存在质疑的。但是，海淀法院在非海淀区是否仍然具有公信力呢？另外，再以巴基斯坦的法院为例，巴基斯坦的法院在巴基斯坦有公信力吗？虽然没有经过实地调查，但是可以推定，世界上哪个国家没有法院系统？世界上哪个国家的法院在当地是没有公信力的？公信力是有区域性的，有一定层次，存在一定的地域范围。国际公信力，那就是在全球范围之内存在公信力。

要想在全球范围之内存在公信力，公信力从何而来，公信力的根源在何处，是值得探讨的。比如说海淀法院，它的公信力从何而来？从制度上来看，海淀法院是由海淀区人大产生的，其权力来源是人民通过人民代表大会授予的。当然其来源还有宪法和法律的规定。从实质的角度来看，公信力来源于在法院管辖范围之内的人民内心的认同，是由于人民的信任才产生了公信力。在国际上也是有一定道理的。联合国有公信力吗？对于有些国家来说，可能不存在公信力，但是更多的国家还是认同的。公信力是比较复杂的问题，它的来源是比较根本的问题。

同时，公信力的来源也不是单一的，它存在着多种来源。比如国际商会，国际商会的公信力很清楚，因为它本身就是一个国际组织，它是一个"大家族"，各国的商会加入了它，其具有广泛的代表性，它是共同建设、拥有的，是大家的。各国的商会在本国会员中取得了公信力，各国商会的会员通过本国的商会加入到国际商会，对国际商会的公信力也是认可的。再比如说，新加坡国际仲裁中心，在早期组建的时候是新加坡国内的，没有任何国外的因素，其国际公信力从而来？它是在运作过程中，以其所作所为，赢得了一些外国客户的认同。后来通过某些改革、改进，包括人员结构的调整，比如引入外国专家，不仅是在审理案件中引入外国专家，而且在管理层也引入外国专家，并且还不止一位，可以说是强化了国际公信力，另一方面也是从源头上"制造"了国际公信力。

对于国际争端如何解决，未来如何设想，比较明确的是指望亚投行设置一个机构，但在目前来看是有问题的，因为它本身没有要设立这个机构的任何迹象或准备。可以选择其他渠道，其他设计。既要想理论，又要想操作，操作的可行性在哪里，让谁去操作，公信力在哪里，都是值得探讨的。实际上，在国家顶层设计上，正在考虑以某种新的方式预防和解决新的国际经济争端。要做的工作还很多。

主持人：王　蔚（中国政法大学法学院副教授）

陈建博士从实务界非常有理论高度的诘问出发作出了回应。这个诘问不仅是对国际私法，而且对包括宪法在内的很多法律有关机构的审查都有着巨大意义。最后，陈博士补充了一个有实务意义的信息。非常感谢陈博士。下一位点评人是中国政法大学仲裁研究院副院长姜丽丽老师。

与谈人：姜丽丽（中国政法大学仲裁研究院副院长）

首先，我要回应的是一个理论性问题，即我们应该如何认识"仲裁"。当我们在谈到仲裁的时候，都要进行一定的区分，首先得说明我们在说的是"哪一种"仲裁，比如是商事仲裁、投资仲裁还是其他类型的仲裁？这在某种程度上显示了我们仲裁基础理论研究的缺失，我们缺乏能够"贯通"当前存在的各种具体仲裁制度的仲裁基础理论，来支撑我们对仲裁的进一步研究。中国整体的仲裁研究是非常薄弱的，我们在不同学科、不同层面上研究仲裁，通过某些具体特征的描述将仲裁先划分出片段化的、具体化的某一个领域，再在这个具体领域内做研究，这是制约仲裁研究与发展的一个重大理论瓶颈。

其次，我回应一下覃老师提到的国际商事法庭问题。如果我们仔细思考刚才提到的新加坡、迪拜等新成立的国际商事法庭等机制的构建，会发现其最核心的特点就是"仲裁"化，比如法官来源的多国籍、多元化，当事人可以选择法官，选择适用的法律等，这实际上都是国际商事仲裁中的理念和机制，这种创新类似于一种"仲裁法院"。据我了解，2016年"两会"之后，在中国设立类似国际商事法院的构想就已经列入最高人民法院司法改革的计划。截至目前，最高人民法院通过内部讨论和征求意见，关于设立国际商事法院的基本框架已经初步成熟，甚至根据"一带一路"两条主线，初步确定了西安和深圳这两个地域作为国际商事法院设立的试点——当然这要以最高人民法院最后确定的改革内容为准。另外，最高人民法院有关领导在公开讲话中已经提出，最高人民法院要构建国际商事法院、国际仲裁与调解中心等"三位一体"的"一带一路"服务保障体系，由最高人民法院直接指导诉讼、仲裁、调解之间的相互衔接机制。这体现了最高人民法院在推动中国司法国际化和服务"一带一路"方面的积极作为和责任担当。

再次，关于在亚投行下面设立类似ICSID这样的投资争端解决机构的问题，确实有不少学者曾经提出这一设想或建议，认为亚投行要"对标"世界银行，所以其旗下应当有相应的对应ICSID的专门的争端解决机构。我们在之前的研究项目中也曾就这个方向开展过研究。在与亚投行、财政部以及相关机构的沟通过程中，我们意识到，亚投行的定位是一个国际组织，虽然由中国发起，但作为一个国际组织，尤其在初创阶段，不能过多地强化中国主导的色彩，否则其作为国际组织的认可度和接受度就要受损。涉及纠纷解决机构问题，我们也了解过，亚投行很难在合同中推荐任何一家中国仲裁机构作为纠纷解决方，一方面是因为国际纠纷解决一般要寻求中立第三方，不能过分中国化，否则谈判受阻；另一方面也是因为我国现有的仲裁机构，包括中国国际经济贸易仲裁委员会（CIETAC）在内，都还被认为是中国的而非国际的仲裁机构。相对而言，比如国际商会仲裁院这样的国际组织，就容易被当事人接受。另外，我们在研究前述问题时，专门了解过民政部的国际组织管理部门，他们对中国牵头主导创设国际组织持积极鼓励态度。中国现在也在大力推动民间力量走出去，倡导建立国际组织。当前在推动中国创设新的国际投资和贸易争议解决机制的过程中，中国国际贸易促进委员会作为中国民间组织的代表，扮演了重要角色。他们正在联合各国的商会组织，争取能够首先在各国商会层面达成共同建设"一带一路"商会联盟组织及其纠纷解决机制的工作，这是当前正在推进的一条现实进路。在这一问题的研究方向上，现在强调纠纷解决并不是重点，应当更关注如何预防纠纷、促进合作，这才是实现"一带一路"倡议的根本。

回归到仲裁所能发挥的作用，我们特别要改变一些关于仲裁的似是而非的错误观念：比如认为仲裁是"一锤子买卖"，"一裁"定终身，风险巨大，这实际是一种误读。我们如何理解仲裁的本质特点？我认为，从纠纷解决机制角度，仲裁的本质特点之一在于它由当事人发起，且可以不依赖于当事人的意志而做出具有约束力或决定性的判断，但这并不意味着仲裁就是简单的"一裁到底""一裁了之"。仲裁本身是能够适应不同纠纷解决需求的灵活的机制设计。在实践中，也并非所有的仲裁机制都没有上诉程序。现存的国际仲裁机制中，也有存在上诉机制的，但对上诉机制的适用都是有限定的，比如当事人要对此作出明示选择，上诉内容局限在特定的范围之内，程序上有特别要求等。这种机制设计在黄进教授提出的《建立中国现代仲裁制度的三点构想》中也有具体阐述。

另外，从经贸发展的角度来说，仲裁实质上是一种商事服务，但现在更多地被"类诉讼"地理解了。作为商事服务的仲裁，是与商业交往和商法的形成相伴而生的。仲裁作为商事活动内容本身，作为合同设计管理的内在环节，作为商业成本的一部分，这些商事特性被忽视了，因而，仲裁适应不同商事需要的灵活机制设计能力和运用效果都远远没有被发掘出来。

实践中，中国企业在对外投资与合作中出现的亏损或败诉，很大一部分原因在于合同管理的粗放化，具体到仲裁方面，就是专业技术化保障、促进合同管理的仲裁相关条款的设计能力和应用经验不足，因此仲裁的商事特性没有被发挥出来。在"一带一路"倡议不断拓宽的国际经贸合作与交往过程中，的确存在各种风险，很多是不可控的，但如何能够在可控的风险范围内，做出更具针对性、创造性的商事合作、投资贸易机制设计，可能是我们法律人能够做出的贡献。

关于陈博士提出的仲裁公信力问题，这是仲裁研究院的核心研究课题。个人认为，仲裁是社会主体自主自治处分其权利的体现，仲裁公信力就是当事人相信，他通过仲裁可以获得公平合理的对待，相信仲裁能够帮助他解决问题。能够为社会主体信任并运用，那仲裁就具有公信力；能够被不同国家和地区的社会主体信任和运用，就可以称之为具有国际公信力。提高仲裁公信力就是要提高仲裁的社会认知度，提高仲裁为当事人服务的能力和解决问题的水平。我院 2018 年将推出新的仲裁公信力指数，将这一问题研究持续推向深化。从这一点来说，哪些社会领域可以被纳入仲裁范围，即"可仲裁性"的立法确定，也是今天覃老师提到的下一步仲裁法修改的一个重点。

我认为，法治与社会文明的不断进步，也体现在对社会主体自主自治权利的更加尊重上，从可仲裁性的角度来说，就是可仲裁范围的不断扩展，这应该是指导仲裁法修改的一个基本原则。

主持人：王　蔚（中国政法大学法学院副教授）

非常感谢姜老师。姜老师在这么短的时间内描绘了仲裁基础理论缺乏的问题，然后又从最高人民法院打破法院、仲裁、调解范畴的角度提供了一个很好的视角。姜老师在介绍亚投行的过程中，提出在"一带一路"的背景下开始转向的理念，即从国家中心转向了淡化国家中心而以社会组织的方式由民间推动，这也可以更好地回应刚才几位老师所提到仲裁本身公信力的问题。最后，姜老师关于仲裁"一裁终局"和上诉之间协调完善的非常法律技术的问题进行阐释，我也很赞同姜老师的观点。

每个法律人的观念中都存在一个"大圆圈"和一个"小圆圈"。前者涉及政治、经济、文化等所有的对法律有影响的因素，但是我们却不能回应所有的问题，所以要回到"小圆圈"，就是各个学科自己的方法和范畴问题。非常感谢姜老师帮助我们厘清了这组关系。下面有请朱明哲老师。

与谈人：朱明哲（中国政法大学比较法学院讲师）

覃老师的发言有宏观，也有微观，有中国视角，也介绍了沙特的法律实践。刚才三位点评人主要从宏观和中国的角度进行了点评，而我想从另外一个层面回应：置身于"一带一路"倡议沿线国家之中思考"一带一路"对我国意味着什么，我国又可以做些什么来应对"一带一路"倡议，在"一带一路"倡议中为自己谋得何种利益。

美国耶鲁大学政治和人类学家詹姆斯·斯科特写过的一本书叫《弱者的武器》。书的内容是马来西亚村寨中最底层的村民通过何种方式来制衡村中的富人。他发现这些底层村民通过装疯卖傻、偷盗、纵火、说谎或者偷懒等行为，从而在某种程度上构成了对村寨中有势力的群体的一种制约。这个故事看起来非常熟悉。如果我们去采访在外投资的中国企业的海外负责人，了解他们对于当地工人的工作态度有什么看法，有可能听到一个相似的故事：某地的工人很懒，星期四发了工资，星期五就没人来了，为什么呢？发了工资就去喝酒了。总体上都是一些关于劳动态度、劳动技能等方面比较负面的新闻。那么这是否可能是当地居民在面对中国资本来势汹汹的投资时所采用的一种斗争策略，一种弱者的武器？只不过此时强势的一方从本地的豪强变成了中资企业。当类似的情况出现得较多时，中国企业便不再雇佣当地工人，反而从中国内地雇佣，这样就会引来另外一种反对声音：中国的投资并没有给当地的就业市场带来好处，也没有给当地的产品销售带来好处，总而言之对当地的经济贡献有限。

我个人比较关注哈萨克斯坦，哈萨克斯坦与中国合作比较密切的是油气合作。哈萨克斯坦于2015年加入WTO。在加入WTO之后，哈萨克斯坦对本国的法律进行了修改。按照其新的能源法，石油领域外资生产的国内相关性不再作强制要求，具体的比例由资方与当地进行协商，相当于权力下放。这样看似是投资门槛降低了，但与此同时，哈萨克斯坦开始推进企业社会责任的宣传，大力强调国家对道德标准的重视。于是外资企业进入的法律门槛降低了，但是道德门槛却提高了。

同时，我们看到了三个比较有趣的现象：第一，哈萨克斯坦的当地报纸，尤其是哈萨克语的报纸极力抨击中国石油企业不尊重当地的环境和文化生态，没有雇佣当地工人，不尊重当地人的习俗；第二，在第一波批评的浪潮之后，中国石油天然气集团有限公司开始发布海外投资企业社会责任报告，第一个国别报告便是哈萨克斯坦，对于当地报纸的批评点避而不谈，而是提到了建学校、修路、资助哈萨克斯坦的学生上学；第三，哈萨克斯坦政府此后几乎每年都会给中石油颁发企业责任模范奖。

这三个现象比较有趣，也可以给我们未来的研究带来一些启发。

第一，在研究"一带一路"倡议涉及的法律问题，要突破法律中心主义的思维，有很多现实利益是在法庭上实现，但并非完全通过法律来解决。哈萨克斯坦加入WTO以后，为了履行其国际义务，修订了三部法律，能源法、劳动法和商法。几乎可以肯定，在这样大规模地修订法律之后，所在地国一定会通过其他方法，解决法律修改造成的控制力下降问题。

第二，当地的居民都会通过法律或者非法律的手段，试图在国际关系夹缝中寻找自己的利益所在，原因很简单，政府也需要考虑当地居民的支持，能源开采是很大的民生工程，不能仅仅考虑到与中国的关系，而不顾国计民生。

第三，中国企业也慢慢学会了通过不同的"语言"说话，不仅是用法律的语言，而且也要用"软法"的语言来维护自己的利益。再转回我们自己的角度，中国学者更多地为中国政府、中国企业出谋划策，从这个角度来说，日后的研究除了国家法的角度，是否也需要从非国家法的角度进行是一个值得思考的问题。

最后回到非常有趣的沙里亚法，在沙里亚法国家，宗教、政治和法律是三位一体的。因为家庭的原因，接触和了解了伊斯兰法，总体的感觉是伊斯兰法是比较难的，其内部学派林立。每个学派观点不同，在冲突的时候缺乏高一级的权威来实现统一。另外，我们国家对于伊斯兰法了解不多，研究不足，这实际上对于我国构建新的国际秩序来讲是不利的。我们国家对于"边缘国家"法律的研究，与曾经构建过国际秩序的国家相比差距太大了。

主持人：王　蔚（中国政法大学法学院副教授）

朱老师阐释了法律文化在实践走出去的过程中的适用以及其中企业的社会责任，在中间重点介绍了中石油的有关经验。我也非常赞同朱老师提到的突破法律中心思维，因为我们现在很多人强调法学方法中的教义学，即对法律进行解释，但是法教义学实际上受到许多外部因素的影响，很多时候没有办法协调。比如宪法，大部分人研究的是美国、德国、日本，很少会关注到伊朗、哈萨克斯坦，我也很少看这些国家的宪法，这说明了我们研究视野的狭窄，但是法国非常重视对较小国家宪法的研究，这也提醒我们突破大国国别研究，进行有针对性的研究。非常感谢朱老师。最后有请百忙之中抽出时间的霍政欣老师。

与谈人：霍政欣（中国政法大学国际法学院教授）

（一）"一带一路"倡议的本质是什么？

2017年11月18日，习主席在会见巴拿马总统时指出，"中国把拉美看成'一带一路'建设不可或缺的重要参与方"。这一表述值得关注。这表明，"一带一路"已经成为全球性的、开放性的、包容性的倡议。所以，我们的研究不能再局限在所谓的"沿线国"，要将眼光投向全球。从本质上说，"一带一路"倡议是构建人类命运共同体的中国方案和中国思想。

以历史为坐标，我们还可以对"一带一路"作以深入研讨。五百年来，人类历史上第一次见证了一个非西方大国崛起，并在实质意义上撬动了世界力量格局，这是"五百年未有之变革"，而"一带一路"倡议就是在这个历史节点，由中国这个新兴大国提出的改革既有全球治理机制，构建人类命运共同体的中国方案与中国思想。

尽管"一带一路"倡议目前还有很多问题没有得到厘清，但它的提出，确实是一个标志性事件：中国开始向世界输出中国思想与中国智慧，这是中国成为一流大国的必经节点，其成败与否，关乎国运。

（二）"一带一路"倡议背景下，中国的法律服务业需要什么样的变革？

我们今天谈"一带一路"倡议与国际民商事争端解决机制，首先需要明确一点，那就是各类法律争端解决机制不仅是"一带一路"倡议的稳定阀，其本身也是"一带一路"倡议的一部分，也是经济，是产业，是GDP，是软实力。从当今的国际商事争议来看，英格兰法与英格兰法院是国际商事交易当事人的首选，法律服务业甚至占到伦敦GDP的1/8，这就是证明。所以，谈国际商事争端解决机制，或者说法律服务业，需要站在这一基本认知基础之上。"一带一路"很热，我们的企业，特别是国企尤其热情，在沿线国大举投资，也带来了诸多风险，对此，覃教授刚刚作了很全面的梳理。这些风险的出现，从总体上讲，是我们的法律服务没有做好。

首先，谈谈公共法律服务机构。近年来，最高人民法院积极响应"一带一路"倡议，采取了很多积极举措，出台了《关于人民法院为"一带一路"建设提供司法服务和保障的若干意见》，陆续又发布了几批涉"一带一路"的典型案例，一些相关的司法解释正在酝酿，新的司法机构正在谋划设置。以上做法，当然值得赞许，但并不足够。因为从国际商事纠纷实践来看，中国法律与中国司法机关还没有受到国际商事当事人的青睐，这说明中国的司法品牌还没有形成，国际公信力与美誉度还不高。所以，除出台一些能短期见效的司法政策以外，最高司法机关更要关注我国法院的国际司法能力建设，提高司法的国际公信力与美誉度，最终形成能与"一带一路"倡议相匹配的公共法律服务能力。牛津大学发布的《国内法院中的国际法报告》显示，2000 年以来，主要国家国内法院作出的涉及国际法的案例数：美国为 459；英国为 99；印度为 12；而中国仅为 6，甚至不及爱尔兰。这组数据表明，我国法院的国际司法能力还很弱，与大国地位不相匹配。

直到今天，很多基层法院甚至中级法院还不愿意或没有能力处理复杂的涉外案件。举个例子来说，在"刚果（金）案"中，外交部虽主张绝对豁免，但由于缺乏立法，又没有提出支持绝对豁免的司法实践，这使得我们的立场说服力不强，一度使案件面临困局。所以，最高司法机关的注意力不能仅放在具有显示度的举措上，更要引导各级法院提高国际司法能力，切实提升国际司法公信力与美誉度。

第二，就准公共法律服务机构而言，"一带一路"背景下，国际商事仲裁因其特点，可以预见，必然大有可为。不过，现在国内很多地方仲裁机构蜂拥而上，设立"一带一路"仲裁中心，其实际意义如何，值得思考。仲裁机构的管辖权，归根到底，取决于当事人的选择。所以，我们的仲裁机构能否被国际商事主体选择，中国仲裁员能否被权威国际商事仲裁机构接受，最终取决于我们的仲裁制度的公信力与能力。刚才，几位老师提到在亚投行下设立类似 ICSID 的争端解决中心。现在，对这个问题还有争论，但即便未来真的设立了，其成功与否，也最终取决于这个机构的实际能力建设情况，取决于能否被国际商事当事方所认可。

第三，谈谈私方法律服务机构。"一带一路"倡议是否成功最终还是取决于市场，再强大的政府意志，最终也不是市场的对手。所以，国家所做的应该是制度构建、环境建设，不要干预市场，要让市场发挥主导作用。作为倡议目前最积极的实践者来看，国企要切实增强法务部门的能力建设，重大决策要让法务部门有话语权，在投资前做好风险评估，拟好合同文本。如果国企将涉"一带一路"的业务看作政治任务，这就有危险了。

"一带一路"倡议对律师事务所是一个巨大商机，也是我国涉外法律服务业发展的历史机遇。在这种背景下，更多集团化、专业化的国际型律师事务所会出现，律师事务所市场会呈现更明显的分层结构。"一带一路"对其他民间专业法律机构的运行也是机遇，但目前还有不少问题。例如，关于外国法的查明，应该说，司法机关依托高校与研究机构建立的平台并没有运行得很好，关键是没有让市场发挥作用。与其司法机关自己去建立类似机构，还不如规定好专家提供的外国法证据在法庭上起到什么样的作用、查错了如何追责等制度，而把别的事情交给市场，放手让民间专业法律机构发展。

主持人：王　蔚（中国政法大学法学院副教授）

霍老师从两个部分引导我们去思考"一带一路"，改变了我们原有的认识。在法律服务业功能的面向上，也从国家、社会、个体，不同的角度上讨论如何具体加强公信力和国际私法能力的设置。而且，老师们对"一带一路"不应该停留在非常宏大叙事的层面，而应该具体到某些主体、程序的研究这一观点上有着共识。

四、互动回应

朱子勤教授指出我国对外投资在"一带一路"沿线国家所面临的不仅是法律风险，更多将是政治风险，而将"一带一路"作为未来国际社会秩序的一种构建，将投资合作的对象扩展到全球范围，在一定程度上可能会降低对外投资所面临的风险。另外，朱子勤教授还就国际商事法庭的设立发表了自己的看法。尽管国际商事法庭的设立还处在构想的过程中，其与最高法院的关系，审级的确定以及法官选任存在不同的看法，但是在几个发达城市设立国际商事法庭，法庭法官有部分外籍人员构成将是一个可行的选择。

余丽副教授从国际投资争端解决的现状出发，提出在服务"一带一路"国际投资争议解决机制的构建中，中国需要及时构建与我国"一带一路"倡议投资需求相符的"新"国际投资争端解决机制。从中国缔结的双边投资协定或自由贸易协定中的投资争端解决机制来看，现在基本适用的是传统国际商事仲裁机构，例如 ICSID、ICC、UNCRIAL 等仲裁机构。这些商事仲裁机构在适用于中国与其他"一带一路"国家的投资争端时面临着不少困境,中国与其他"一带一路"国家在继续利用并推进这些传统商事仲裁机构改革的基础上,可以考虑联合起来及时构建新的国际商事争端解决机构,例如我国最高人民法院现在正在推进的服务于"一带一路"倡议的"三位一体"国际商事争端解决机构可以成为这方面的典范。

在场同学针对国际商事法庭设立的原则以及管辖等进行了提问。最后,覃华平副教授对嘉宾的评议和同学的提问一一作了回应。

中国传统土地制度的当代价值

主讲人： 熊金武　中国政法大学商学院副教授

与谈人：（按姓氏笔画排列）

　　　　王　涌　中国政法大学民商经济法学院教授

　　　　张春丽　中国政法大学民商经济法学院副教授

　　　　孟庆延　中国政法大学社会学院讲师

　　　　彭　錞　北京大学法学院助理教授

　　　　蓝天宇　国土资源部不动产登记中心助理研究员

主持人： 王　蔚　中国政法大学法学院副教授

一、引言

2017 年《土地管理法》正在进行第四次修改，此次《土地管理法》的修改引起了各方的普遍关注，但是各方观点不一。权威媒体认为新《土地管理法》的亮点多多：删除了农村集体建设用地进入市场的法律障碍；对农村土地征收制度进行多方面完善；农村宅基地制度特别是农民宅基地用益物权更受保护等等。然而新《土地管理法》仍有许多问题尚未解决，例如土地使用权有效期限需明确界定，征地问题还得弥合农民心理落差，规范国家土地收益转变为政府收入等。

主讲嘉宾是中国政法大学商学院熊金武老师。他对这方面的问题关注已久，从上海财经大学撰写博士论文阶段到清华博士后时期持续发表相关作品。这些文章可以为法学研究者思考土地制度提供经济史的视角。与谈嘉宾王涌教授是非常知名的民商法专家，从 2010 年开始一直在媒体上发声，认为集体土地应该以流转为主。中国政法大学社会学院孟庆延老师对中国土地改革问题一直进行持续研究。与谈嘉宾还有国土资源部不动产登记中心助理研究员蓝天宇老师和中国政法大学民商经济法学院张春丽老师。还有一位从宪法、行政法角度切入本话题的北京大学法学院彭錞老师，彭老师对中国集体土地征收决策机制从过去到未来的演变进行过细致梳理。

二、主题报告 [1]

主讲人：熊金武（中国政法大学商学院副教授）

中国历史悠长深厚，研究历史能够为我们正确看待当下提供知识背景。古代中国是农业社会，土地则是农业社会最重要的生产资料。可以说，中国

---

〔1〕 参见熊金武："农村土地三权分置改革的理论逻辑与历史逻辑"，载《求索》2018 年第 4 期。

古代的历史就是土地的历史。

中国古代的土地史、土地市场史充满了古人的智慧。这对未来的土地制度构建有很大的启发。我们的改革开放经历了四十年不平凡的历程。改革开放以解放思想为先决条件，而回溯历史又为解放思想提供条件。近来的土地制度以家庭联产承包责任制为代表，而中华人民共和国成立伊始的土地制度则呈现出一种独特的安排。

当我们眼光继续回溯，土地的制度安排则呈现出纷繁复杂之景。

中国传统土地是公有还是私有？有人认为，"普天之下，莫非王土"，所以古代的土地是公有的。也有人认为，地主剥削农民，所以古代土地是私人所有。在分配方面，董仲舒云："富者田连阡陌，贫者无立锥之地。"

哪些因素导致土地集中？是市场吗？在市场交易模式方面，只有买卖、出租、抵押吗？古代的土地市场主体有地主、佃农、自耕农和雇农。但人真的可以被简单地标签化吗？以上观念形成我们当今改革的前见。如果决策者认为土地市场必然导致"贫者无立锥之地"，这种看法就会影响土地立法对市场的态度。好好反思历史，才能真正解放思想，为当下的改革提供助力。

麦迪森在《世界经济千年史》中估计，1820年的中国用世界7%左右的耕地，承载了世界总人口的36.6%，世界GDP的33%。为什么传统中国社会能够承载那么多的人口？奥秘就在于发展较为充分的土地市场。

中国历史上最早的土地制度安排是井田制。

商鞅变法"除井田，民得买卖"土地。此时政府开始允许土地流转。后来出现了一系列田制安排，如限田论、王莽王田制、晋代占田制、唐代的均田制等。宋代开始不立田制。政府对土地分配不做很多安排，由市场配置土地。此时，土地所有制开始多元化，如国有、王有、家族所有、寺庙所有、公益组织所有（学田、义田）等。"普天之下，莫非王土"本意是指君王掌握辽阔的土地，后来主要是宣示主权，而非君王享有土地收益。土地产权层次也出现了多元化。

值得注意的是一种独特的他物权——永佃权。古人用"田底权"和"田面权"用来描述永佃制。这两个权利不仅是所有权和使用权的分离，而且其中的田面权可以转让，实现了使用权的物权化。孟子说"有恒产者有恒心"，永佃制能够提供产权稳定明晰的土地产品，对市场的发展很有益处，并进一步降低了地权占有的基尼系数。当前中国农村土地实行"三权分置",即所有权归集体、承包权归农户、经营权可流转。这种安排就和永佃制有相通之处。

另外,契约精神在多元化的土地产权体系中扮演了至关重要的角色。契约可以保障产权和产权交易,能够避免暴力权力的破坏。家人"赠地立契约"是地权交易规则的突出事例。如山东汶上县"父母赠与亲女田地,比立卖约与其婿或外孙"。民间尊重契约,官府亦然。出现纠纷,州县官员通常严格按契约来仲裁与执行。契约精神甚至能够纵贯阴阳,亡者取得阴间土地也要立契约。

多元化的土地产权体系支撑了多样化的地权交易形式。秦汉至隋唐,土地交易形式就是使用权租佃和所有权买卖,加上后来的抵。宋代以后,出现了介乎租佃和买卖之间的典。明清时期,出现了押租和活卖。清代还出现了土地股权交易。

这就形成了"胎借—租佃—押租—典—抵当—活卖—绝卖"次第分明的土地流转与交易的手段和渠道。

胎借是以不动产的文书(如地契、房契)为担保并以土地收益支付利息来借款。如果胎借融资金额不够,还可以租佃。现代社会的租赁通常要求先付租金。而传统的租佃制一般只要求后付地租。这实际上是对佃农劳动与经营及其收益的变现,使之能够释放其经营能力。但后付租金使田主承担风险,因而其租金会高一些。租佃可以说是土地与劳动力的结合形式。押租是对佃农的一种筛选。能够交付押租的,是有财力和能力的佃农,通常是种田能手。由此,土地向种田能手配置,稀缺资源的利用率得到提升。

典也是一种地权交易形式。地权所有者出让约定期限的物权获得贷款,以土地经营权与全部收益支付资本利息;但出典人保留最终所有权或自物权,在政府产权登记中不发生交割过户;期满之后,备原价赎回土地。当事人可以转典。另外,典的周期可以很长,有的人在四代之后才回赎。由于回赎权的存在,典可获得的融资比抵押少一些。抵当在现代制度中多有体现,不必赘述。古代的卖有多种形式。有些土地买卖前前后后要采取"卖—加—绝—叹"等多种形式。

从胎借到绝卖,当事人让渡的权利增多,所获利益也相应增大。由此形成了具有包容性的土地制度安排。农民和地主都可以利用这套交易体系灵活配置自己的资金和生产资料。农民有钱，可以购买土地，不仅可以使其保值，也可以获得可观的地租收入，可以租佃、押租、典、抵当、活卖、绝卖等进行融资。

遇到田主缺钱的场合（田主缺钱花的例子很多），其可能的应急办法之一，就是提高向佃农收取的押金，同时则须给佃农增付押息。押息渐高，渐与田租持平，最后田主就可能卖掉这块土地，使得佃户、田主的身份互换，如此"循环往复"。租地的农民也不一定没有钱，更不等于"贫下中农"，反而可能是一个"佃富农"或"佃中农"。这样就实现了勤劳致富和社会向上的流动。

自耕农、佃农、雇农的界限也变得不那么清晰。一个自耕农可能由于需要资金而转为佃农。这种包容性的土地制度安排下，土地流转较为顺畅，实现了资源的优化配置。缺乏劳动力的有地家庭可以将土地租出，实现劳动力和土地的结合。最好的资本和土地在以上的土地制度安排下也得以结合。永佃制的出现使得人们愿意投资土地。

改革开放以来，当农民需要频繁地续签合同以保证享有农村土地承包权时，没有人会愿意投资农村土地。我们还可以做很多金融制度安排，比如养老金融，谁养老，谁能够继承老人的土地。

划分清晰的产权、多元化的土地产权体系、多样化的地权交易形式以及对契约精神的尊重共同构造了中国古代的土地交易体系。在这种体系下，一个勤劳的人总能取得一块土地，分享其收益。相比于同时期西欧的农奴制度和北美的奴隶庄园制度等形式，中国农民无疑更加自由，或者作为雇农选择为合适的地主打工，或者作为佃农选择向合适的地主租地，或者作为自耕农独立经营。

即使作为流民，农民也有相应的迁徙自由，可以通过闯关东、走西口、下南洋等方式选择适合自己的一份生计。这种土地交易体系使当时的中国用很少的土地养活了极多的人口并创造了占世界 1/3 的 GDP。

我们的土地确权就是从古代的正经界而来，旨在保证土地产权稳定。房产证和不动产证则源自古代的地契，是对土地契约精神的尊重。现在的三权分置改革则有古代田底权和田面权的影子，旨在使土地产权多元化。土地抵押改革则意在健全土地交易形式，与之前的典、活卖有相通之处。当土地市场化到来，相信我们会重拾古代的智慧，并推陈出新。中国的未来必然是空前的！

三、嘉宾与谈

主持人：王　蔚（中国政法大学法学院副教授）

非常感谢熊金武老师给我们上了一堂精彩的历史课。熊老师首先论证了回溯历史的必要性，为什么在 1820 年代中国曾经取得那么大的辉煌成就，以世界 7% 的耕地，养活世界 36.6% 的人口，且 GDP 达到了世界的 33%。接着阐释了中国古代如何从由上至下配置土地，从井田制到商鞅变法，转变为市场成为配置主体的新生力量。在这个大变迁下熊老师又对产权多元、交易的多样以及包容性的土地制度做了梳理。

伴随整个梳理过程的展开，我觉得他可能会对现有制度进行一些批判，以古喻今，既然展现了古代非常开放、产权多样的土地制度，是不是也应该对现有的城乡二元结构体制进行批评？万万没想到熊老师居然没有，他认为我们应该自信，必须自信地沿着目前的土地改革路径推进下去。

王涌老师以前也经常在媒体分享对这个问题的思考，所以我想接下来有请王涌老师从土地法承载的公共职能和实际上土地上的私权利扭曲的现状，谈谈看法。

与谈人：王　涌（中国政法大学民商经济法学院教授）

熊老师详细梳理了明清土地权利的类型，非常具有学术价值。

仅仅认为契约是权利创设的基础在法律人看来是不充分的。熊老师所讲的权利类型大多可以独立转让。这些独立转让的权利从物权法定、财产权法定的角度来说，需要有代表国家意志的法律、法典做出精细的设计。自法国民法典以降，这些权利才出现。当没有主权国家的法典之时，财产权是如何被创设的？

在熊老师看来，是契约浩就了财产权。但以合同角度视之，契约是一种债，仅约束参与契约的双方，不能创设一种独立流转的财产权。比如，土地使用权的出让的依据是国家的立法。如果没有相应的立法，土地上顶多成立一种租赁关系，无法创设可以独立流转的财产权利。

那么，古代那些可以独立流转的财产权利是基于契约还是基于习惯法，抑或是国家的律令？当时的权利到底是如何创设出来的，希望经济史的研究能够提供一些答案。这些问题在英美国家也存在。很多土地权利是通过信托创造的。衡平法只是承认土地上成立的信托法律关系要受到保护。但是收益权如何开始独立转让，如何开始流通？这些问题通过衡平法判例的丰富而逐步得到解决。契约的含义是什么？习惯法的意思是什么？它在法律上如何成为全社会认可的方式？这些都值得进一步探究。

我国当时用占世界 7% 的耕地承载了世界总人口的 36.6%，创造了世界 GDP 的 33%。市场化是奥妙所在。秘鲁经济学家索托曾说，产权是经济腾飞的基础。所有能够创造财富的生产要素都必须产权化。

这是一个国家经济繁荣的前提。产权化后，相应的权利应该得到国家公权力的保护并在市场上自由流通。土地是创造财富的重要生产要素。在一个繁荣富强的国家，其土地，作为重要的生产要素已经被产权化，得到国家的保护并可以自由流通。这个要素没有建立起来，一切的繁荣可能都只是暂时的。缺乏产权化，人们对土地的利用效率以及包含在财富创造中的组合能力就会大大削弱。

中国已经取得了令人瞩目的发展成就，然而如果长期不改革土地制度，那么我国的进一步腾飞会受到限制。不可否认，现行的土地制度已经包含了市场经济的成分，但市场化的比例仍非常小，造成集体土地的大量闲置。十八届三中全会公报指出，要让市场在资源配置中起决定性作用。而土地的闲置和浪费不符合会议精神。

我国重要的改革有三个方面：国企改革、金融改革、土地改革。从实践情况来看，前两项改革难度极大。国企是政权的基础，现在越做越大。北车和南车已经合并为中车。在海外开拓的国企体量也越来越大。这方面的改革不好推进。金融改革刚刚起步，主要是按照 WTO 的要求不断开放，但开放程度的高低仍成疑问。

中国的经济发展在很大程度上取决于几个因素：

第一，投资拉动经济。英国当年采用有限公司的形式调动了全社会的投资热情，而我国是以国家作为引擎，大量发行货币，从事基础建设，大致保证了效率。第二，赶上世界科技发展的良好节奏。从长远来看，上述两个因素能否持续发挥作用很成疑问。我们还需要进行供给侧改革，依靠市场的力量。因而，土地改革是必然的，并且吹响了中国改革的第一个号角。现在我们修改《土地管理法》正是改革的重要一步。

当集体土地真正进入市场，充分流转，便会为中国生产力的解放提供源泉。现在，农村土地承包法正在修改，确立了农地的三权分置格局。农民变相成为"地主"，可将承包权中的一部分权能拿出来作为财产权流转。农民的权益得到保证，大规模的集约化农业经营也成为可能。我们有成熟的法律技术可以避开意识形态，绕过国家所有权和集体所有权的巨石。另外，频繁的土地流转可以吸纳大量的货币，对缓解人民币的贬值有帮助作用。

我非常愿意拜读熊老师之后的论文并期待进一步的交流。这是我的一点看法，谢谢大家！

主持人：王　蔚（中国政法大学法学院副教授）

非常感谢王涌老师的精彩点评，王老师主要从三点进行了点评。

第一点，其实是对熊老师提出了一个质疑或者研究的新切口，就是合同之债或者契约能不能生成物权，这也是王老师所说经济史与法学沟通的必要与新的视角。

第二点，王老师对现在土地改革的必要性进行了论证，认为我们国家现在市场化的土地要素配置度还是比较低，可能会对未来中国经济的进一步的发展造成制约，王老师进一步提出产权是经济改革的基础，我们官方也制定了中共中央国务院关于完善产权制度保护的规定，希望接下来的老师能围绕这个发表一下看法。

第三点，王老师提出了中国向何处去的问题，因为国企改革、金融改革和土地改革这"三驾马车"，不能完全解决市场中国家本身太强大、个体太弱的问题，这也是宪法无力回应部门法的地方。王老师在这学期开始的时候写了一篇非常动情的广为流传的文章《写给十八岁的法学少年卡尔》，王老师最后对熊老师的期许也充满着对青年教师的关爱。非常感谢王老师。

第二位点评人是孟庆延老师。孟老师也毕业于清华大学，我拜读过他的文章，主要是有关土地革命方面，他认为中国共产党能取得革命的胜利很大程度上归功于土地革命的成功。但是孟老师刚才告诉我，今天可能不会仅仅围绕土地革命点评，可能会从"制度"本身从社会学的角度进行厘清。下面有请孟老师。

与谈人：孟庆延（中国政法大学社会学院讲师）

非常荣幸能够参加今天的交流。我一直在社会学领域内做有关土地革命的研究，更多的是从社会学的视角关注一个制度是如何产生的，或者说制度的社会基础与社会发生学。一种制度不是凭空造出来的，而是有其社会的基础的，不管制度是好还是坏，不管它结出的"果实"是好还是坏，都是有它的民情基础的。接下来，我主要围绕着今天论坛主题谈一下几点体会，供大家批评讨论。

第一，关注制度的理念。一般来说，在讲制度与制度变革的时候，制度该如何改，这样改好不好，我们主要是进行利弊分析，这是我们日常习惯性的思维。钱穆先生在《中国历代政治得与失》中指出，一个制度不仅有利害，还有理念，还有制度精神。这是很多古典社会学家，如韦伯、涂尔干，他们在讨论前现代与现代社会中有关制度与行动等相关议题的时候考虑的核心要素。我们在讨论到古代土地制度的时候，存在一个现象。比如，井田制，史学界关于井田制是否在历史上真正实行过引起很大的讨论，但是从制度精神的角度来看，井田制是否实行过或许不那么重要，重要的是井田制意味着什么，为什么后来的中国人不断地讨论井田制。这是因为井田制背后蕴含着一整套关于理想社会的基本理念。井田制是一种土地公有制，不是私有制。但是在传统思想中，对于私有制的担心是一直存在的，总会有人"跳"出来提出对井田制的讨论以抑制私有制。我们在讨论产权或者制度变革时，是否有一个核心理念或者制度精神的想法。再比如租庸调制度，"租"是指田租，有地才会交租，"庸"是指劳役，户籍登记在册的丁，需要服徭役，"调"是指家庭手工业所产出的特产。租庸调制度背后是有一种制度理念的，有田才有租，有丁才有庸，有家才有调，这又是一套制度理念，它蕴含了国家对于美好社会的基本想法和考虑。

我们承认历史处在不断发展之中，社会环境也在不断地变化，在面对社会改革的时候，我们理想的社会应该是怎样的，我们期许的社会理念是什么样子？制度背后的理念虽然有点虚，但是很重要。如果没有制度理念的顶层设计，如果对制度仅是因繁就简，修修补补的话，我们就会发现，我们在解决一个当务之急之后，引发了可能更难解决的一个当务之急。

第二，制度是有民情基础的。孟德斯鸠在《论法的精神》中谈到了特别重要的概念——民情，即民间所形成的风俗。另外，对于托克维尔的《论美国的民主》（Democracy in America）这本书，我们会发现，这本书的名字翻译的并不是那么准确，比较准确的翻译应当是"论民主在美国"。有什么区别呢？"论民主在美国"是在讲民主这种抽象的政治原则与理念在美国社会是什么样子的，也是在讲民情的问题，这是一个很有趣的问题，民主在美国是这样的，在阿拉伯是那样的，是不一样的状态，造成的历史结果不同。所有的制度都有其社会基础和道理。比如权利关系，社会学并非将其看作是纯粹的经济关系，社会学经常讨论产权实际上是一束社会关系，它是一种身份关系，比如说租佃。

刚才熊老师讲到一个比较有趣的事情，提到租佃可能不仅是一种剥削，从经济学的角度来看可能存在地租率过高的问题，但是从社会学的角度来看，在清末中国被纳入资本主义生产体系之中，大量的农村剩余劳动力无法吸收的背景下，再考虑租佃，在很多地区，实际上是一种恩义关系，我把地租给你是一种恩惠，并非是一种剥削。其社会含义不同，并不是纯粹的"钱"的问题，钱多钱少一方面反映了市场的问题，另一方面还反映了人与人之间的关系问题。

在这个意义上，传统社会多层次的产权体系体现了社会的复杂性。在中国传统社会，华南和华北是不同的，即使是在华南内部不同的区域也是不同的。例如闽西和闽北，永佃制在闽北特别普遍，而在闽西不太一样。闽西是一个宗族盛行的地方，族田就成为产权制度中最为重要的体现。土地属于宗族共同体所有，尽管产权可能并不是那么明晰，但我们发现传统的社会有一整套的制度安排。族田有何用？其主要是用来救济族内无田之人，例如族中考上科举无田可种的人。它可能看上去产权并不明晰，可能违背一定的经济规律，比如说，租族田的人未必是劳动力最强的生产能力，而是宗族中的弱势群体。

土地制度在传统社会十分重要，是因为它不单单是一种生产性要素，而且还是一种社会性要素，几乎所有的社会性安排都会和土地勾连在一起。中国传统士大夫通过科举做官，最后还有一个返回的系统，告老还乡，还乡之后承担地方治理的功能。土地制度之所以复杂，包括到现在，是因为它包含了一种社会性的安排。

我到华南做调查时发现，几乎每个村子都有祠堂，祠堂中记录着这个祠堂是谁捐的，谁建的。我发现在现有的社会制度之外，还有一套自有的安排。在这个意义上，在讨论制度的时候，再进一步讨论，制度原有的社会形态是什么样的，产生复杂的地权体系其背后的道理在哪里。在北方，黄河以北是流民社会，就会发现自耕农比较多，就不会有华南那种宗族的安排，族田很少。

中华人民共和国成立初期，最早出现的农村合作社在河北遵化，农业生产实际上存在一种合作的需求。北方存在大量的换工的惯习，这很难纳入到"剥削"的话语之中。因此，我们今天在讨论土地改革的时候，要避免出现"一刀切"的状态，要考虑到不同地区背后深厚的社会民情基础。

第三，制度的意外后果。社会学家强调制度是一个社会过程。存在制度设计得很好，但在执行的过程中，出现结果与初衷差别很大的情况。制度在被不同的具体的人实施之后，产生的结果会非常不同，甚至是偏离初衷的。在设计土地改革方案的时候，是否要考虑在目前的状态下执行制度的各个环节的人是如何理解这个制度的，制度的执行者如何理解这个制度，比如房地产商如何理解，政府官员如何理解，老百姓如何理解。我们希望他们有一个"正常"的理解，认为这是一种资源配置，是充分发挥市场决定性作用的表现，这是一个大方向没有问题，我们希望他们这样理解。

制度在执行的过程中，在实施的过程中，因为人的因素，有很多非初衷的结果会发生。我们在做特别大的改革的过程中，要对这些问题充分考虑，包括法律的保障，如何防止制度走偏，这应该是非常重要的。

这就是我要分享的几点，欢迎大家多多批评指正。

主持人：王　蔚（中国政法大学法学院副教授）

非常感谢孟老师。孟老师首先告诉我们制度的"利益"与"精神"让我们找到原初的理念，然后又通过社会学的视角让我们去考察不同的社会子系统里所拥有的自创的可能性，并把闽西、闽北作为样本。最后，孟老师讲到意外后果，这或许和法律上的文本与实践的背离存在着联系，就是怎样保证制度在运行的过程中不背离制度设计的目的，现在法学界有些学者研究卢曼和托依布纳，也是得到了社会学方法论的指导，而且法学本身也可以归于大社会学的子系统，以后还有互相依存、互相促进的必要。非常感谢孟老师。

刚才不论孟老师，还是王涌老师提倡的都是一种由下至上改革的路径，特别是王老师说从法律技术、市场要素进行土地改革，孟老师也说要考虑到制度执行者方方面面的问题，而且我看到网上有些解读，比如政策法规司的司长说改革要强调农民的利益却遭到了批评，因为官方推动的改革还是自上而下进行的，是否存在着部门利益也受到讨论。因为是学术讨论，所以蓝研究员可以站在官方立场之外，自由畅谈。下面有请蓝天宇助理研究员。

与谈人：蓝天宇（国土资源部不动产登记中心助理研究员）

非常感谢主办方，能有机会参与这样的活动。结合今天的主题，我主要是从中华人民共和国成立以来的土地管理制度的变化切入。从中华人民共和国成立到现在，我国的土地管理法律制度伴随着国家经济体制的改革和发展，不断发展变化，不断完善。从土地法律制度角度划分，大体可分为三个阶段。

第一阶段（中华人民共和国成立至1985年）土地制度的形成阶段。这一时期比较重大的制度是建立基本的土地制度，一是土地所有权制度改变，中华人民共和国成立初到1956年我国实行农村土地的农民土地私有制度过渡到集体所有，1982年城市土地国家和私人所有改为国家所有；二是建立国家征地制度；三是推行农村土地家庭联产承包责任制。

（1）建立基本的土地制度。1947年中国共产党发布的《土地法大纲》明确：对土地实现平均分配，实行农民私人占有。1949年，《中国人民政治协商会议共同纲领》明确规定，有步骤地将封建、半封建的土地所有制改变为农民的土地所有制。这是新中国农村土地改革和建立新型土地制度的基本依据和准则。1950年的《土地改革法》和《城市郊区土地改革条例》，规定了农民土地所有权。1954年《宪法》第8条第1款明确规定："国家依照法律保护农民的土地所有权和其他生产资料所有权。"

（2）建立土地征收制度。当时重要的土地立法是1953年11月5日政务院通过的《政务院关于国家建设征用土地办法》，因为从 1953 年就要开始"一五"建设了，当时 156 个大项目都要实行起来了，摆在党和政府面前迫切需要解决的问题是，要解决建设用地的供应问题，所以这一时期，颁布了《政务院关于国家建设征用土地办法》。

（3）土地制度用宪法确立。

（4）农村土地三级所有的制度形成。1962 年中共中央发布《农村人民公社工作条例修正草案》使"三级所有，队为基础"的土地权属关系稳定下来。

（5）土地家庭联产承包责任制建立。

（6）确立我国现行土地所有制结构（城乡二元结构）。

第二阶段（1986~1998 年）土地法律制度形成阶段。这一时期主要的历史事件：

（1）新中国第一部《土地管理法》颁布。规定了土地管理的基本制度，确立了土地登记制度、城乡地政统一管理制度、建设用地管理制度、法律责任等。以这部法律为基础，基本形成了一套从中央到乡镇的比较完备的十地管理体系。

（2）土地资源实行市场化配置的改革。1988 年 4 月全国人大通过《宪法修正案》，规定"任何组织或者个人不得侵占、买卖或者以其他形式非法转让土地。土地的使用权可以依照法律的规定转让"，同年 12 月全国人大常委会通过《土地管理法》修正案，这是《土地管理法》颁布之后的第一次修改。1990 年国务院制定了《城镇国有土地使用权出让转让暂行条例》，法律上确立了土地有偿使用制度，土地作为生产资料开始进入要素市场。

（3）加强耕地保护和房地产管理。1992~1994 年，我国出现过开发区热和房地产热，有的地方出现炒卖房地产、圈占土地、乱占耕地的现象，为解决当时的"圈地热"问题，1994 年 7 月全国人大出台了《城市房地产管理法》，规范土地市场，实行国有土地有偿和有期限的使用制度，对经营性用地项目实行招标拍卖等竞争方式出让，结束了土地实行单一行政配置的制度。为加强耕地的保护，1994 年 8 月，国务院发布《基本农田保护条例》强化对耕地的保护力度。

第三阶段（1998 年至现在）土地的用途管制建立阶段。1998 年是我国土地管理制度和土地管理法律制度建设的又一新的阶段，是我国实施用途管制，建立世界上最严格的土地管理制度的时期。这一时期我国土地法律制度进一步完善，土地市场建设取得重大进展，严格保护耕地、严格土地管理的社会氛围逐步形成。这一时期重要的制度是：1998 年修改《土地管理法》确定了我国现行土地管理以耕地保护为核心，以用途管制为手段的基本制度框架；2001 年经营性土地实行招标拍卖挂牌出让制度；土地市场治理整顿；土地政策参与宏观调控；《物权法》发布实施。这一阶段重大的实践主要有：

（1）建立土地用途管制，严格耕地保护。1998 年全面修订的《土地管理法》建立了以耕地保护为核心，以控制农用地转为建设用地和控制建设用地总量为主要内容的土地用途管制制度——即确定土地分类，将土地分为农用地、建设用地和未利用地，严格控制农地转为建设用地总量，严格农地转为建设用地的审批。

（2）建立经营性土地实行招拍挂制度。

（3）治理整顿土地市场，严格土地管理。我国经济快速发展，随之出现新一轮的"圈地热"，地方政府扩大开发区和城市建设规模，过度开发土地，大量征用农民集体土地。针对这一情况，中央决定进行土地市场治理整顿，全国核减开发区 4813 个，占全部开发区的 70%，压缩规划用地 249 万公顷，占开发区规划面积的 65%，清理偿还 1999 年以来拖欠农民征地补偿费 175.46 亿元，清理欠缴新增建设用地有偿土地使用费 123.29 亿元。为严格规范土地管理，国务院 2004 年下发《关于深化改革严格土地管理的决定》（国发［2004］28 号）文件。全面加强土地管理，严格土地计划、征地补偿、土地出让、土地收益使用管理制度，使土地市场混乱的状态得到遏制。

（4）土地政策参与宏观调控。2003 年党中央、国务院正式提出土地政策参与宏观调控，2004 年 3 月胡锦涛总书记提出，搞好新一轮土地利用规划的修编，充分发挥土地利用规划和供应政策在宏观调控中的作用；2004 年全国省以下国土资源管理体制改革；2005 年建立国家土地督察制度；2006 年国务院下发《关于加强土地调控有关问题的通知》（国发［2006］31 号）文件。通过提高土地成本、严格土地收益管理、强化土地管理责任和监管等一系列政策，加强土地的调控作用。

（5）《土地管理法》第三次修改。进行适宪性修改，将"征用"改为

"征收或者征用"。

（6）《物权法》颁布实施。《物权法》与《土地管理法》的基本精神和中央关于宏观调控的政策要求高度一致，把基本的土地制度确定下来的同时，将近几年中央确定并被实践证明正确的土地管理制度改革的成果、严格管理和宏观调控政策，在基本法中给予了充分肯定并用法律形式确定下来，突出了严格保护耕地的要求，完善了土地征收补偿制度，完善了土地权利制度，完善了不动产登记制度等方面。

土地问题始终是中国法律制度建设的一个重点。党的决策是我国土地管理制度改革的依据。每一次土地制度的重大改革和土地法律制度的修改都是以党中央作出的重大决策为依据，重要的改革也是围绕党的基本政策所进行的。目前也正在开展新一轮的《土地管理法》修改，修改的基本原则：一是坚持土地社会主义公有制，确保国家经济社会稳定；二是坚持最严格的耕地保护制度，确保国家粮食安全；三是坚持新的发展理念，落实党中央国务院的重大决策；四是坚持将改革决策与立法决策相结合，将改革的思维贯穿到法律修改的全过程；五是坚持稳中求进的工作总基调，统筹协调各方利益，平衡好国家、集体和农民合法权益之间的关系。修改的基本思路是：将落实党中央国务院确定的农村土地征收、集体经营性建设用地入市和宅基地制度改革作为修法的重点，同时配套修改与三项改革相关的内容，并将十多年来土地管理改革实践中的成熟做法适当吸收上升到法律中。主要内容：一是完善土地征收制度，对土地征收的公共利益进行了界定，调整完善了土地征收程序，完善了征地补偿安置制度。二是建立农村集体经营性建设用地入市制度；三是改革完善宅基地制度，明确在新形势下落实"一户一宅"制度的多种形式；改革宅基地审批制度，下放审批权限，加强批后监管；建立宅基地自愿有偿退出机制。同时，也完善了用途管制、耕地保护、土地审批、土地执法等制度。

主持人：王　蔚（中国政法大学法学院副教授）

非常感谢蓝研究员对 1949 年以来三个阶段土地改革的梳理。蓝老师对第二个阶段和第三个阶段的梳理也体现出我国土地改革出现的一些方向差异，第二个阶段国家对土地管理放松，希望更多的由市场配置，但 1998 年后却再次凸显了国家管理的强化，这其中的原因是什么，请各位老师做一下解读。

还有刚才所讲到某地现在的例子，若征地补偿与集体建设土地流转所得差距太大，在官方看来会引导大家更多的去流转而不是通过征用去进行土地的交易，但是这其中却暴露了问题，即土地承载着公共利益与私利如何协调的问题，可能需要具体程序设计进行协调。非常感谢蓝研究员给我们学者提供了许多新的研究视角。

下面有请来自北大的彭錞老师。彭老师毕业于英国牛津大学，去年在核心期刊上发表了多篇有关土地问题的雄文，特别是对集体土地征收决策进行了全方位的梳理。我相信彭老师也十分关注刚才蓝研究员所提到的一些《土地管理法》修改方面的问题。有请彭老师。

与谈人：彭　錞（北京大学法学院助理教授）

围绕今天论坛的主题，结合熊老师主讲的内容，我的发言主要分为两个部分：第一是"看"熊老师如何思考，第二是"跟着"熊老师一起思考。

熊老师谈的是产权制度史，但核心关切是历史如何照进现实。我个人关心土地问题已经有一段时间了，但并未深入到古代中国。所以这里我想尝试去看熊老师是在哪一种学术传统和学术脉络中思考的，可能有如下几个方向：第一，历史学界对于中西为何在 15 世纪地理大发现之后走上不同的发展道路，即所谓"大分流"问题做了大量讨论。在这个背景下，一些学者将目光投向产权制度，比如耶鲁大学的张泰苏老师，最近出版的新书就讨论儒家传统下的产权安排。第二，以黄宗智老师为代表的一批法律史学者研究明清时期的土地产权，揭示了中国传统的法律制度并非仅是刑法制度，而是存在着丰富的民法传统。很显然，熊老师的研究完全可以跟这两个学术脉络进行对话，一方面挖掘和揭示传统法治的"本土资源"，另一方面则关注产权制度与社会经济发展之间的关系。

那么需要思考的问题是：第一，中国古代的土地产权制度到底是什么性质——是国家法，还是习惯法，还是其他？第二，中国古代的土地产权制度到底对经济发展起到了什么样的作用？熊老师讲的历史上中国以少量土地养活大量人口，但这是否可能只是一种低水平均衡，甚至是否可能阻碍了经济的进一步发展？我非常期待熊老师的后续研究对这样一些问题的回应。

　　我们接下来"跟着"熊老师思考，因为我更关注中国现代或当代的土地问题。首先要指出的是，中国当代的土地制度有一个重要的前提，那就是土地革命和社会主义改造。这要求我们思考如何评价土地革命和社会主义改造正当性的问题。近年来不少关于土地问题的讨论其实或隐或显都牵涉这个制度逻辑起点的正当性问题，如何做去政治化、去立场化的学理讨论，是值得深思的。其原因在于有关历史正当性的讨论实在是"醉翁之意不在酒"，本质上是借历史看今天。我的基本观点是：土地革命和后续的社会主义改造造就了中国独特的土地产权制度，这构成当下制度演化的"原点"——无论我们从学术上、情感上、价值上如何去重估它的合法性和正当性，如果不发生大的颠覆，这个制度前提是不会发生根本性的变化的。那么问题转化为如何在这个前提的基础上继续往下推演，如何对既有传统进行创造性的利用和改造，使其焕发新的生机。这就涉及什么样的土地制度才是现代土地制度，那我想有三个方面的目标需要兼顾。

　　第一，效率。我完全赞同市场化的改革方向，但需要注意市场化发生的特定情形和可能的未预料到的后果，并做相应制度设计缔造市场。必须认识到的是，市场化仅仅是一种手段，而不应该是一种天然正当的目标，更不应该是一种排他性的目标，不能"只要市场化，哪怕洪水滔天"。第二，正义。这里的核心在于土地权利，特别是利益分配的问题。虽然涨价归公是世界通行的，但是通过何种方式实现是需要平衡和考虑的——以往那种"劫贫济富"的手段需要调整，但也不是说一口气跳到涨价彻底归私的另一面。第三，效能。这涉及土地与经济和社会稳定的关系。我们能否退一步，承认土地财政在历史局限条件下是"必要的恶"，那么在解决"必要的恶"的时候，是否也要考虑土地市场稳定、地方政府财源的问题？"既要马儿跑，又要马儿不吃草"是不现实的。同时，土地更关切社会稳定。如何在市场化的同时，保留集体土地"社会保险阀"的作用，或者能否根本放弃土地的这种作用，目前都还在激烈讨论，甚至争论。

　　因此，跟以往任何一个时代一样，中国的土地问题其实是一个很复杂的问题。熊老师今天给了我们一个很好的思考机会，告诉我们在自身传统中可能还存在一些值得挖掘的东西，帮助我们重新想象中国土地制度如何从传统转型，达至一种高效、公正、有效能的现代土地产权制度。

主持人：王　蔚（中国政法大学法学院副教授）

彭老师的点评体现了北大的风格，就是隐形地驳斥了刚才每一位老师的发言，但是却很谦虚的分成了两个面向："看"熊老师怎么说，再"随"着熊老师说。彭老师以 15 世纪东西大分流为原点开始，把产权制度安排和社会发展之间的关系做了厘清，接着彭老师提出土地革命是需要继续挖掘的点，对现在制度的演变有着关键性作用。彭老师最后提到，市场化的配置是手段不是目的，应该是多元土地的目标，这恰恰回应了既要满足更多的保障职能又要保护私人权利两者之间的平衡。非常感谢彭老师。张春丽老师是我们学校研究社会法方面非常优秀的青年学者，希望张老师对土地存在的社会保障职能是否真的能起到"社会保险阀"的功能提出自己的看法，下面有请张老师。

与谈人：张春丽（中国政法大学民商经济法学院副教授）

前面几位点评人的发言刚好留下一点我可以接续和发挥的空间，那就是土地具有"社会保险阀"的功能。从金武老师对古代土地制度的梳理中，我们可以看到土地交易不是"一锤子"的买卖，它提供了使用价值，还提供了保障功能，土地在使用过程中会不断地产生新的现金流，其所带来的保障功能是巨大的，这是古代社会最为基础的东西。我们现代的土地改革，用彭老师的"三段论"来划分，可以分为古代社会的土地制度，土地革命时期的土地制度，现代社会的土地制度。但无论如何，社会保障功能始终隐含在古代社会和现代社会的土地制度之中。

在现代社会中，要观察土地的社会保障功能的现实境况，我想也许可以从土地制度的民法技术是否稳固、流转制度是否起步、市场有可能借助哪些规则捷足先登这三个层面来看。

民法技术如何让"集体所有、农户承包、经营权流转"这个层次化的制度结构更为稳固，既是土地流转制度的基础，也是看待土地今后的社会保障功能的基础。

在土地流转制度是否已经悄然起步这个层面，有实例可循的是四川省合里县首开"土地银行"之先河，其整个流程类似于银行业务，分为土地存储—出租—获取租金三个步骤。与土地的"社会保险阀"相关的土地使用权也就是存储价格如何定价的问题。土地被存入"银行"其实质是对土地可以产生的现金流的存储，定价的问题就显得比较重要。与之相似的是，在农民没有了劳动能力之后，如何通过土地使用权所带来的现金流度过之后的几十年，土地在农耕社会的这种保障功能，到了现代社会，似乎也仅仅是转变了一个形式，但问题依然摆在那里。

在市场有可能借助哪些规则捷足先登这个层面，值得注意的是 2016 年中国人民银行、民政部、银监会、证监会、保监会 65 号文《关于金融支持养老服务业加快发展的指导意见》提到了如何发展养老经济，如果说土地是养老经济的一个要素，直接涉及土地流转和建养老院的问题，那么，依赖于土地的使用价值和土地增值可以带来的融资，可能是更为基本的问题。为了把金融支持养老服务业提上日程，"65 号文"鼓励养老服务企业的上市融资、债券市场融资、PPP 融资、夹层融资及私募股权等融资形式，可以想见，对经营权可流转的土地，估值作价、吸引民间资本，可能会成为养老经济和养老金融的创新点。

那么，很显然，民间悄然进行的土地流转如"土地银行"和养老经济的大步前进，都对支撑土地流转的民法技术的稳固性以及《土地管理法》的整体制度安排，提出不容忽视的挑战。一个紧密相关的问题，可能是保障功能更不容忽略的宅基地，如果以后也慢慢纳入了流转体系，那么，几部法律的整体制度安排，将更为接受考验。

最后一点，社保是兜底的，制度上具有这一特点，人们的观念上对此似乎也不再怀疑了。但同时社保运行也是需要条件的。既有的实践中，如北京郊区的集体经济组织股份制，集体经济组织成员可以获得城、乡居民养老保险。但是，这种割裂土地的社会保障功能，让社保去兜底的方式，又非常考验地方政府的财力。

总之，让土地延续其社会保障功能的命脉还是在民法技术，现代路径则在于流转后的市场化和金融支持，但要获得那个美好的结果，还要考虑更为严密和谨慎的制度设计。

主持人：王　蔚（中国政法大学法学院副教授）

张老师的评议突出土地改革可能会导致社会保障不能承受之重，不能把责任转给社保。凸显了一个困难：土地改革的初衷是为了产权保护，可是弱小的产权如何去对抗强大的公权力呢？

四、总结回应

与谈嘉宾蓝天宇研究员首先对其他嘉宾的点评和在场同学的问题进行了简要回应。蓝天宇研究员针对点评嘉宾提到的可能会发生的"流离失所"的问题作出回应，他指出这一问题是他们在修法的过程中始终比较关注的问题，曾经做过大量的调研。当前集体土地有限地放开流转以及宅基地退出的条件限制等一些措施都是为了避免发生"流离失所"的问题，一切以农民老有所居为根本出发点。

在场的同学提出了集体土地流转是否也应当像国有土地流转一样规定一定期限的问题，同时提出在流转过程中产生争议应该如何解决，相关当事人合法权益该如何救济的问题。还有的同学提出从法学的视角该如何切入中国土地制度改革的问题。蓝天宇研究员针对流转期限和救济的问题作出回应。他指出，在当前的改革试点中，集体土地流转的期限是参照国有土地流转期限进行的，希望在实践中能够发现集体土地流转过程中的特殊之处，然后对此作出特别规定。同时关于救济的问题，当前试点中还没有出现类似的问题，但是相关的救济方式将会以行政法规的形式进行全面规定。

主讲嘉宾熊金武老师简要回应了其他嘉宾的点评和在场同学的疑问：谢谢各位老师的评议，我学习到很多。在本场报告中，我一直在思索以下问题：法学、经济学和社会学的概念框架体系如何对接？历史和未来如何对接？

法学和我们经济学的思维可能有所不同。经济学的思维是"善者因之，其次利导之"，赞同自下而上的改革，法学则可能想通过立法推动社会变革，这是一种自上而下的改革。从经济学的思维而言，过多的干涉是不必要的。我们的改革或许可以效仿宋代，不立田制；听老百姓自发而为，一个成熟的市场就自然建立起来了。大家一直在担心失地农民问题，我认为这种担忧并不必要。现在是城市化、工业化的时代，需要推动农民进城，而不是用制度将其束缚在土地上。光靠农民的土地，无法完成我国共同富裕的伟大目标。

同时，一个国家的土地市场越发达，其土地分配往往越均衡。值得规制的不是普通买地卖地的人，而是有特权的豪强。我们把问题归咎于市场，可能太过笼统。真正的问题在市场机制设计。我们可以通过处理市场机制中的某个技术问题来推动市场进一步发挥作用。如果我们从市场机制设计角度去理解当前的土地改革，很多问题如意识形态问题就不成为问题。构建成熟稳定的制度需要长期的努力。

第七期

国际刑事法院的量刑

主讲人：冷新宇　中国政法大学法学院副教授

与谈人：（按姓氏笔画排列）

王理万　中国政法大学人权研究院讲师

邓　华　中国社科院国际法研究所博士后

李　强　中国政法大学法学院副教授

吴宏耀　中国政法大学诉讼法学研究院教授

何田田　中国社科院国际法研究所助理研究员

杨敬之　中国政法大学法学院博士

郑海平　对外经济贸易大学法学院助理教授

周睿志　中国政法大学政治与公共管理学院博士后

姜晓敏　中国政法大学法学院教授

赵珊珊　中国政法大学刑事司法学院副教授

阎　天　北京大学法学院助理教授

廖诗评　北京师范大学法学院副教授

主持人：王　蔚　中国政法大学法学院副教授

一、引言

就前南斯拉夫问题，国际刑事法庭（ICTY，以下简称"前南法庭"或 ICTY）起诉了 161 个被告人，积累了大量案件，国际刑事法院（International Criminal Court，ICC）创立至今只有 5 个案件。两者的判决有什么关联？国际刑事法院的判决存在哪些量刑的问题？量刑的标准是什么？主讲嘉宾冷新宇老师一直研究国际刑法的问题。论坛还邀请了刑事司法领域的吴宏耀老师、赵珊珊老师，宪法人权领域的北京大学阎天老师、对外经贸大学的郑海平老师和中国政法大学的王理万老师、周睿志博士后，以及国际法领域的北京师范大学廖诗评老师、中国政法大学军事法学研究所李强老师、中国社科院国际法研究所何田田老师、邓华博士后作为与谈嘉宾。此次论坛到场的还有中国政法大学法学院的姜晓敏老师和杨敬之博士。

二、主题报告

主讲人：冷新宇（中国政法大学法学院副教授）

这个话题表面上属于国际法的讨论范围，但实质却是刑法和刑事诉讼法的论题。大家对这个题目关注较少。学者多着力于国际刑法的程序研究和实体研究。既有研究对实体问题的关注体现在国际刑事法院管辖的四种罪[1]的构成要件（尤其是主观要件）、责任模式等。前南法庭起诉了 161 个被告人，累积了大量案件，而国际刑事法院创立至今只有 5 个案件。研究这个问题既能帮我们梳理前南法庭的判决思路，也能为整理、预测国际刑事法院的判决作出一些贡献。

截至目前，国际刑事法院共审理了 5 个案件：Prosecutor v. Lubanga、Prosecutor v. Katanga、 Prosecutor v. Bemba、 Prosecutor v. Al Mahdi、 Prosecutor

---

[1] 灭绝种族罪、危害人类罪（反人道罪）、战争罪、侵略罪。

v. Bemba et al.（contempt case）。

在最后一个案件中，当事人伙同辩护律师贿赂证人并指使后者作伪证。该案件与国际刑事法院管辖的罪名没有直接关联。前两个案件发生在 2003 年左右的刚果民主共和国。Lubanga 被起诉强制性征募儿童兵、自愿性征募儿童兵、利用儿童积极参加敌对行动。Katanga 是刚果一支反政府武装的人员，被起诉谋杀、攻击平民、损毁民用财产、抢劫财产。Bemba 是中非共和国反政府武装的一派领导人，指挥一支部队，其下级在内战中实施了谋杀、强奸和抢劫财产。Mahdi 是马里冲突中极端势力的成员，被起诉攻击文化财产、历史宗教建筑场所。

这四个案件中存在很多量刑问题。国际刑事法院的刑罚种类包括主刑和附加刑，主刑有无期徒刑、有期徒刑，附加刑主要是罚金和没收财产。其中，《罗马国际刑事法院规约》（以下简称《罗马规约》）没有明确规定各罪的法定刑或量刑基准，因此有期徒刑的量刑幅度比较特别，规定在《罗马规约》第 77 条、第 78 条中。一个罪的最高有期徒刑为 30 年，而当数个犯罪合并计算后的最高有期徒刑的上限也是 30 年。

国际刑法的刑罚目的有惩治、威慑、再社会化和维护世界和平与安全。最后一个目的在当前的四个案件中没有直接体现。维护和平与安全不是纯正的刑法原理揭示的刑罚目的。在国际法中，维护世界和平与安全是联合国安理会的专属职权。安理会要考虑诸多因素，尤其是政治因素，最后做出的决定也不完全是严格适用法律的结果。反映在实践中，既有 ICTY 那样的范式，即建立一个国际性刑事法庭起诉和审判严重违反国际人道法行为的嫌疑人，也有通过非法律途径解决的事例，如南非的真相和解委员会。维护世界和平与安全的政治属性和国际刑法的法律属性在某种程度上是矛盾的。

国际刑事法院的量刑因素规定在《罗马规约》第 78 条第 1 款（犯罪危害性；个人属性）和《程序和证据规则》（RPE）第 145 条第 1 款 C 项（损害程度；违法行为本质及执行犯罪方法；参与程度；故意程度；犯罪时间、地点及方式；犯罪嫌疑人的社会、经济、教育条件）。此外，RPE 第 145 条第 2 款中还规定了加重情节、减轻情节。上述《程序和证据规则》第 145 条第 1 款规定，法庭除了要依照《罗马规约》第 78 条第 1 款的规定，还需要考虑六种因素。两者有诸多令人费解之处。比如，前者的"犯罪危害性"与后者的

"损害程度"似乎没有本质差异；前者的"个人属性"与后者的"犯罪嫌疑人的社会、经济、教育条件"也很难区分。

我们可通过三种方法界定"犯罪危害性"：抽象危害性（abstract gravity）、具体危害性（concrete gravity）、抽象危害性与具体危害性相结合的混合评价标准。前南法庭、卢旺达问题国际刑事法庭（ICTR，以下简称"卢旺达法庭"或 ICTR）、塞拉利昂问题特别法庭都采用具体危害性的评价方法。国际刑事法院在判决中直接参照了前南法庭的做法，有欠妥当。《罗马规约》第21条明确规定，国际刑事法院可采用的法律渊源按照顺序为：《罗马规约》和附件、可适用的其他国际条约、国际习惯法。

国际刑事法院不能回避对《罗马规约》的适用。因为《程序和证据规则》第145条第1款C项规定，法院除了要依照犯罪危害性、个人属性量刑外，还需要考虑六项因素。因而，依照严格的条文解释，六项因素就得划分在犯罪危害性和个人属性之外。最恰当的评价方法应当是混合评价。《罗马规约》第78条第1款中的"犯罪危害性"是抽象危害性，《程序和证据规则》第145条第1款C项中前五项则指具体危害性；抽象危害性在法定刑幅度或量刑基准方面得到反映。而个案案情对应的是具体危害性，法官需综合考虑两种危害性。

除此之外，Lubanga 案的审判庭建立了量刑因素的证明标准，《罗马规约》对此没有明确规定，司法实践解决了这个证据法的问题。具体而言是：国际刑事法院在危害性、加重情节上采取超越一切合理怀疑的标准，在减轻情节上则按照高度或然性标准（high probability）。此后的案件实践依照此例。这个做法并没有充分的法律依据，但从保护被告人人权的角度看有合理性。

上诉庭如何判断量刑的合理性？目前的做法没有反映出规律来。在 Prosecutor v. Lubanga 案件中，当事人成立三项罪名，被判14年有期徒刑。检察官认为量刑的起算点应当是最高有期徒刑的80%，即24年，主要理由是战争罪在各国国内法中是最为严重的犯罪之一，因此主张国际刑事法院采取一个较高的起算点来维持对国际犯罪的威慑力。而这个比例在任何文件中都没有体现。审判庭以规约没有明文规定为由予以拒绝。所以，事实上最终的刑期如何计算出来，恐怕只有三位法官自己知道。

那么，上诉庭如何判断量刑是否符合罪刑相适应原则呢？理论界主张规定法定量刑幅度或确立量刑基准。实务界则采用被动式认定的方法。在前南法庭 Prosecutor v. Galic 案的先例中，上诉庭认为量刑是审判庭的权力范围，只有在审判庭的量刑极为不合理以至于上诉庭认为如果不改变量刑结果会使得法官良心觉得不安时，上诉庭才应改变审判庭的决定。而在 Lubanga 案中，上诉庭没有从正面回答罪与刑如何相适应、成比例的问题，法官似乎"揣着明白装糊涂"。

国际刑事司法中的犯罪竞合只有三种：想象竞合、法条竞合和实质竞合。我们常说的实质竞合是异种罪的竞合，但国际刑法中存在同种数罪的竞合。关于竞合最基础的问题是想象竞合与法条竞合的判定问题，前南法庭在Čelibić集中营案中确立了后来案件普遍遵循的标准。特设法庭的做法被国际刑事法院的判决所承继。它来源于美国的判例，基本结论是：（1）使用布洛克伯格标准（Blockburger v. USA 案中确立的标准）判断是否成立数罪，如果成立，则构成想象竞合犯。该标准认为，一行为同时触犯两个罪名，如果罪名甲构成要件要求证明的事实因素中有一项没有被罪名乙包括，同时罪名乙中也有一项事实没有包括在罪名甲中，那么这个行为同时构成两个犯罪。（2）如果不构成想象竞合犯，则法院需比较两个罪名的法律规则的关系，根据特别法优先的原则选择一个罪名起诉。

在国际刑法中，由于条文的规定，只要一个行为触犯战争罪、危害人类罪、种族灭绝罪中的任意两个罪名，必然是想象竞合犯。想象竞合犯的处罚问题集中体现在如何处理数个犯罪的刑罚关系。我国刑法理论认为，对想象竞合犯应择一重罪处理。但国际刑法的四个罪名在轻重程度上很难界定。于是前南法庭采用数罪并罚的做法，把自由裁量的权力交给法庭。《程序和证据规则》第101条规定，在成立数罪的情况下，审判庭应当指明数罪各自判处的刑期，然后计算出最终刑期。1998年后经修改，法庭既可分别判决数罪各自的刑期，然后计算最终刑期，也可以直接判决一个能够反映被告人所有犯罪行为危害性的单一刑期。

《罗马规约》采取了前南法庭早期规定的做法。《罗马规约》第78条第3款规定，法院应当针对各个犯罪判处刑期，最终刑期不低于最高的单个犯罪的刑期，并不得超过30年。

在 Prosecutor v. Katanga 案件中，当事人因谋杀行为被判12年，因攻击平民人口被判 12 年，因损毁民用财产被判 10 年，因抢劫财产被判 10 年，最终刑期为 16 年。在 Prosecutor v. Bemba 案件中，当事人因谋杀被判 16 年，因强奸被判 18 年，因抢劫财产被判 16 年，最终刑期仅为 18 年。在 Prosecutor v. Al Mahdi 案件中，被告人对宗教建筑连续实施了 10 起攻击事件，法庭认为不构成犯罪竞合。到目前为止，国际刑事法院对实质竞合的处理尚没有规律可言。

国际刑事法院在 Prosecutor v. Lubanga 案件中可能产生了错误。当事人有三个行为：强制性征募儿童兵、自愿性征募儿童兵、利用儿童积极参加敌对行动。审判庭在考查犯罪事实的时候，将前两种行为合为一个罪名来考查。因此在定罪的时候，强制性征募儿童兵与自愿性征募儿童兵构成一项，利用儿童积极参与敌对行动构成另一项。但法院在量刑时按照三个罪名处理。需要指出，以上三个行为规定在《罗马规约》第 8 条第 2 款下的一个罪名之中，三个行为相互之间具有可替代性，从表述看只要满足其中一项，这一款战争罪就可以成立了。而且，规约的附件也没有把三种行为列为三个犯罪。有法官反对这种处理，最具代表性的是上诉庭的法官、时任国际刑事法院院长的宋相宪。他认为，以上三种行为规定在一个罪下，法庭不能判决三个罪。我认为，《罗马规约》在一个法条中"塞进"了两类需要保护的法益，并不符合刑法的一般性原理。征募儿童兵和利用儿童参加敌对行动都侵犯了儿童的身心健康，后者进一步侵犯了儿童的生命权。这或多或少造成法院裁判的混乱。量刑判决将三个行为算作三个罪，作为实质竞合来处理。正确的归纳是：不同的异质行为连续触犯一个罪名下代表不同法益且具有相互替代性的不同行为，从而导致的同种数罪是否构成实质竞合的问题。

另外，有几个问题也需要关注。未完成犯罪和已完成犯罪可否竞合？《罗马规约》第 25 条第 3 款规定了"直接且公然煽动灭绝种族罪"。这个规定直接复制了 1948 年《防止及惩治灭绝种族罪公约》第 3 条的表述。本罪是英美法律中的未完成犯罪。国际刑事法院的判决尚未遇到这个问题，但在前南法庭和卢旺达法庭的审理活动中，产生了灭绝种族共谋与灭绝种族罪的竞合。2014 年 ICTR 判决的 Gatete 等人的案件以及前南法庭判决的 Popović 等人的案件，就是此类情况。在特设法庭看来，共谋已然独立成立一个犯罪，之后基于这个共谋而实行的灭绝种族罪则是另外一个犯罪，两罪构成实质竞合，可以多重起诉和定罪。这个思路显然是普通法传统的产物，但并不符合大陆法系共同犯罪理论的一般性认识。

我查阅资料后发现，英国法院承认未完成犯罪和已完成犯罪的实质竞合，但学界知名学者，如 Andrew Ashworth 等人却认为这么做并不合理；在美国的某些州也持此观点，但在学界也有所转向。比较有意思的是，在特设法庭持反对观点的，如 Carmel Agius 等，恰恰是普通法背景的法官。

Gatete 等人的案件在上诉庭判决中，多数意见认为单独惩治灭绝种族共谋在灭绝种族罪被实施的情况下同样具有独立的法益，这是导致判决两罪同时成立的重要理由。这一认定与历史上唯一的先例——高级指挥官案的结论完全相反。该案中法官认为共谋在其指向的犯罪被实行的情况下，其保护的法益不是独立存在的，因此二者不同时成立。需要指出的是，高级指挥官案是美国政府根据盟军《管制委员会第 10 号法案》起诉二战德国国防军高级将领的案件，本案的法官系美国人。在国际刑事法院的背景下讨论未完成犯罪与已完成犯罪竞合的问题，也具有理论上的意义，主要是规约第 25 条第 3 款保留了"直接且公然煽动种族灭绝"这一未完成犯罪，个案中可能产生其与犯罪实行以及教唆犯的竞合。

犯罪竞合不仅仅是实体法问题，在程序方面也有所反映。预审庭及审判庭的权力运用不当可能对犯罪竞合产生不当的影响。在 Prosecutor v. Bemba 案中，检察官针对被告人的强奸行为提出两项指控：一为强奸罪，另外一个是酷刑。预审庭负责评估和审查证据，在本案中去掉了酷刑的指控。主要理由：一是避免给诉讼双方增加负担；二是提高效率。其依据是法官内部通过的《国际刑事法院法庭工作规则》，它给予各级法庭极大的权力。其中，第 55 条规定，预审庭可以否决某项起诉，也可改变某项起诉，甚至可以改变责任模式。Bemba 案的预审庭根据第 55 条的规定，就直接驳回了对酷刑的指控。而事实上，预审庭自身也认为检察官对酷刑的指控所提交的证据是足以通过其审核从而进入审判庭程序的，驳回的理由仅仅是程序方面的考虑。这个做法是否妥当，值得商榷。特设法庭一贯是允许多重起诉的，主要理由如 Benouna 法官详细阐述的那样，即检察官在起诉的时候并不知道哪些罪名可以被法官定罪，因此为了保证起诉的成功率，在想象竞合的情况下检察官针对同一行为起诉多个罪名是被鼓励的。

这个主张在 Bemba 案的语境中，就演变为一个相反的问题：万一审判庭认为强奸罪不能成立，那么被告人就会被宣告无罪了。更进一步，驳回了酷刑的指控造成以下结果：假定酷刑罪与强奸罪事实上都应成立，在仅成立强奸罪的情况下，增加犯罪人量刑的可能性被排除。

总之，犯罪竞合的问题体现在国际刑事司法的实体和程序方面，给司法活动提出了诸多挑战。问题的出现并不是因为法院和法官对犯罪竞合理论认识不清，而是国际刑事司法机构管辖的罪的构成要件和案情的特殊性所致。

三、嘉宾与谈

主持人：王　蔚（中国政法大学法学院副教授）

感谢冷老师在近一个小时的时间里，向我们分享了他的研究成果。冷老师的目的是对国际刑事法院进行合法性的论证，目前的研究学者们多是站在国际关系和国际法的角度上，冷老师倾向的角度是把政治问题法律化，尽量剥离国际刑事法院的政治色彩，试图以法律技术来对量刑权进行全方位的规制。冷老师采用了案例分析、法条释义等方法进行了论证，最后冷老师讲述了关于犯罪竞合的问题并指出了国际刑事法院罪名之间构成要件不清以及案情十分复杂的状况。再次感谢冷老师。下面有请中国政法大学诉讼法学研究院吴宏耀教授进行点评。

与谈人：吴宏耀（中国政法大学诉讼法学研究院教授）

听了冷老师的报告，我觉得跨学科交流真的非常有意义，因为不同学科的研究方法和思维路径是不同的。新宇的报告对于国内刑事法律的研究有许多值得借鉴和启发之处。下面，我结合国际刑法和国内刑法的比较谈几点自己的感受。

首先，我回答一下预审庭改变指控罪名的问题。这种做法实际上是法国法传统。国际刑事法院存在两种传统：一种是普通法传统，一种是法国法传统。在法国刑事诉讼中，预审庭发挥着很大的作用。重罪起诉必须经过预审庭的审查；起诉的罪名由预审庭（而不是检察官）来决定。而且，除非预审庭自身作出变更，其决定不可更改。冷老师讲到的预审庭的做法，其依据是《国际刑事法院法庭工作规则》。

但值得注意的是，任何国际规则都不是凭空产生的，相反，这些规则总是可以找到某种国内法的传统。新宇老师提到的案例中，在英美法系国家，检察官指控多项罪名是很普遍的；但是在大陆法系国家，预审庭却具有确定罪名的功能。这也显示出了传统的力量。在竞合和罪数的问题上，英美法系和大陆法系国家也存在很大差异。讨论国际刑事法院时，关注不同的传统的影响，或者说比较法传统的影响是很有价值的。我们很难评价这样做或那样做是对还是错，但是我们却可以分析说，这隶属于不同的法治传统。

这也给我们一种启示。用谁的规则不是简单的法律问题，而是政治博弈的结果。在国际刑法领域中如何增强中国的"话语权"，是值得中国刑法学者思考的问题。这一问题在国内法中并不是很重要，但在国际社会中，却关涉彰显特定法律传统的问题。研究国际规则，最终要落脚到怎么办的问题上，仅有描述性的研究是不够的。

其次，关于证明标准的问题。这对我们研究国内法具有非常重要的意义。在我国刑法中，并没有明确区分从重或者从轻量刑情节的证明标准。尽管在自首的认定中，可能会采用较低的证明标准，但尚未制度化，适用的还是一种笼统的标准。国际法院就从重情节、从轻情节设置不同证明标准的做法，值得借鉴。

再次，关于在具体案件中，国际刑事法院量刑比较突兀的问题。国际刑事法院究竟采用何种量刑规则呢？在我看来，《罗马规约》第78条和《程序和证据规则》第145条，二者并不矛盾。无论是社会危害性还是个人属性，都是可以具体化的。《程序和证据规则》第145条列举的很多因素都属于社会危害性的具体指标。例如，违法行为的本质。刚才冷老师讲到，在国内法中，盗窃和杀人两种行为，其行为本质对量刑具有重大影响。其反映的就是违法行为的本质问题。从最朴素的正义感出发，二者量刑当然应该是不一样的；杀人的刑罚肯定要高于盗窃，这是由违法行为的本质所决定的。国内法是如何解决这一问题的呢？是通过最低法定刑（即起刑点）来解决的。故意杀人罪的起刑点和盗窃罪的起刑点不同，最低法定刑体现了立法关于特定犯罪行为的立法评价。国际刑法中没有明确规定犯罪的法定刑，那么在量刑的时候，当然还是要将犯罪行为的本质考虑进来。但是，不同的法官对于违法行为本质的评价可能存在很大差异，也因此，才会出现如此奇怪的量刑结果。在国内法中，法定刑的确定，其本质是通过立法控制法官的自由裁量权。而在国际刑事审判中，并不存在这样的成文法的约束。因此，尽管将违法行为的本质纳入到量刑考虑的因素之中，但是法官如何进行评价必然还会存在较大的个体差异。这也可能是国际刑事法院为什么在个案量刑中存在如此大差别的原因。国内法通过法定刑的方式先对犯罪行为进行抽象性评价，在具体案件中，法官只能在这个范围内，根据对犯罪行为的具体危害性的评价进行量刑。但是，在国际刑法中，因为不存在法定刑之类的抽象性评价，由此导致了不同案件量刑突兀的现象。

最后，关于案例研究方法。5个案件相对于5000个案件来说，当然比较容易进行分析。但是，样本案件太少决定了根本无法进行规律性分析。因为只有大数据的运用才可以发现规律。国际刑事法院究竟采取何种规则，我们从现有的个案中根本无法作出判断，只能说国际刑事法院在这个案件中显得比较离谱或者比较符合预期。现在对于国际刑事法院的量刑作出任何概括性评价，我认为都还为时尚早。5个案件比较方便研究，但是据此所作出的任何规律性结论都应当特别慎重。当然，如果将其与前南法庭的案例进行比较研究，还是可以得出一些值得信赖的结论的。

主持人：王　蔚（中国政法大学法学院副教授）

吴老师除了在开篇肯定了跨学科交流的意义和价值以外，接下来的每一点都是在对冷老师观点的质疑。第一点就是应该注重预审，大陆法系和英美法系本身对刑法的规定就有着区别。第二点认为证明标准特别是量刑应该遵循什么规则，吴老师也回应了对这个行为是否应该进行立法的评价。最后吴老师对五个案例的样本提出了质疑。第二位有请"友邦"的廖诗评老师。

与谈人：廖诗评（北京师范大学法学院副教授）

首先感谢主办方，其次感谢吴老师，吴老师提出了几点非常有意思的点评观点，对此我想作出一些回应和补充，最后感谢冷新宇老师，在他主讲的过程中，我思考了很多问题。

第一，关于国际刑事法院量刑中是否存在法定刑基准的问题，我给出个人的一个看法。能否简单地说没有？对于这个问题的回答不能忽略《罗马规约》第21条，其第1款列出了国际刑事法院所依次适用的法律规则，第2款规定了可以（may）适用其以前判例中的法理。先例中量刑的部分能否理解为先例的组成部分，如果是，那么在事实上是有基准的，不过不是以成文的形式存在的，而同时也是由法官裁量。

另外，吴老师还提到法国法传统和英美法传统的观点，这一点我是赞同的。在我看来，从中国的角度去发展国际规则，创建国际规则的根基还是在国内法，只有国内法有类似的规定，才能相对比较容易在国际社会中提出、发展，而如果国内不存在类似的实践，那么很难在国际社会上提出，发展更不容易。

第二，关于证明标准的问题，我想补充一点。在实践中，大量的案件中没有统一的证明标准，不仅如此，而且在同一案件中，对被拆分的若干事实的认定，也遵循不同的证明标准。比较低的证明标准有优势证据标准，比较高的证明标准有超越合理怀疑标准，而在这二者中间还存在不同层次的证明标准。在不同的争端解决机制之下，其证明标准也是不同的。在人权保障的国际指控当中，采用的是相对比较严格的标准即超越合理怀疑的标准，而在一般的指控当中则采用优势证据标准。在实践当中则存在一方不出庭的情况，这时，优势证据标准适用起来就很困难了。

第三，关于量刑实践不统一的问题，从法条本身来看，看不出为何呈现出这样的状况。

第四，关于《罗马规约》第78条和《程序和证据规则》第145条关系的问题。《罗马规约》第21条，将《罗马规约》与《程序和证据规则》放在相同的地位。据此很难找出先后顺序，同时即使找出先后顺序，也仅是适用的顺序，不代表法律本身效力的先后顺序。但无论怎样，我个人倾向于将《程序和证据规则》第145条解释成为《罗马规约》第78条的具体化。关于条约的解释方面，还需要进一步研究。

第五，关于方法的问题。吴老师指出的问题确实存在，但是从国际规则发展的角度来看，这样的研究是值得肯定的。国际法的渊源与国内法存在比较大的不同在于学者学说可以作为证明法源存在的辅助性材料。尽管它不能独立作为一种法源，但是可以作为一种证据。从法官实操的角度来看，在法律规则不明，需要明晰、发展的时候，法官是会看有关国家的实践和相关学者的研究，尽管法官不会承认他们会这么做。这个过程与其认为它是在干涉法官独立，不如理解为对模糊混沌的法律规则的澄清和发展。尽管这仅是对于 5 个案例的研究，对于在多大程度上会有助于规则的发展，对于法官的影响预期是不定的，但是仍旧是有作用的，从这个角度来看，是存在一定的价值。

主持人：王　蔚（中国政法大学法学院副教授）

非常感谢廖老师有策略性的点评。廖老师否定了认为国际刑事法院没有法定刑的观点，并认为国内法位阶的探讨对国际法的发展也是有益的。非常感谢廖老师。接下来有请赵珊珊老师。

与谈人：赵珊珊（中国政法大学刑事司法学院副教授）

感谢主办方，非常荣幸能够参加本次活动，青年教师发展论坛为我们提供了非常好的交流和学习的平台。我主要从程序的角度分两个层次展开今天的话题。

第一个层次是关于国际刑事法院量刑程序的安排。根据《罗马规约》第76 条的规定，国际刑事法院的量刑程序采用的是以法官自由裁量为主，以控辩双方申请为辅的安排，其实质是一种机动、灵活的安排。它既不是英美法系国家的独立量刑程序，也不是大陆法系国家定罪量刑混为一个整体的程序。如果法官认为在定罪的过程中能够一并解决量刑的问题，那么会一并解决；如果法官认为在定罪的过程中不能一并解决，或者是控辩双方提出申请单独组织量刑程序，那么，在定罪程序之后，法官都可以另外再进行量刑的听证。这样的一种量刑程序设计，在世界范围来讲都是独一无二的，是一种制度的创新。没有任何国家采用这样的量刑程序安排，其原因在于量刑程序的设计，甚至国际刑事法院本身就是融合了多种法系不同制度的产物。

第二个层次是关于国际刑事法院量刑程序对我国刑事诉讼的借鉴前景。我国的量刑程序改革在十几年前便开始受到关注。2009 年 6 月，最高人民法院在全国一百多家法院开始试点量刑程序的改革，与此同时，理论界针对量刑程序的改革也展开了大量研究。其中，关于改革的方向一直存在两种主要观点：一种观点认为要设置绝对独立的量刑程序，将定罪程序与量刑程序完全分开；另外一种观点则认为应当设置相对独立的量刑程序。国际刑事法院量刑程序的安排则是属于第三种方式，它是一种机动、灵活的模式。

如果我们要采用国际刑事法院的量刑程序模式，可能需要考虑这样几个关键因素：

第一，法官的最大独立性和专业性。在我国现有的司法体制之下，法官是不愿意选择国际刑事法院这种量刑程序安排的。首先，国际刑事法院量刑程序安排本身存在一定的弊端，例如司法消耗相对较大，效率较低，而且存在一定的风险。其次，在目前考评体制之下、在司法责任制之下，法官更倾向于直接适用比较明确的规定，不愿意和无法承担因为裁量原因而产生的后果。

第二，抗辩双方最大的适应性。定罪和量刑追求的目标和价值是不同的，定罪过程是在确定行为是否发生，是否为犯罪行为人所为，其实质是回溯过去，而量刑过程则是为了实现刑罚的功能，经过刑罚执行让罪犯成功回归社会，其实质是着眼未来。正是因为定罪和量刑有着不同的目标和价值追求，所以在由定罪阶段转到量刑阶段时，证明规则和程序规则都发生了变化。比如无罪推定原则在由定罪阶段转到量刑阶段则不再适用，在量刑过程中要适用罪刑相适应原则。再比如，非法证据排除规则、传闻证据规则、品性证据规则在量刑过程中也不再适用。再比如，证明责任在定罪过程中原则上由控方承担，而在量刑过程中则是"谁主张谁举证"。在证明标准方面，在量刑过程中采用相对较低的证明标准。这都是缘于两个阶段所追求的价值不同。量刑阶段在追求举证的便利、追求信息和证据的最大化。这样的转变，控辩双方，特别是辩方能否很好地适应，这是关键。

第三，国际刑事法院创设的背景。首先，国际刑事法院创设的初衷是为了惩治或威慑最为严重的国际犯罪，这些案件往往比较复杂、关涉重大、数量不多、案件审理耗时较长。其次，无论是《罗马规约》还是《程序和证据规则》都是缔约国长期争议、谈判，最后妥协的结果。实质上，国际条约的最终达成除了法律上的原因之外，还有其他包括政治、外交等多方面的原因。国际刑事法院诉讼程序这样的一种形成过程，就决定了我们不能简单地以某一国国内法或者说是某一法系的特点去理解它。这样形成的国际刑事法院诉讼程序，就不可能确立比较明确的规则，包括详细的量刑规则和程序，而只能作出原则性的规定，然后采用机动灵活的实践处理方式，赋予法官较大的自由裁量权。

主持人：王　蔚（中国政法大学法学院副教授）

感谢赵珊珊老师。赵老师非常认真、严谨，事前做了非常充分的准备。描绘了国际刑事法院量刑的独特性，接着和国内刑事司法的定罪量刑做了比较。对绝对分离和相对分离的分类也十分精彩。下面有请李强老师。

与谈人：李　强（中国政法大学法学院副教授）

今天，我主要就刚才提到的几个问题表达自己的观点。

第一，关于《罗马规约》与《程序和证据规则》的关系问题。我赞同廖老师提到《罗马规约》第21条中，二者是处于相同的位阶。但这里所谈的并非《罗马规约》和《程序和证据规则》适用的先后顺序问题，而是《程序和证据规则》第145条本身的规定就存在矛盾。它所罗列的除犯罪危害性和个人属性以外还应考虑的因素，实际上是对犯罪危害性和个人属性的补充。它们之间到底是什么关系，国际刑事法院法官也没有作出明确回答，只是做了技术性处理，强调在量刑时这些因素不重复纳入考虑即可。这是条约文本本身存在的问题，已经无法通过《维也纳条约法公约》关于条约解释的规则来加以解决。如同吴老师、赵老师所言，条约本身实质是政治博弈和相互妥协的结果。在政治家看来，这也许并非是重要的问题，所以可能有所忽视，然而在实践中确实产生了问题。

为了解释这种矛盾，刚才冷老师进行了技术性处理，将犯罪危害性视为抽象危害性，将《程序和证据规则》中具体的要素视为具体危害性。个人不是很认可这样的观点，因为在灭绝种族罪、危害人类罪、战争罪这三者之间并没有建立严重性程度的等级关系，尽管《罗马规约》按照这样的顺序作出了规定，但是并没有明确说明这三者危害性程度存在等级。我仍然倾向于认为这可能是在缔约过程中遗留的问题。

第二，关于法定刑的问题。从东京审判、纽伦堡审判，再到前南斯拉夫问题国际刑事法庭、卢旺达问题国际刑事法庭，直到现在的国际刑事法院，都有确定的刑种，但仍然不存在量刑基准。个人看法与赵老师可能存在不同。赵老师认为这可能是政治妥协的结果，无法详细规定量刑起点。我认为之所以无法规定量刑起点，还是在于三个罪名之间无法确定危害程度的等级顺序。正如吴老师所讲，量刑的起点代表了抽象危害性的立法评价。因为没有等级之分，就无法对起刑点作出规定，而只能交由法官自由裁量。在国际刑事司法机构量刑制度的发展方面，纽伦堡国际军事法庭和东京法庭只提到了死刑和其他相适应刑罚，到了前南法庭、卢旺达法庭则明确规定了有期徒刑，到了国际刑事法院又将最高有期徒刑限定在 30 年。在这一过程之中，体现了量刑制度逐渐具体化的趋势。这一过程不能一蹴而就，原因在于各个国家法律传统不同，所发挥的影响力也不同。

第三，关于案例的问题。吴老师提到样本足够多可以进行规律性研究，我个人判断，从国际法的角度来看，存在大量样本的可能性不是很大，到目前为止，国际刑事法院总共才有 5 个案子作出了判决。同时，要想在样本之中找到规律性，个人也持否定的观点。法官来自不同的国家，每个人心中也存在不同的抱负，这样则会导致个案差异巨大。个案研究的价值在于，可能会对法官之后的裁判有一定的约束。

此外，关于国际刑事法院判决的 5 个案件的量刑结果，我个人也是不认同的，尤其是不认同这样的刑罚可以实现威慑功能。要实现刑法的目的，最重要在于罪责刑相适应，重罪轻刑和轻罪重刑都不能实现刑法的功能。事实上，我就认可国际刑法的两个功能，一是惩罚的功能，不能纵容有罪无罚的现象；二是记录历史的功能。

主持人：王　蔚（中国政法大学法学院副教授）

李老师从国际人道法出发，强调国际刑法的功能。非常感谢李强老师。下面有请郑海平老师。

与谈人：郑海平（对外经济贸易大学法学院助理教授）

非常感谢论坛主办方给我这个学习和交流的机会。我主要研究宪法，对国际刑法了解不多，主要是谈一下个人的学习体会，同时有一些问题向冷老师请教。

首先，冷老师的讲座，让我认识到国际刑法的重要意义。以前对国际刑法不是很了解，通过这次讲座，知道了更多。我有一个疑问，记得几年前曾有新闻报道说有人提议将某国领导人起诉到国际刑事法院，不知这样做会遇到什么样的障碍？我在想，在一国之内，宪法一般具有最高的地位；但在国际上，各国又要受制于国际法。那么，宪法与国际法的关系如何，是值得深入研究的问题。特别是，一国的国家元首在何种情况下可以被起诉到国际刑事法院，这一问题让我困惑，希望一会儿能听一听冷老师及其他几位老师的意见。

其次，我比较关心国际刑事法院在审判量刑的过程中如何保障人权的问题。在冷老师讲座的过程中，我有一个疑问：在国际刑事法院量刑缺乏明确的裁量基准的情况下，对于被告人的人权如何进行保障？不过，随着讲座的深入展开，我逐渐感觉这个问题好像不是很严重。依据《罗马规约》，即使是犯下灭绝种族罪、战争罪这样严重的罪行，最终只不过十几年的有期徒刑（好像不超过 30 年），而且没有死刑。在这种情况下，对于被告人的人权保障，似乎就不是一个很急迫的问题了。也许，正如李强老师所说，起诉到国际刑事法院的案件最主要的目的不在于惩治和威慑，而是在于记录罪行，载入历史。

另外，刚才冷老师提到直接且公然地煽动灭绝种族罪与灭绝种族罪的关系。冷老师的观点，似乎是不能同时以这两个罪起诉。我关注到，我们国内刑法也存在类似的罪名，比如，颠覆国家政权罪与煽动颠覆国家政权罪。希望冷老师能解释一下是不是你认为这两个罪名不能同时起诉，以及理由是什么。

最后，一点感想。无论学生还是老师，都应该更多地关注和学习国际法。国际法能处理一些国内法可能难以处理的问题，也有大量理论和实践问题需要研究。另一方面，也正如廖老师所讲的，在国际法领域提出本国的观点，基础仍然在于国内法。宪法领域中，也存在这样的问题，本来可以在国内处理的案件，由于宪法发展不充分，最终演变为国际法问题，这一点是值得深思的。

主持人：王　蔚（中国政法大学法学院副教授）

郑老师肯定了国际刑法的价值。接着提出了两个问题供大家思考。非常感谢郑老师。下面一位是北京大学的阎天老师。

与谈人：阎　天（北京大学法学院助理教授）

谢谢各位老师。本人对此问题没有很多研究，我抱着学习的态度参加本次论坛。今天冷老师的讲解使我获益不少。参加论坛也为满足自己小小的情怀。研究生期间，我发表的第一篇论文就是研究国际人道法在非国际武装冲突中的适用。

　　对国际刑事法院，有人认为它是世界宪政理想的一部分，也有人认为这个理想很虚幻。为什么一国民选的总统要受到这个组织的审判？机构正当性的危机一直笼罩着整个国际法。这种危机从纽伦堡审判和东京审判就开始了。很多人说，以上实践就是胜者对败者的审判。法院凭借什么开展审判？通过授权吗？在本质上恐怕还是军事强力起了作用。

　　国际法发展出两种解决办法。第一种办法，拿上帝说事。将国际法与自然法等同，把国际刑事司法机构当作教廷。但这种构造遮蔽了现实的政治考虑，毕竟人不可能像神一样无私。第二种办法，回到人间，通过授权。国际刑事司法机构得到主权国家的授权，这种授权与宪法上对国家机构的授权无二，但它非常模糊。当国际刑事法院不断试图建构自己的管辖权时，免不了受到这样的批评：法院是为了政治的目的越权审判。国际刑事法院始终需要面临一个任务：证明自身的判决是法律的，而非政治的。

　　今天聆听冷老师的讲解后，我认为解决思路是比较清晰的——把国际刑法搞得更形式主义一些。在宪法上，很多人指责美国最高法院做出了政治判决。但美国最高法院矢口否认，表示自己一直在依法裁判。"依法裁判"就是形式主义的修辞。事实上，最高法院只是不断地变得更加形式主义，以掩盖审判中的政治考量。形式主义化有四个办法：第一，比附。把国际刑法比附为国内刑法，前南法庭的判决有时候比附前南的国内刑法。第二，回避。比如国际刑法的量刑目的之一，维护世界和平，就基本被回避了。第三，判例法。现在的国际刑事司法似乎有判例法的趋势。判例法是形式主义的最好手段。第四，诉诸法理。国际法中法理的地位非常重要。在德国，法理也举足轻重，因而主要是德国学者在推动这种路径。以上办法被用来克服国际刑事法院的正当性危机。

　　正像老师们反复指出的那样，这一系列办法都不太可靠。形式主义（依法办案）的基础是清晰的法律规定，但国际刑法的量刑领域缺乏法律规范。国际刑事司法机构在量刑时可依靠判例，但先例的形成需要传统和时间。国际刑事法院成立至今只判了 5 个案件。它很可能在先例形成之前在政治上就无法存在了。现在中美两个大国已经不支持了，接下来如果德国放弃，国际刑事法院便很可能无法存续。另外，比附的方法也成问题。为什么不比附更加文明的国家的法律，而仅仅比附罪犯本国的法律？国际刑事司法机构是否代替了本国的法院机构的审判？回避的做法并不可靠和长久。法理存在学说争论，也存在问题。四种办法的不可靠造成国际刑事法院要继续面临政治上的威胁。

每当法律面临政治威胁的时候，形式主义就是最好用的防御术。所以，形式主义是法律和法学不可或缺的重要部分，它是法学区隔于纯粹政治的界碑。国际刑事法院的形式主义化努力是艰难的，但又几乎是唯一可行的道路。霍姆斯大法官说：法律的生命不在逻辑，而在于经验。今人布鲁斯·阿克曼教授则说，法律的生命不止在于逻辑，而且在于经验。阿克曼的说法更符合实际一些。在法学领域内，谈法律往往拿"科学"说事，谈政治往往拿"艺术"说事，法学就是科学与艺术的结合体。

政治与法律的冲突不仅存在于国际法上，它也是宪法面临的重大问题。宪法处在政治和法律之间，一方面要直面政治挑战，另一方面要把政治排除在普通法律之外。宪法不仅是最高的法律，也是最高的政治。我们不能否认政治因素的存在，而是要在政治和法律之间取得平衡。国内法院有本国政治力量的支持，但国际刑事法院缺乏强大政治力量的支持，它很难完成平衡的任务。审判一国领导人需要强大的政治军事力量做后盾。

国际刑事司法的发展前景似乎不太乐观，但它仍然非常重要。所有伟大的理想如宪政、人权、普世价值、正义、法治等在一开始都被认为是荒谬的。今天的论坛让我意识到，国际刑事法院的工作不仅仅是一种天国的工作，它还是一项人间的工作。它切切实实在为建立国际法治、满足世界宪政理想做贡献。

主持人：王　蔚（中国政法大学法学院副教授）

阎老师以忧虑的语调表达了对国际刑事法院机构本身存在问题的担忧以及阐释了在运行过程中对量刑具体化处理可能会走向法律形式主义的原因。阎老师对形式主义概括为四大表现：比附、回避、判例法、诉诸法理，最终又落脚到法律的不清晰，也就是形式主义在没有完成的情形下，又被攻破了。阎老师最后提到国际刑事法院是否有巨大的政治权威支持，类似宪法与政治的关系，这也可能是交叉学科推进的方向。下面一位是王理万老师。

与谈人：王理万（中国政法大学人权研究院讲师）

对这个问题我是外行，听起来也很吃力，但是收获很多。冷老师这种抽丝剥茧、娓娓道来的讲述方法，对于我这样一个门外汉来说，也能收获很多知识。刚才王蔚老师也提供了一些点评的方向，对我也很有启发。我有一些疑问向冷老师和在座的各位老师请教。

第一个问题是量刑时寻找法源十分困难。就是说在整个过程中如何确定法源，这是个很复杂的问题。冷老师刚才讲首先适用《罗马规约》和附件，如果规约没有规定，再去寻找其他国际公约。再找不到的话，才会用国际习惯法。如果国际法没有渊源，还会进一步寻找国内法渊源或者诉诸一般法律原则。

这就可能存在王蔚老师刚才说的，在不同法系之间如何选择适用的问题。像德国就十分关注这些问题，他们倾向在教义学的语境之下做体系化的分析。也正是由于国际刑事法院的量刑问题有很大体系化的空间，激发了他们研究的动力。但是像美国这样成文法传统不是特别强的国家，可能对这个问题就不是特别感兴趣，因为相关判例很少。大陆法系和英美法系选择的不同的研究方法，对待法源的认识上就颇为不同，这对本次讲座的主题也构成了至关重要的影响。

第二个问题是对量刑的控制是保障人权的基本要件，也就是把量刑关到制度里边。因为这直接涉及自由、财产等最基本的权利。但是，国际刑事法院似乎对量刑的控制不是那么精准，随意性比较大。以至于在仅有的 5 个案例中，很难发现量刑的基本规律。这种情况下，对国际人权的保障可能就构成了威胁。但是如果有控制机制或者量刑基准存在的话，量刑的随意性就不会那么强了。或者直接确定一个法源，这对被告人来说至少大概能预期自己将要面临的刑罚。

第三个问题是从宪法的角度，对煽动性犯罪非常敏感。因为其和言论自由、集会游行示威自由结合起来，难舍难分。回到刚才王蔚老师所说的，国际刑事法院确实存在于两大法系的交锋面上，还有政治和法律的博弈。这些问题纠缠在一起，以至于我们倾向于从外行的角度能够去解构它，关心其中涉及的人权问题。

主持人：王　蔚（中国政法大学法学院副教授）

王老师点出了寻找法源的困难，也对量刑尚未达成寻找基准的共识提出了担忧，因为这可能对人权造成威胁。感谢王老师。接下来有请姜晓敏教授。

与谈人：姜晓敏（中国政法大学法学院教授）

今天听了主题报告和各位嘉宾的点评之后，感觉收获是很大的。一方面，了解到国际刑事法院量刑并非想象中的那般，其程序、规则和标准仍存在一定的问题；另一方面，看到年轻教师积极上进，掌握丰富的知识，可谓"后生可畏"。

刚才也提到死刑废除的问题，我也曾从法律史的角度研究过，唐朝的时候曾经有一段时间废除过死刑，在近代也曾讨论废除死刑，不过理由并非援引西方保障人权的观点，而是考虑到杀人太多，阴气过剩则会干扰天道自然的平衡。同时，不再执行死刑后，原来应当执行死刑的犯人从事劳役可以创造更多的财富，这些财富可以用来弥补受害人及其亲属的损失。

另外，我有一个问题，需要澄清一下。关于中国古代的量刑，唐律中规定了一项重刑吸收轻刑、刑不累加的原则。明文规定，罪犯触犯两种罪行不同的罪名时，重罪吸收轻罪，只按照重罪予以处罚。尽管存在当已经犯重罪的情况下，鼓励犯轻罪的可能，但这主要体现了儒家文化中宽仁慎刑的观点，具有东方特色。

主持人：王　蔚（中国政法大学法学院副教授）

姜老师所研究的刑法史值得年轻教师好好学习，欢迎姜老师下学期继续参加论坛。请各位最后回应一下姜老师提出的问题。接下来有请何田田老师。

与谈人：何田田（中国社科院国际法研究所助理研究员）

感谢主办方，感谢冷老师的邀请，感谢王老师。听了冷老师的主题发言和各位老师的点评，很受启发。关于国际刑事法院的量刑，我想与大家分享 Otto Triffterer 和 Kai Ambos 主编的《罗马规约评注》里提到：Sentence is as much an art as science。我认为，这句话较能清楚地概括国际刑事法院的量刑。

第一，如刚才冷老师介绍，《罗马规约》第 78 条和《程序和证据规则》第 145 条是国际刑事法院量刑的主要法律依据，两个法条之间也是相互援引的。《程序和证据规则》第 145 条里面有个看起来很 art 的词："balance"。balance all the relevant factors，这是法条本身所体现的 art。

第二，结合国际刑事法院卢班加（Lubanga）案的量刑决定来理解。卢班加案是被告人卢班加，在国内武装冲突中因征募和利用不满 15 岁的儿童而被定为战争罪的案件，整个案件的被害人和犯罪对象是儿童。在卢班加案的量刑决定中，法庭第一个考量因素是"犯罪的严重程度"，主要给出了该案的 general background，即阐明了儿童的脆弱性和容易受伤害性使得儿童和其他人群不一样，儿童需要特殊的保护；征募和利用儿童的犯罪对儿童的身心健康造成了深远且严重的影响。这种严重性的阐述是通过采纳两位专家证人证言的方式来认定的。决定在阐述完这个 general background 以后，再结合考虑其他因素，例如犯罪行为的广泛性、被定罪人的个人情况、有无加重或减轻情节等等。由此可见，该案的量刑决定主要考量的是《罗马规约》第 78 条提到的"犯罪的严重程度"，这同时也是《程序和证据规则》第 145 条第 1 款 o 项里"造成的损害的程度，尤其是对被害人及其家庭造成的伤害"。

因此，两个法条提到的因素在该决定中是重合的，是很难区分清楚的。法庭最后的量刑是总刑期 14 年。从这个决定中看出，法庭对考虑因素的讨论是具体的，但最终作决定的裁量权又非常大，如何理解各个因素及其关系存在于法庭和法官的"心里"。这个决定提供给我们一个具体实例以理解量刑的 art。

第三，每一个人读了国际刑事法院具体案件的量刑决定后，都会有自己的理解与判断。这也是 art 的一个体现。因此，目前国际刑事法院的量刑 is as much an art as science。

主持人：王　蔚（中国政法大学法学院副教授）

何老师所讲的艺术平衡改变了我的看法，整个刑事法院定罪量刑的过程中是各种因素的合议。接下来是周睿志博士后。

与谈人：周睿志（中国政法大学政治与公共管理学院博士后）

今天来参加冷老师的论坛，我完全是以一个外行和业余者的身份来的。

对于冷老师所展现的国际刑法的专业性的研究，我不是很熟悉。然而，作为业余者，恰如爱德华·萨义德所说的，也存在着一定的优势，即他可以在专业之外很自由地察看和反思专业问题。我听了冷老师的主题讲座和在座诸位老师的评议，产生了两点很有意义的感受。

首先，这个言说的氛围让我感到特别亲切。在评议中，有好几位老师都超越了规范和法律机制本身，讨论到国际法中政治和权力博弈问题。这恰恰是我所努力的方向。我自己研究的是中国宪法史。然而，我关注的并不是宪法史的内容本身，而是中国宪法发生、形成的历史；关注这样的一个宪制秩序是如何变成今天这种形态的。这是一种福柯意义上的批判，也可以看作是对法律的一种政治和文化透视。这可能是构成中国法学知识增量的比较有效的途径。几位老师的评议让我觉得置身于一个熟悉的氛围中。

其次，冷老师通过对国际刑事案例的贴近研究，提炼了一系列理论上的概念和命题，这也是为我所尊崇的。这样一种从经验到理论的路子，才是有效知识得以形成的路子。经过这种路子形成的知识，才是可靠的、具有实际指涉性的。

接着，我谈论一下论文本身。我总体上赞赏冷老师的这个研究。这个研究把国际刑事量刑中的暧昧性、模糊性或矛盾性给展示出来了。这构成一种知识的增量。但是，如果我处在冷老师的研究位置，我还会进一步地追究：量刑活动中的这种暧昧性或矛盾性到底意味着什么？我们先从国内法来谈论。比较一下国内刑事诉讼审判和行政诉讼审判，我们会发现，刑事诉讼审判的量刑活动比较规范，而行政诉讼的整个审判活动则充满很多暧昧含混的情形——尽管行政诉讼法规定了细致的审判规则，比如对裁判方式进行了法定化处理。

为什么会形成这么大反差呢？这主要不是因为专业问题，而是因为专业背后的政治问题。刑事诉讼的过程是国家维护和巩固政治权力的过程，国家有充分的动力为刑事诉讼提供权威和支持。但行政诉讼是国家权力自我限制、把自己"关进笼子"的过程，这样的诉讼目标就使得国家在面对行政诉讼时态度不那么坚决、支持不那么有力。行政诉讼判决中的各种不理想状况本质上不是因为行政审判的法官专业技能不够，而是因为背后的权威基础不足。根据这样的原理，再来看国际刑事量刑中的问题就可以有所洞见了。具体而言，国家刑事法院及其司法机制的权威基础是不牢靠的，美国、中国、俄国、以色列等政治大国都没有批准相关公约，没有认同这一机制，为此，它在运行的时候只能努力用专业权威来弥补政治权威的不足。它在判决中所撰写的那些动辄几百页的论证，就是一种在政治权威支持不足的情况下所进行的挣扎。

为此，如果我们要深刻阐释冷老师所揭示的量刑的暧昧性和矛盾性，就不能只看它在专业技术层面的表现，还要看到它的政治权威基础匮乏。我的这点建议，只是一种方向性的说明，具体的操作还有待冷老师更细致的努力。

主持人：王　蔚（中国政法大学法学院副教授）

周老师从经验到理论、对比刑事诉讼法与行政诉讼法试图在混乱中论述实证权威的缺乏，这也给了冷老师理论层面的建议。接下来有请邓华博士后。

与谈人：邓　华（中国社科院国际法研究所博士后）

感谢主办方提供了这么好的一个交流平台，也特别感谢冷老师的邀请和王老师的组织！今天听了冷老师和各位的发言，我不仅学到了新知识，而且深受启发。接下来我想更多地从宏观的角度来谈一下今天的学习体会和感受。

首先，冷老师这个研究主题，对我来说还是比较新的一个题目，而且目前国内对此的研究也非常少。知网的搜索结果显示，与之直接相关的只有一两篇期刊论文和一篇博士论文，而博士论文还是今年完成的。尽管如此，因为量刑问题涉及国际刑事司法是否公正等一系列问题，所以，对此进行研究是非常有意义的，其实践意义不言而喻，而且，还可以在此基础上对相关国际法理论做出考查和反思，因此兼具实践和理论价值。如果对此问题继续深入研究，从而引起国内外学界和实务界更多的关注，推动国际法规则的发展，那么，这也是之前几位老师谈到的中国学者对国际法和国际社会的一个贡献了。

其次，刚才冷老师分析指出，目前国际刑事法院量刑比较"混乱"，迄今没有任何规律可言。我想，这背后的原因必然是多方面的，其中一点，这很可能跟国际刑事法院的法官来自不同的国家相关。法官们母国的法律制度和传统不同，他们接受教育的背景、人生经历以及研究的旨趣也不同，而这些因素都很可能会影响到法官们对"量刑"的理解和把握。

此外，虽说目前在微观层面量刑并不存在规律性，但是否还可以从宏观层面挖掘出一些趋势甚至规律性的东西呢？譬如，刚才何老师提到的国际刑事法院第一案"卢班加案"中强调的 balance，是不是也是一种规律性的体现呢？又如，目前所有国际刑法司法机构的量刑都已经废除了死刑，这跟当年的纽伦堡审判和东京审判相比较，本身也反映了一种趋势，体现了"二战"后国际人权法的发展对量刑制度的影响。

最后，关于国际刑罚的目的和功能问题，冷老师在研究中总结了四点，而李强老师认为刑罚的最主要目的和功能在于惩罚和记录历史，威慑是无法实现的。我也认为，需要对历来强调的国际刑事司法中的威慑功能作出进一步的反思。因为，国际刑事司法是否真正产生了威慑的功效，这是非常难以考证的，而且，从目前来看，国际刑事司法机构的出现和发展并未使得严重的国际犯罪"销声匿迹"。

但是，如果过分强调刑罚的威慑功能，那是否会导致量刑的偏重？这又能否有效保障人权？由此还可进一步思考国际刑事司法和人权保护的关系，二者很有可能存在某种冲突。譬如，人权保护更为注重事前的保护和措施，而国际刑事司法提供的是一种事后惩罚和救济。那么，鉴于国际刑事司法机构耗费了巨大的人力财力物力，如果能把这部分开支用于事前的防范，那是否更有利于促进人权的保护？因此，国际刑事司法并不必然会促进人权的保护，这最后可能又会回到何老师提到的 balance 的问题。

主持人：王　蔚（中国政法大学法学院副教授）

邓老师的评议很精彩！最后的提问机会留给我校在读博士杨敬之。

与谈人：杨敬之（中国政法大学法学院博士）

非常荣幸能够参加本次论坛。我的博士论文是对最高人民法院司法解释合法性的研究，虽然关注的是民事领域的，但是我也注意到 2014 年最高人民法院发布了关于量刑的指导意见，有学者指出，指导意见与刑法本身存在冲突。最高人民法院发布的指导性文件是否合法以及合宪的问题是我关注的一点。另外，我还注意到美国联邦最高法院，联邦量刑指南因违反正当程序而涉嫌违宪，在琼斯案之后，强制适用转变为仅具有参考的价值。

刚看到本次论坛的主题时，我首先想到的是，国际刑事法院的量刑规则由谁制定的问题。刚才听了各位老师的发言之后，发现国际刑事法院并没有这样的量刑规则，相反，法官则享有较大的自由裁量权。刚才阎老师提到，国际刑事法院是国际宪制发展的重大成果，我在想，国际上是否存在类似的合宪性控制，用来规范和控制法官的自由裁量权？

主持人：王　蔚（中国政法大学法学院副教授）

我们的所有争论都需要价值的统合，无论国际刑法还是国内刑法，而这个立足点要建立在对人权保护的基础上。

附本期中经常提到的几个法律条文：

Rome Statute of the International Criminal Court

Article 77 Applicable penalties

1. Subject to article 110, the Court may impose one of the following penalties on a person convicted of a crime referred to in article 5 of this Statute:

(a) Imprisonment for a specified number of years, which may not exceed a maximum of 30 years; or

(b) A term of life imprisonment when justified by the extreme gravity of the crime and the individual circumstances of the convicted person.

2. In addition to imprisonment, the Court may order:

(a) A fine under the criteria provided for in the Rules of Procedure and Evidence;

(b) A forfeiture of proceeds, property and assets derived directly or indirectly from that crime, without prejudice to the rights of bona fide third parties.

Article 78 Determination of the sentence

1. In determining the sentence, the Court shall, in accordance with the Rules of Procedure and Evidence, take into account such factors as the gravity of the crime and the individual circumstances of the convicted person.

2. In imposing a sentence of imprisonment, the Court shall deduct the time, if any, previously spent in detention in accordance with an order of the Court. The Court may deduct any time otherwise spent in detention in connection with conduct

underlying the crime.

3. When a person has been convicted of more than one crime, the Court shall pronounce a sentence for each crime and a joint sentence specifying the total period of imprisonment. This period shall be no less than the highest individual sentence pronounced and shall not exceed 30 years imprisonment or a sentence of life imprisonment in conformity with article 77, paragraph 1 (b).

Rules of Procedure and Evidence

Rule 145 Determination of sentence

1. In its determination of the sentence pursuant to article 78, paragraph 1, the Court shall:

(a) Bear in mind that the totality of any sentence of imprisonment and fine, as the case may be, imposed under article 77 must reflect the culpability of the convicted person;

(b) Balace all the relevant factors, including any mitigating and aggravating factors and consider the circumstances both of the convicted person and of the crime;

(c) In addition to the factors mentioned in article 78, paragraph 1, give consideration, *inter alia*, to the extent of the damage caused, in particular the harm caused to the victims and their families, the nature of the unlawful behaviour and the means employed to execute the crime; the degree of participation of the convicted person; the degree of intent; the circumstances of manner, time and location; and the age, education, social and economic condition of the convicted person.

2. In addition to the factors mentioned above, the Court shall take into account, as appropriate:

(a) Mitigating circumstances such as:

(i) The circumstances falling short of constituting grounds for exclusion of criminal responsibility, such as substantially diminished mental capacity or duress;

(ii) The convicted person's conduct after the act, including any efforts by the person to compensate the victims and any cooperation with the Court;

(b) As aggravating circumstances:

(i) Any relevant prior criminal convictions for crimes under the jurisdiction of the Court or of a similar nature;

(ii) Abuse of power or official capacity;

(iii) Commission of the crime where the victim is particularly defenceless;

(iv) Commission of the crime with particular cruelty or where there were multiple victims;

(v) Commission of the crime for any motive involving discrimination any of the grounds referred to in article 21, paragraph 3;

(vi) Other circumstances which, although not enumerated above virtue of their nature are similar to those mentioned.

3. Life imprisonment may be imposed when justified by the extreme gravity of the crime and the individual circumstances of the convicted person, as evidenced by the existence of one or more aggravating circumstances.

第八期

国家治理现代化实现路径与
行政程序法典的制定

主讲人： 王万华　中国政法大学诉讼法学研究院教授

点评人（按姓氏笔画排列）

　　　　李洪雷　中国社会科学院法学研究所研究员

　　　　张　红　北京师范大学法学院教授

　　　　林　华　中国政法大学法治政府研究院副教授

　　　　庞金友　中国政法大学政治与公共管理学院教授

主持人： 王　蔚　中国政法大学法学院副教授

一、引言

随着国家治理体系与治理能力现代化命题的提出，现代化问题成为研究行政程序法的切入点。现代化与法治之间存在何种紧密联系？行政法治又如何与行政程序法对接？怎样从推进国家治理现代化的角度证成行政程序法？主讲嘉宾王万华老师长期研究行政程序法，成果颇丰。中国社科院法学研究所李洪雷研究员、中国政法大学政治与公共管理学院庞金友教授、北京师范大学法学院张红教授、中国政法大学法治政府研究院的林华副教授作为与谈嘉宾参加了讨论。

二、主题报告[1]

主讲人：王万华（中国政法大学诉讼法学研究院教授）

各位老师、各位同学，下午好！感谢论坛的盛情邀请。行政程序的发展和法治对行政发展的回应是我一直思索研究的问题。信息时代的到来给两者关系注入了新的内涵，引发我进一步的思考。

随着国家治理体系与治理能力现代化命题的提出，现代化问题成为我研究行政程序法的切入点。现代化与法治之间存在何种紧密联系？行政法治又如何与行政程序法对接？怎样从推进国家治理现代化的角度证成行政程序法？很荣幸今天有此机会向大家汇报自己的一些思考。

先介绍一下今天论题的讨论背景。现代性源起于西欧。在韦伯的理论体系中，现代性与理性等同，理性包括工具理性和价值理性。韦伯在《新教伦理与资本主义精神》中提出著名的"韦伯之问"，西方文明被认为是理性的，东方文明被认为是非理性的。但是，现代化理论突破了"韦伯之问"，不再认

---

〔1〕 参见王万华："新行政诉讼法中'行政行为'辨析——兼论我国应加快制定行政程序法"，载《国家检察官学院学报》2015年第4期。

为现代性和西方理性有必然的、唯一的关联，现代化成为人类社会发展的一般必经历史阶段。

通往现代化有多种途径，巴林顿·摩尔在《专制和民主的社会起源》一书中分析了走向现代化的三条路径。在中国，现代化虽历经百余年之努力，但仍是一项尚未完成的历史任务。近代以来，中国人睁眼看世界，一直在探索实现现代化的路径，兴起了一系列运动——洋务运动、清末修律、新文化运动、五四运动等。

1949年中华人民共和国成立后，国家领导人也一直在思考中国的现代化问题：毛泽东、周恩来提出社会主义四个现代化为工业现代化、农业现代化、国防现代化、科学技术现代化；邓小平提出中国式现代化为建成小康社会，实现人均1000美元；习近平在提出将在2020年实现建成小康社会这一目标的同时提出一项非常重要的命题——国家治理能力和治理体系的现代化。如何理解国家治理能力和治理体系现代化这一命题中的"现代化"？法治在其中扮演什么角色？行政法治作为法治的重要组成部分，其作用是什么？又如何实现行政法治的作用？

我的报告分为四个部分：现代的核心内涵及其与法治的制度对接；行政现代化是国家治理现代化的关键；行政程序法典成为实现行政现代化的制度保障；体现现代精神的中国行政程序法典基本框架设想。

（一）"现代"的核心内涵及其与法治的制度对接

1. "现代"首先是一个历史概念，意为"新的时代"

现代与中世纪的划分时间是1500年，发生在1500年前后的文艺复兴、宗教改革和新大陆的发现成为划分现代与中世纪的分水岭事件。1781年，瓦特发明蒸汽机，"吹响了工业革命的号角，使人类进入蒸汽时代"。

正是现代的到来催生了工业革命的发生，而非工业革命的发生成就了现代。对于这个"新的时代"的特点，黑格尔将之描述为"我们这个时代是一个新时期的降生与过渡的时代。人的精神已经跟他旧日的生活与观念世界决裂，正使旧日的一切葬于过去而着手进行他的自我改造"。

彻底告别旧日世界的现代世界的原则在黑格尔看来就是主体性的自由，"也就是说，精神总体性中关键的方方面面都应得到充分的发挥"。主体性有四种内涵：个体主义、批判的权利、行为自由和唯心主义哲学自身。

从现代的源起可以看到现代最为核心的内涵正是人的主体性的确立。人是目的，而非工具，人本身应当得到尊重，尤其应得到国家的尊重。在这种定位下，人获得了解放，其潜力和创造力得以释放，成就了非凡的工业文明和科技进步。启蒙运动、宗教改革和法国大革命是这种历史演进的标志性事件。宗教改革将人从神权之下解放出来，宗教成为纯粹的信仰；法国大革命把人从王权之下解放出来，国王被送上断头台。人在精神世界和世俗世界均获得解放。

摩尔认为，走向现代化有三条道路。其中，法国、英国、美国通过革命与议会政治携手走向了民主政治。民主政治确立之后，人的主体性在制度层面借由宪法得以实现。对于今天中国推进现代化更具借鉴意义的是同处儒家文化圈的日本，力求脱亚入欧的日本成功实现现代国家转型。

福泽谕吉提炼出现代化的三个层面，具有借鉴意义：国民的现代观念、政治制度文明、器物层面文明。日本现代化进程采用了自上而下的推进路径，我国的现代化进路则体现为自下而上，从器物层面开始推进，经过 40 年经济发展积累，发展到今天，进入制度层面。"国家治理体系和治理能力现代化"应当是在制度层面展开的现代化推进。法治在这其中将扮演一种什么样的角色呢？

2. 现代与法治的制度对接

法国、美国、英国在确立民主政治之后，通过制定宪法与基本法律将作为现代核心内涵的"人的主体性"予以制度化，其基本进路是制定宪法并在宪法中确立公民的基本权利和自由。

在法国，1789 年 8 月 26 日，国民制宪会议发布《人权宣言》，制定 1791 年宪法；在美国，1787 年制定《美利坚合众国宪法》，之后又形成《权利法案》；在英国，1215 年制定《自由大宪章》《自由律》《人身保护法》《权利法案》一系列宪法性法律。

与人的主体性相对接的宪法通讨两条进路实现对公民基本权利的保障：其一为权力制约权力，防止权力集中；其二为权利制约权力。权利制约权力中的权利具体又可分为私法实体权利和公法程序权利。

私法的实体权利保障体现为 19 世纪出现的两部重要的民法典：1804 年的

《法国民法典》和 1896 年颁布、1900 年实施的《德国民法典》，19 世纪可谓民法法典化的世纪。其时的公法程序权利保障则主要体现在诉讼领域的人权保障，如英国普通法上自然正义原则和美国联邦宪法上的正当法律程序原则及其相应制度。

（二）行政现代化是国家治理现代化的关键

在革命之后人民主权原则之下建立的国家权力结构中，议会扮演着重要的角色，行政权极其有限。但是，20 世纪，国家权力结构发生巨大变化，主要体现在行政权力的扩张方面。美国 1887 年成立州际商务委员会，该机构为独立管制机构，同时行使规则制定权、规则执行权和争议裁决权，冲击了宪法确立的三权分立架构。

与行政权力扩张相对应，国家权力结构发生"议会国家"到"行政国家"的转变，"公民从摇篮到坟墓都在跟行政机关打交道"正是对这一现象的最好描述。与行政权在国家权力结构中的大力扩张相对应，行政现代化成为国家治理现代化的关键，国家现代治理面临双重任务：第一个任务是行政权不滥用，尊重个体独立主体地位，体现国家治理的价值理性；第二个任务是行政积极作为，实现有效公共治理，体现国家治理的工具理性。

与司法权的消极被动性不同，行政权是积极的国家权力，政府除了维护秩序外，还需要为国民提供基本公共服务，"人们对政府不作为的恐惧超过了人们对政府滥用权力的恐惧"。此外，随着风险社会到来，政府需要通过制定经济规制与社会规制公共政策，有效防范风险，实现经济、社会、环境保护的均衡发展，促进社会公平正义的实现。

（三）行政程序法典成为行政现代化的制度保障

标题中之所以用"成为"，而非"是"，是基于对行政程序法典化这一法律现象于 20 世纪在世界范围广泛兴起的观察。与现代行政国家面临双重任务相对应，行政法治需要作出双重回应，从制度上解决行政权不滥用与行政积极作为的双重任务。

与这一任务相对应的法律现象是 20 世纪在世界范围出现行政程序法典化的浪潮，行政程序法典成为实现行政现代化的制度保障。正如有学者指出："如果说 19 世纪是民法法典化的世纪，20 世纪则是行政程序法法典化的世纪"。

行政程序法典化历经三个发展阶段。第一次浪潮：1889~1946年。代表国家为1925年奥地利《普通行政程序法》。第二次浪潮：1946~2000年。代表国家为美国和德国。"二战"之后，行政国家的趋势日益强化，规范行政权力的要求也越发强烈。美国于1946年颁布《美国联邦行政程序法》，为行政法程序型立法之典范。德国于1976年颁行《德国联邦行政程序法》，该法实体和程序内容兼具，为行政法总则型立法之典范。值得注意的是，20世纪90年代东亚国家和地区也加入进来。日本、韩国采取美国式的程序型立法。第三次浪潮：2000年迄今。21世纪，人类进入信息时代，行政程序法立法由此迎来第三次浪潮。行政法母国法国2015年9月颁行《法国公众与行政机关关系法典》，该法第三卷是"行政文件获取和公共信息的再利用"。更值得我们关注的是2014年9月欧洲公法学者集体完成的《欧盟示范行政程序法》，相比《德国联邦行政程序法》，该法的第二编规则制定、第四编行政合同、第五编机关协助、第六编政府信息的管理均为传统大陆行政法系行政程序法典所没有的内容。

英国学者舍恩伯格在《大数据时代》中提出两条重要的结论：第一，大数据改变人们的思维模式和行为模式；第二，大数据时代不仅改变商业模式，同时也重塑政府和公民的关系。技术带来的社会变化需要法律作出回应，人类社会从农业社会到工业社会进而到信息社会，每个阶段都有其独特的社会结构，催生了不同的法律制度。信息时代呼唤新的行政程序立法。

为何与行政权力大力扩张相对应会在世界范围发生行政程序法典化的三次浪潮？这与程序的价值及其功能密不可分。程序具有三项价值：第一，工具价值，这种价值通俗地说就是"把蛋糕做大的能力"；第二，独立价值，即防止权力滥用，保障个体权利；第三，促成公共意志形成的积极价值。

与行政权作为积极国家权力相对应，行政程序还有促进公共意志形成的价值，结果依赖程序获得认同，即"把蛋糕分好的能力"。这一价值在公共政策制定中的作用尤为值得我们关注，即罗尔斯（John Bordley Rawls）教授所说的纯粹程序正义之情形：实体结果的正当性源于形成结果过程的公正性，实体结果正当性完全依赖于过程公正。

百年行政程序立法发展历程表明，与行政权大力扩张相对应，行政法治由完备的实体法与完善的救济法拓展至规范过程的程序法。因为实体法总则性的条文很难在单行立法中体现，但可在行政程序法典中规定，由此，总则性条文和程序法律制度共同构成了行政程序法典。

作为法典的行政程序法由此与行政法学理论体系组成部分的行政程序法相分离，成为规范行政权的基本法典。当然，其核心内容仍为行政程序法治，因为与现代性紧密伴随的法治在国家权力运行层面其制度建构必然指向程序法治，"权利法案的大多数条款都是程序性条款，这一事实绝不是无意义的。正是程序决定了法治与恣意的人治之间的基本区别"。

（四）体现现代精神的中国行政程序法典基本框架设想

1949 年之后，与计划经济体制和城乡二元社会结构相对应，行政权在国家权力结构中的地位使得行政现代化对于国家治理现代化更显意义重大。中国与西方现代行政国家面临相似的任务，包括：如何防止行政机关滥用权力，如何保障政府公共治理更为有效，如何在维持经济增长同时更好地保护环境，如何实现公平配置社会资源，等等。

"做大蛋糕"和"分好蛋糕"亦是我国政府治理需要解决的问题，这些问题的解决亦需要体现现代工具理性和价值理性的行政程序法典予以制度保障。

以下是我对中国未来行政程序法典的基本设想。

第一编，原则编。原则编规定行政权力遵循的基本原则：依法行政原则、比例原则、正当法律程序原则和诚信原则。前三项原则解决行政法律关系如何形成的问题，诚信原则解决行政法律关系形成后的安定性问题。

第二编，主体编。主体编规定行政法律关系中的两类主体：行政主体和行政相对人。包括规定授权制度、行政委托制度、管辖制度、行政协助制度等。

第三编，决策编。决策编规定重大行政决策程序，旨在实现风险规制与治理效果的平衡，同时推动公众参与由过程民主向实质公共治理转型。决策编是法典的核心内容。

第四编，执法编。执法编一方面要保障个人权利，另一方面要提升行政机关的治理能力。法律实施的主要任务是实现立法所预定的社会秩序，实现有效社会治理，这是政府管理的重要组成部分。包括完善常态执法机制避免运动式执法；完善行政执法信息化机制及行政执法证据制度；减少行政处罚并引入执法和解；引入个人、社会组织参与法律实施；合理配置执法资源，执法程序以简易程序为主等。

第五编，合同编。合同编在契约精神与行政优益权之间寻求平衡，完善行政合同制度。

第六编，政府数据开放编。政府数据开放编旨在融入大数据时代，完善政府大数据开放与利用的法律制度框架。包括确立数据质量原则与政府数据采集上传机制；政府数据内部整合与形成大数据机制；政府大数据开放给社会利用的法律机制；政府使用大数据实现精准治理等。

以上是我的报告，谢谢大家的聆听！敬请批评指正！

三、嘉宾与谈

主持人：王　蔚（中国政法大学法学院副教授）

非常感谢王万华老师！王老师演讲中紧紧抓住现代化，并在现代化和法治之间来回穿梭以寻觅到人的主体性与权利作为前两者的必要条件。接着从议会国家到行政国家的维度所要面临的双重任务中论证为什么在权利保证中寻求程序。王老师接着在"虽存异，仍求同"的立场上讲述了西方国家在三波浪潮中如何完成了行政程序法典编纂并在这个实践中找寻中国可以借鉴的地方。最后，王老师在这个基础上，建构了六大编的行政程序法典。

下面我们正式进入点评环节，首先邀请李洪雷研究员。李老师一直关注新行政法，曾经对域外的行政程序法制演变历程进行过研究。

与谈人：李洪雷（中国社会科学院法学研究所研究员）

谢谢中国政法大学青年教师发展论坛提供交流平台，这一论坛已在学术界产生了较大的影响力，今天非常荣幸能够受邀参加。万华老师是行政法学界女神级别的资深青年学者，尤其是在行政程序法的研究方面深耕多年，应当说是我国行政程序法研究无可争议的第一人。刚才王万华老师全方位、立体性、多视角地对行政程序法典化进行了介绍，尽管只有一个多小时，但是站位高、容量大、新见多，可以归纳为"三个结合"：一是外在视角和内在视角的结合，既将行政程序法典化放在国家治理现代化、行政法治化之中观察，又对如何建构体现现代精神的中国行政程序法典提出了自己的设想；二是域外与中国的结合，既介绍了域外行政程序法典化的基本状况，又分析了中国行政程序法典化的必要性和内容构建；三是历史与当代的结合，既有对行政程序法典化发展历史脉络的梳理，又关注了信息化、大数据对于当代行政程序法制建构的影响。

下面我就自己在听讲时以及平常学习行政程序法的过程中所面临的一些困惑，提出来求教于万华老师，也与各位老师和同学做一点交流。

第一，关于行政程序法典化的必要性。将行政程序法典化放到现代化背景之下讨论其必要性，需要回应这样的一个问题，即为什么英国没有"行政程序法典"？英国是公认的国家治理现代化程度和法治现代化程度较高的国家，为何没有制定一部"行政程序法典"呢？这个是我国法学界经常面临的一个"英国法问题"，在关系法律的理性化的讨论中，在宪法学界关于司法违宪审查的讨论中都会遇到。

另外，我不知道 2015 年法国制定的《法国公众与行政机关关系法典》能否称之为"行政程序法典"，如果答案是否定的，那么如何解释在法国——被称为"行政法母国"，我们公认的行政法治比较完善的国家——为什么没有"行政程序法典"？由此，带来的问题便是行政程序法典化是国家治理现代化的必要条件吗？如果不是，则可能还需要对行政程序法典化和法治现代化之间的关系做进一步的分析，特别是要更加紧密的结合中国的实际来论证行政程序法典化的必要性。

第二，行政程序法典的法律地位。按照我国《立法法》的规定，未来的行政程序法典的定位应当是一般法，根据法律适用的规则，在后的特别法对在先的一般法优先适用，那么，如何保证后来全国人大或其常委会制定的特别法受到行政程序法典的规范和约束呢？如果不能受到规范和约束，是否可能导致行政程序法典被架空，难以发挥统一行政程序规定的功能呢？

有的人提出说，行政程序法典确立了行政程序的最低标准，是行政程序方面的基本法（不同于"基本法律"），应当优先适用，但这种意义上的基本法在我国法律体系中并没有位置。

这背后有一个很重要的宪法问题是，现在的立法机关在多大程度上要受在先的立法机关的约束。英国议会主权原则一个方面的内容，就是议会不仅不受其他机关的约束，也不受以前的议会法律的约束，换个角度也就是说，任何一届议会都无权约束在后的议会。

破解这个难题的一种方法是提出这样一种观点：由于行政程序法典体现了宪法正当程序原则的最低要求，违反行政程序法典就意味着违反了宪法，因此，特别法如果与行政程序法典相冲突，应当优先适用行政程序法典。但其一，我国是一个成文宪法国家，能否将一部法律确认为具有宪法的位阶和效力，在宪法学理上存在疑问；其二，我国宪法中并没有规定正当程序原则，是否可以从法治国家条款中推导出正当程序原则还缺乏共识；其三，这涉及宪法解释，在全国人大常委会之外，法院是否具有作出这种判断的权力，也不明确。

第三，行政程序法典的名称问题。当前，行政法学界有不少学者提出，要制定行政法通则或者行政法总则，提出将通过"提取公因式"的方式编纂行政法典。在行政法通则中必然包含实体法规则和程序法规则。但在万华老师所构想的"行政程序法典"中，除了程序法规则之外，也混合了大量的实体法规则和组织法规则。例如第二编"主体编"中关于组织法的大量内容。当然，组织法规则的定位还需要进一步讨论，按照行政法学理，行政组织法与行政程序法是并列的，但我们看到在作为程序法的诉讼法中，其实一般都会包括很多审判组织方面的问题，行政权或审判权的主体作为行政程序或诉讼程序的一方重要主体，关于其组织的规定，至少部分规定，是否可以定性为程序法，可能也有解释的空间。

第一编"原则编"中所确定的四大基本原则（依法行政原则、比例原则、正当法律程序原则、诚信原则），除了正当法律程序原则以外，其他三个原则很难称之为纯程序法的原则。

另外，关于各种类型行政行为的合法要件、违法后果和效力等方面的规定，也都是实体规则。如此一来，称之为"行政程序法典"是否妥当呢？刚才万华老师给出了两点理由：一是作为法典的"行政程序法"能够与行政法学理论体系中的行政程序法相分离；二是"行政程序法典"的名称强调法典的核心内容在于行政程序法治，但似乎说服力还不够。

第四，如何确保行政程序法真正发挥实效。我去年在《中国发展观察》上发表的一篇小文章对这个问题有所涉及。政治责任、司法审查、考核督查、舆论监督、宣传教育这些都能发挥一定的效用，但也似乎都效果有限。我这两年对中国裁判文书网上有关环境影响评价的裁判文书进行了通读和整理，发现在法院的裁判中，基本上都是形式审查，例如关于公众参与和专家论证，都是只审查是否有这两个环节，在实效性方面几乎完全不予审查。因此，通过什么样的机制设计来增强行政程序规定的实效性，这可能是我们讨论行政程序立法时需要正视的一个重要问题。

主持人：王　蔚（中国政法大学法学院副教授）

非常感谢李老师。李老师发言的主题是在诘问建立行政程序法典的必要性和实效性。欧洲已经出现了民法典的解化，与之相应的行政程序法的法典化的必要性就有待讨论，而且行政程序法典有混淆实体法与程序法之嫌。实效性则点出了中国现代程序空转、事实层面程序形式化的问题，这可能是李老师在向王老师提出关于行政程序法典制定的技术性问题。下面有请政治学专家庞金友老师，庞老师对国家的概念、公民社会和民主的关系做过深入的研究，希望庞老师从跨学科的角度作出点评。

与谈人：庞金友（中国政法大学政治与公共管理学院教授）

首先感谢论坛的邀请。王万华老师的报告从现代性展开的维度引申到行政国家和行政法治，继而谈到行政程序法典化的必要性、紧迫性和相关设置。我主要想从政治学的角度谈一下如何理解行政程序法典化的背景——国家治理现代化。

国家治理现代化的核心是治理。从词义学的角度来看，现代治理观念产生的时间并不长，经历了从统治（rule）到管理（administration）再到治理（governance）的演进进程。简单地说，现代治理是政治统治和政治管理的升级版。传统政治最为关注的是政治统治的问题，即权力的来源与归属，由谁掌权，权力由谁所有，甚至权力获取的方式都被亚里士多德（Aristotle）作为划分正态政体和变态政体的核心差异。

19世纪末20世纪初，政治统治的问题得到基本解决。人们开始关注政治权力如何行使，这就是管理。由于当时管理的唯一主体就是政府。所以，人们将其称为"行政管理"。到了 20 世纪中叶后，单纯的行政管理已无法解答和应对复杂的社会问题，于是"公共管理"概念提出，重点解决除政府行为以外的公共领域。也就是说，此时的政治统治升级为"行政管理+公共管理"。两个领域，两个学科，分而治之。到了 90 年代，詹姆斯·N. 罗西瑙（James N. Rosenau）将两者合二为一，提出"治理"概念。

从原初含义来看，"治理"主要具有下面四个基本特征：第一，治理主体的多元性。治理当然需要政府，但政府不是权威的垄断者，市场组织、公民社会都是治理的主体。第二，治理范围的广泛性。既包括政府领域、市场领域，也包括公民社会领域，既涉及公、私两个部门，也涉及"第三部门"。第三，治理向度的水平性。治理不是一套规则条例，也不是一种活动，而是一个过程。在这一过程中，与传统权力由上至下的垂直结构不同，治理更强调权力行使的上下互动、水平延展。治理并不意味着一种正式制度，而是一种作用机制和网络结构。第四，治理原则的协商性。治理不是统治，不是管理，不是支配，不是垄断，而是平等、合作、协商、自愿。20 世纪 90 年代中后期，治理理论与公民社会、社会资本等概念同时进入中国。与公民社会、社会资本相比，热度显得不温不火。

直到党的十八届三中全会，事情发生了变化。十八届三中全会提出，全面深化改革的总目标是完善和发展中国特色社会主义制度，推进国家治理体系和国家治理能力现代化。这里的"国家"不是 state，不是 government，而是 nation 或 country。

从这个意义来讲，国家治理是指对国家范围内所有公共事务的治理，包括经济治理、政治治理、社会治理、文化治理、生态治理、政党治理等多个领域以及基层、地方、全国乃至区域、全球治理中的国家参与等多个层次的国家治理体系和治理能力。因此，所谓国家治理是指国家政权的所有者、管理者和利益相关者等多元行动者对主权国家范围内外所有社会公共事务的合作管理，其目的是为了促进公共利益，维护公共秩序。

与一般治理理论相比，我们国家治理的独特性有以下三点：一是从治理主体的角度。党和政府作为国家治理的顶层设计者，扮演着更为重要甚至是取足轻重的角色和功能。二是治理范围更广泛。包括执政党的治理，也会列入国家治理的范围。三是治理向度的角度。与侧重强调水平延展的西方社会相比，我国更强调行政机构的上下互动。

国家治理现代化是政治发展和政治现代化的重要组成部分。没有国家治理的转型和现代化，经济、社会的现代化就不可能实现。国家治理现代化是对当前工业化、城市化、信息化、市场化、全球化浪潮冲击的一种积极和主动的回应。若无这种积极回应，则可能出现全面的、系统的国家治理危机甚至导致国家治理失败。

那么，国家治理现代化具有哪些基本要求呢？我想不外乎主要是以下几点：一是国家治理的民主化。人民成为国家主权所有者，能够通过合法渠道直接或间接通过自己选举的代表参与决策、执行和监督国家治理的全过程。国家主权的所有者、管理者和利益相关者要一起合作，对公共事务进行管理，显然没有民主是实现不了的。二是国家治理的法治化。权力的所有者、管理者还是利益相关者参与国家治理的行为，都纳入法治的轨道，公共权力受到宪法和法律的制约。国家治理的法治化就是要将权力关进制度的笼子，尤其是政府权力要在法律的范围内运行。今天万华老师所讲的行政程序法治化、法典化就是将行政权控制在法律的"笼子"之中。三是国家治理的文明化。国家各个层面的治理，要少些统治，多些治理；要少些强制，多些协商；要多些自治，少些他治。四是国家治理的科学化。国家治理要符合理性，提高效率，保证公平。

在中国，法律的作用不仅仅是规范和约束人们的行为，而且还承担着某些政治功能。行政程序立法必须直接面对且妥善处理以下几个问题，否则就会成为空谈。

第一，当下社会经济发展需要在某些领域拥有强大行动力和执行力的"强政府"，需要而不是对所有领域所有事务全面管理的"大政府"，而后者恰是我们的现状。这就意味着，既然行政能力现代化的首要前提是行政部门小而精，小而强，那么行政程序就要精简再精简。

第二，民众对于公共服务的需求越来越大，但是当前的政治生态与行政体制改革有弱化政府公共服务职能的趋势。

第三，行政程序的内部整全性与外部的非独立状态之间存在较大的张力。"程序空转"问题的出现很大程度上是由于行政权并非独立运行。在中国谈论行政权的运行，必须考虑党的领导这一重要因素。孤立谈行政权与行政程序，也许逻辑上能够自洽，但是放在现实背景中可能很难解释得通。

主持人：王　蔚（中国政法大学法学院副教授）

在国家治理层面，庞教授先把国家和治理本身存在的主体的悖论通过扩大化的解释解决了，因为治理需要多元化主体，庞老师则把"国家"做了扩大解释，包括了市场、社会团体等，足以应对复杂的社会生活。下面有请张红老师。张老师是行政法学界研究证券法的代表，去年出版了《证券行政法专论》这一力作。

与谈人：张　红（北京师范大学法学院教授）

今天听了王万华老师的报告，感觉收获很大。接下来，我主要从证券市场监管的角度为行政程序法典化的必要性增加一点注脚。同时也有几个问题想要请教。

首先，证券监管措施是中国证监会经常采取的措施，目的是防范金融风险，维护金融市场的稳定和保护投资人的合法权益。证券监管措施本质上应当属于一种行政行为。我曾经统计过，证券监管措施小到约谈，大到直接接管有将近120种。

这些措施的实施遵循何种程序？证监会曾经出台了《证券期货市场监督管理措施实施办法（试行）》予以规范，然而该试行办法中只规定了18种监管措施的实施程序，而且每一种监管措施只有一个条文。这种广泛运用的、对市场主体的权利可能会产生重大影响的监管措施，相关的程序规范却严重不足。

这让我想到，如果没有统一的行政程序法典，指望各个部门出台相关规定，规范自身权力几乎是不可能的。现实中各部门确实也制定了一些程序规范，但是，其主要是基于提高行政管理效率，而并非从权力规范运行的角度进行的，因而不利于对于行政相对人权利的保障。同时，由于缺少相关的程序规定，法院在审查行政机关行为合法性时也缺少直接依据。

其次，关于在行政程序法典中引入执法和解。证券市场监管中也有和解的问题，美国证券交易委员会官方网站经常公布有关证券和解的公告。我国也于近年引入和解制度，其中规定和解前提条件之一是中国证监会已经正式立案，且经过了必要调查程序，但案件事实或者法律关系尚难完全明确。

2015 年 2 月，证监会发布了《行政和解试点实施办法》，其中第 6 条规定了行政和解的适用范围与条件。

这里存在两个有趣的事实：第一，自试点开始到目前为止并没有一起和解案件，并非没有相对人提出申请，而是证监会认为申请人不符合适用和解的条件，同时证监会适用和解也需要经受住公信力的挑战，面临着一定的道德风险。第二，对比我国《行政和解试点实施办法》与德国等国家和地区的相关规定，存在一个较大区别，那就是并未规定和解代替行政处罚决定的作出。这样一来，即使达成和解协议，还有可能面临行政处罚，而行政处罚作为上市公司、证券公司重大信息披露的内容，对其影响很大。

另外，2014 年修订的《行政诉讼法》中将行政协议作为受案范围，大多讨论的是政府特许经营协议、土地房屋征收补偿协议，但是执法和解协议是否属于行政诉讼受案范围很少有人探讨。同时，王万华老师构建的行政程序法典框架中，提到了行政和解，也提到了行政合同，如何处理行政和解协议与行政合同的关系以及在行政程序法典中的安排问题也是值得进一步思考的。

再次，举一个关于行政许可的案例。一家公司想要成为一家期货公司的主要控股股东，它已经受让大部分股权，按照规定需要取得证监会批准。《行政许可法》规定一般的行政许可期限为 20 日，特殊情况下，经过行政机关负责人批准可以延长 10 日。《行政许可法》第 42 条第 1 款规定，除可以当场作出行政许可决定的外，行政机关应当自受理行政许可申请之日起 20 日内作出行政许可决定。20 日内不能作出决定的，经本行政机关负责人批准，可以延长 10 日，并应当将延长期限的理由告知申请人。但是，法律、法规另有规定的，依照其规定。在上述情形下，需要依据《期货交易管理条例》第 19 条[1]规定的 2 个月的期限，并且没有延长的规定。然而，这家公司在经历一年多

---

[1]《期货交易管理条例》第 19 条规定，期货公司办理下列事项，应当经国务院期货监督管理机构批准：①合并、分立、停业、解散或者破产；②变更业务范围；③变更注册资本且调整股权结构；④新增持有 5% 以上股权的股东或者控股股东发生变化；⑤国务院期货监督管理机构规定的其他事项。前款第 3 项、第 5 项所列事项，国务院期货监督管理机构应当自受理申请之日起 20 日内作出批准或者不批准的决定；前款所列其他事项，国务院期货监督管理机构应当自受理申请之日起 2 个月内作出批准或者不批准的决定。

之后才得到不予审批的结果。

由此，通过证券市场监管中的监管措施、行政和解以及审批期限等三个方面进行观察，可见，行政程序法典的制定是必要的。

最后，再提出两个我觉得需要思考的问题。第一，行政程序一般法与特别法的关系问题。"提取公因式"的方法是否可行，哪些属于"公因式"？第二，希望在制定行政程序法典的过程中关注规制领域的发展。行政程序法典制定之后，能否适用于比如证券监管措施的实施呢？这些问题都是在制定行政程序法典的过程中需要考虑的。

主持人：王　蔚（中国政法大学法学院副教授）

张老师实际上是在帮助王老师寻求制定行政程序法典的根据，提供了期货公司具体例证。张老师在这个例子中提到证券监管措施有一百多种，真正进入实施管理的只有 18 种，且程序性的只有 1 种，这是制定行政程序法典必要性的体现。接着，张老师提到在编纂法典的过程中有着技术性的难点：怎样提取最大公因数以及类别的划分，调解协议应该独立出来还是放在合同编？下面有请中国政法大学法治政府研究院林华副教授。

与谈人：林　华（中国政法大学法治政府研究院副教授）

感谢论坛的邀请。今天听了王老师的报告受益匪浅。下面，我主要是分享一下自己的想法。从整体上来看，王老师的报告主题宏大，从国家治理现代化的角度切入到行政程序法典化，同时既有古代和现代，也有域内与域外的比较，时空跨度比较大，给人以震撼之感。从具体内容来讲，我主要有以下几个问题向王老师和各位老师请教。

首先，关于国家治理现代化与行政程序法典化的关系，王老师主要是将行政现代化作为两者联系的桥梁。法治是国家治理现代化的重要组成部分，但是从中央全面深化改革委员会办公室的历次会议来看，其对法治的关注主要限于司法领域，而很少涉及行政领域，即使偶尔涉及行政，更多的也是有关行政组织和机构改革的内容，很少关注行政程序。如果要制定行政程序法典，其现实的动力机制是什么？在当下，有无可行性？如何使其既符合理论的发展，又能回应实际发展的需要？

其次，王老师在论证行政现代化时提出一个命题——现代行政国家面临双重任务，既不能越权，也不能不作为，这主要是从传统的合法行政角度提出的。但是现代规制国家不再仅仅关注行政程序和司法审查，不再仅从合法性的角度去关注，而是要迈向合法行政与最佳行政的结合，不再单纯关注合法与否，而是要关注制度和决策质量，关注执法方式创新，如何建设服务型政府等命题。这些都不再是以司法为中心的传统视角所能涵盖的，而需要更多关注行为的更高层次、更具价值的理念。

最后，关于王老师所介绍的行政程序法典的基本框架。我有以下几点疑问：第一，是否缺少行政行为效力的规定？在理论和现实中，效力的问题相对还是比较重要的。第二，决策编是否有存在的必要。虽然《重大行政决策程序暂行条例》即将出台，但是当前实践中重大决策几乎都是由党委作出。现在是否可以循着十八届四中全会决定指出的那样，国家法律与党内法规协同推进，在国家法律和司法审查存在不足的情况下，能否通过加强党内法规来实现对于行政决策的有效规范和控制。第三，行政指导、行政事实行为能否考虑纳入行政程序法典。第四，关于政府数据开放的问题，刚才王老师对数据和信息的内涵作出了解释，但是其与国务院办公厅出台的意见中解释的路径不一致。数据并不是法律概念，数据更多的是互联网法层面的使用。在理论界尚未界定清楚数据的前提下，是否将数据开放作为法典的一部分值得进一步考虑。

主持人：王　蔚（中国政法大学法学院副教授）

林老师开始提出了两点疑问。第一是重实体与轻程序两者在实践中的动力机制，第二是双重任务是否难以涵盖现代法治国家内在的转型。接着林老师对各编谈了自己的看法，并提到王老师没有把行政行为效力纳入到行政程序法典中以及决策编是否有必要以及行政指导与行政事实行为如何处理等问题。

四、总结回应

（一）学生提问

学生一

第一，关于行政程序法典的基本框架设想，是不是缺少关于行政机关及其工作人员违反行政程序的处罚和救济的部分？行政机关及其工作人员违反程序是否会受到行政处分，受到何种处分，以及侵犯行政相对人合法权益后与行政诉讼的救济的衔接是否需要作出规定？同时在行政机关及其工作人员违反程序，尚未对行政相对人合法权益造成侵害时又该如何惩罚？第二，现代治理的主体已经扩展到社会其他领域，行业组织、网络平台等进行自律管理时，是否应受到行政程序法典的规制？

学生二

第一，关于行政程序法典的规制对象是什么？通过刚才讲到的基本框架，有一个感觉就是行政程序法典与行政法通则的内容存在的区别不是很大。同时，通过阅读您的其他相关文章，您曾提出通过制定行政执法程序条例以推进行政程序法典化，我想问这二者有什么关系？第二，我国一些省市等地方政府也有制定行政程序单行条例的实践，在中央制定"行政程序法典"的过程中如何汲取地方经验？同时如何论证中央统一立法的效益要高于地方分散立法？

（二）王万华老师回应

谢谢各位老师的点评以及王蔚老师把大家的发言串起来。行政程序法从开始研究到现在已经二十多年了，其没有进入国家立法除了观念和社会发展阶段的原因外，还有就是这个问题在理论界的争议本身就非常大，今天在座的行政法老师提到的旧有必要性、实效性等问题，当然，我所展示的也主要是前三部分，而第四部分框架中的很多内容都没有展现。行政程序法内容本身就争议很大，我希望行政法学界能有更多的机会去探讨，以期达成学界共识，并推动立法。

　　我邀请庞老师也是基于庞老师政治学专家的身份，希望得到更多的启发。庞老师刚才讲到的治理上的多主体，不仅是多，而且有重心的转移倾向，即由国家向社会的转移。但是随着治理体系与治理能力现代化的提出，其后提出的依法治国似乎又回到了法治国家、法治政府与法治社会的构造，但是法治国家与法治政府很清晰，法治社会却很模糊，然而，按照治理到管理的转型，社会才是重点。

　　所以依法治国的提出与前者的展开不对应，像庞老师提出的，国家政府遇到了许多问题，所以要转变思路，但是思路一转变，很多尖锐的问题就出来了。我们虽然用"治理"这个词，但实际意义还是管理。在整个推定中，国家权力是建构的核心对象。

　　美国规则制定中，有一项重要的制度是公众参与，公众提出意见后，行政程序法中并没有对如何采纳公众意见作约束性的规定，程序就是一个博弈的平台，为利益诉求提供的一个表达机会，但是最后结果如何形成不是程序本身能够解决的问题，所以美国要求把采纳公众意见的情况进行说明，这个说明是规则的组成部分，并需要公开，这是通过其他措施使决策者慎重对待公众的意见。

　　社会主义民主政治的推动需要保持持续性，但我国选择的都是过程性的民主，比如所讲的有序参与，所以行政法的研究中，有一种想法就是行政层面的改革倒推政治层面的改革。

　　这个问题在程序上非常明显，程序本身解决不了结果，只是提供了一种可能性，其希望的结果依赖于其他的制度保证，这就是程序法治脆弱性的体现。也是基于这样的因素，西方强调法律的力量来自于信仰。法治本身反对以暴制暴，所以以严格的责任去保证法律实施，这本身就和法治有着内在冲突。再延展开来，就能看到对法治的信仰才是法律力量的来源。这些矛盾和冲突在程序法上交织和体现得尤为明显，当理论和现实缺乏配套依据的时候，实际效果和预期就会有巨大的反差。

　　在二十多年的研究中，我发现理论还是会有一定的推动作用，经过一个时间段的流转再回去看，会突然发现力量变得很强大。比如刚开始研究程序法时，包括大百科都说它是诉讼法，但是后来逐渐大家慢慢形成了共识，包括现在评价一个制度时程序保障本身就是很重要的方面，就如同法兰克福学派对工具理性的批判恰恰反映了工具理性的重要性。

所以，结合现代化治理程序恰恰反映了法律的困惑和动力来源。庞老师刚才所讲的协商是我想要在决策编里重点建构的，就是由过程民主向实质公共治理转型，通过协商实现一种公共利益，这种利益最后以国家意志展现出来。

所以从个案中可以看出，部门更多地从方便管理的角度去制定程序，而现代意义上的程序要保护权利。这个问题在个案和司法实践中尤为突出。还有一个现实的必要性就是决策。决策解决不好，行政治理就是一句空话。对于个人来说，公共决策影响很大。比如在座的各位，除了交通可能会和行政机关打交道外，平时不会有太多的交集，但是国家政策会直接影响到我们的生活。

公共决策会影响到"蛋糕做大"，就是既不影响经济，也不破坏环境，公平地分配资源。同时"蛋糕能不能做大、能不能分好"也是化解社会矛盾的体现，所以罗尔斯讲程序正义，公共治理领域社会公平正义就如同赌博，它的结果完全依赖于过程。

传统的行政法就是合法性辅之以司法审查形成完备的实体法和救济法，这构成了传统行政法的体系，第二重是有效的公共治理，包括风险治理、规制行政，这些和合法性没有关联，更多的是对公共治理是否有效的批判，所以它的法律责任也不再仅仅是违法审查，这部分也体现在决策编。1946年《美国联邦行政程序法》有个显著的特点，就是内容非常简单，只解决规则制定的非正式问题，其实就是解决了规制行政。这种规则制定是通过1946年后的单行法加上总统令、法院的司法裁判等事前评估构成的，和大陆法系讲的合法行政不一样，但是司法审查把握的还是程序合法。

这种公共治理的有效性不是法院治理的问题，而应由政治回应，所以他们讲问责的最高是选举。对于用什么名称的争议也非常大，因为内容决定名称。因为法典的程序法已经与理论的行政程序法分离了，叫"行政程序法通则"也是可以的。大陆法系叫行政法典可能是缘起的时候聚焦于程序，在过程中发现程序的法典化可以部分地实现行政法总则的功能，所以保留了行政程序法的思路，里面有总则的内容。

从理解层面，也可以认为是行政法总则，只不过内容上凸显程序的重要性。所以名称上可以再研究。在内容上如何处理一般法和特别法的问题，解决工具是公正程序的制度。对于这个问题，德国的规定是一般法可以不适用基本法，但是基本法会对一般法的立法产生影响，所以一般法会与基本法保持一致，不会突破最低限度。我个人不赞成把行政指导纳入行政程序法典，因为它是指导性的，而程序要解决的是个案中权利保障问题，而且指导不像决策会影响治理效果。

行政行为的效力放在执法编，是从提升治理能力的角度来讲的。行政协议是执法的结果，是要遵循合同规制的，这个是合同容许性的体现。对于执法和解放在执法编，我是把它作为执法的方式，因为它可能会涉及执法程序等问题。

李老师所讲的组织法与程序制度的问题，第一个层面程序法是宪法性法律还是组织法，这个在不同的国家有不同的认识，美国就没有组织法，我个人觉得职权的配置是宪法问题，西班牙等国家及地区的行政法就大量涉及行政组织的问题，但是它们也不是以行政职权的配置而是以行政权力的内部运行机制为出发点。

可见，对于内部的规定服务于外部的决定形成问题、需要从行政权运行过程的角度来思考，行政权从开始到结束的过程，是由内部与外部结合的。所以内部运行机制如果构成了行政行为不可分割的部分，就要纳入法律的范畴进行调整，以过程论，内部程序不应该离开法律的调整，内部与外部的界限划分需要进一步讨论。

在组织法这一部分，行政组织法解决的是行政权力运行机制的问题，而不是职权的配置。对于实效性而言，微观层面，程序制度本身的合理性需要理论支持，比如说我国专家论证就没有意义，美国的事前论证中也没有把专家论证作为一项专门的制度，所以工具理性、制度理性的建构是有问题的。

其实，从行政程序的任务来看，行政处罚法、行政许可法、行政强制法涉及的面非常窄。行政程序法是以行政权的运行过程为对象的，所以行政权力的行使主体存在公共性、公共管理的特点，如果是以私人身份行使这些职能，比如我国台湾地区规定得非常明确，私人主体如果进行公共管理也要遵循正当"法律程序"。行政程序法典保持了开放性，因为行政权力是不变的，但是行政权力的表现形态是多样的，这是行政的基本精神。

当然这个基本精神是通过原则来统率的，我所提到的四条原则是反复提炼的。行政法上的基本原则十分具有开放性，从陈新民老师的依法行政一条到罗老师的两条、三条，再到刘莘老师的五条、江老师的九条，差异非常大。我是从六大要素提炼了这四个原则，统率着形散神不散的后五编。所以我们要有基本原则对应着行政行为的准则，又要把当下可以类化的行为在分则中作出规定。对于违反了程序的问题，行政程序法不解决责任问题，可以求助于诉讼法。

对于地方，地方规则走到头了，因为地方在重复立法，没有意义。全局性的统一规定需要中央规定，当然地方可以提供经验。信息是影响体系完善的重要方面。《政府信息公开条例》所讲的信息是经过加工的，但是公开的信息以文件为主，信息能不能进来，涉及公法研究从规范主义、概念法学转化到功能主义，虽然很多概念不能在法律上明确，但是只要在法律上讲清楚，有规范的对象，具体问题则可以通过个案研究。

案件事实的形成与民法学方法论的完善：
以民法证据规范为视角

主讲人：王　雷　中国政法大学民商经济法学院副教授

与谈人：（按姓氏笔画排列）

刘保玉　中国政法大学法律硕士学院教授

纪格非　中国政法大学民商经济法学院教授

黄忠顺　中国社会科学院法学研究所助理研究员

熊丙万　中国人民大学法学院助理教授

主持人：胡思博　中国政法大学诉讼法学研究院副教授

一、引言

长期以来，我国民法学方法论对司法三段论中的小前提即案件事实的形成关注较少，事实上司法三段论小前提案件事实形成环节蕴含了丰富的民法学方法论命题。案件事实形成中的民法学方法论最后汇集到"民法证据规范"这个关键词。如何认识民法证据规范的作用？民法证据规范如何解释与适用？主讲嘉宾中国政法大学民商经济法学院王雷副教授将以"案件事实的形成与民法学方法论的完善：以民法证据规范为视角"为主题，对上述问题作出回答。与谈嘉宾中国政法大学法律硕士学院刘保玉教授、民商经济法学院纪格非教授以及中国人民大学法学院熊丙万助理教授和中国社会科学院法学研究所黄忠顺助理研究员将从不同的角度针对相关问题进行点评和交流。

二、主题报告[1]

主讲人：王　雷（中国政法大学民商经济法学院副教授）

感谢论坛的邀请和各位老师、同学的参与！这个题目是民事实体法和程序法有机结合的话题。早在 2006 年撰写本科毕业论文时，我就选取"不真正连带责任与其他侵权责任形态的关系与适用"作为研究论题，那篇文章就致力于探讨多数人侵权时不同侵权责任形态的实体法关系及诉讼当事人和裁判结论的安排。本科毕业论文写作过程中有幸得到刘保玉老师的指导，本科毕业论文选题也影响我之后持续关注民事实体法与民事程序法结合研究。刘保玉老师长期致力于研究实体法与程序法的制度衔接与规则协调问题，发表了一系列重要学术成果，我从中受益良多。

本次论坛我报告的题目是"案件事实的形成与民法学方法论的完善：以民法证据规范为视角"，具体包括三个内容：第一，案件事实的形成与民法学

---

〔1〕　参见王雷："民法证据规范论"，载《环球法律论》2015 年第 2 期。

方法论的完善；第二，民法证据规范的解释与适用；第三，几个简短的总结。

（一）案件事实的形成与民法学方法论的完善

民法学方法论主要是以民法适用为核心研究对象的一门学问。民法适用以司法三段论为典型操作模式。长期以来，我国民法学方法论研究很大程度上体现在民法规范之中，民法学方法论更多关注通过请求权规范基础分析方法和法律解释方法对司法三段论大前提即民法规范的寻找、定性和解释完善，而对小前提即案件事实（于何时何地，何人对何人做了何事）的形成关注较少。在此背景下，很多民法教材都特别强调请求权规范基础分析方法和不同的法律解释方法。在一定程度上，以民法适用为核心研究对象的民法方法论已经等同于民法解释学。但实际上，以司法三段论为典型的民法适用包括大前提法律规范，包括小前提案件事实的形成，还包括通过逻辑三段论得出裁判结论。在这个过程中，大前提的寻找、解释和适用仅仅是民法方法论的一个环节而已。学界对小前提案件事实的形成过程欠缺民法、民事诉讼法的关联研究。另外，请求权规范基础分析方法在民法领域也不是"包打天下"的。一方面，当具体案件不涉及请求权时，案件的处理恐怕就要依靠民事法律关系分析方法了；另一方面，请求权规范基础分析方法的主要功能是协同民法法源理论对供作司法三段论大前提的民法规范进行寻找而已。

案件事实的认定问题，除了在诉讼上被提及外，很少在实体法或在法学方法上被关注，探讨其实际上究竟如何被认定，而且在诉讼上所处理的案件事实的认定问题，也只偏重在证据规则方面。如何从民法方法论的角度，从司法三段论小前提案件事实形成入手，进一步关注、提炼案件事实形成中丰富的民法学方法论内涵？我认为，这是民法和民事证据法关联交叉的一个应当引起重视的领域。从法律适用的角度看，法学方法论应超越单纯的法律解释学。实际上，越来越多的民法学者意识到这个问题。王利明教授在2012年出版的《法学方法论》中指出："从今后的发展趋势来看，如何掌握从证据法的角度来认定事实，又如何从方法论上确定小前提，并依法作出公正的裁判，是法官需要掌握的一门司法艺术。"实际上，在民法领域广义的民法学方法论不仅仅以民法适用为唯一的研究对象，还有更广泛的内容，比如王轶教授对民法方法论区分问题类型，在事实判断、价值判断、解释选择、立法技术、司法技术等不同问题类型下具体探讨相应的研究方法或者法律适用方法。又如，在民法解释方法之外，很多学者也在逐渐关注、借鉴社科法学的方法以解决民法领域的法律适用问题。总体来看，民法方法论不简单等同于民法解释学，它应当关注司法三段论的全貌。司法三段论小前提案件事实形成环节蕴含了丰富的民法学方法论命题。

第一，民事案件事实的形成实际上是从生活事实到民事法律事实到当事人"作为陈述的案件事实"再到法院审理查明的案件事实的过程。在此过程中，民法和民事诉讼法已经产生有机关联。

第二，案件事实本身的特点也和民事证据法密切关联。案件事实具有客观性、语言文字陈述性、对生活事实的截取性、证据性、受法律规范评价性等特点。与历史学科关注的历史事实类似，案件事实关注发生在过去的客观现象，借助语言文字，通过各种证据来佐证。并且，案件事实不是对过去客观现象的完整呈现。我们需要遵循法律规范的评价对生活事实有意义部分进行截取。案件事实的这些特点与证据的客观性、关联性和合法性密切相关。维特根斯坦（Ludwig Josef Johann Wittgenstein）曾说，世界由事实组成。整个世界处于事实当中，我们通过语言文字来描述现实。法院裁判文书中原告诉称、被告辩称、举证、质证、认证、经审理查明等都通过语言文字展现，并辅以不同证据方法以查清案件事实。在此过程中，对生活事实的截取展现了证据的关联性特点。

第三，案件事实的形成过程本身就存在一个司法三段论的适用。生活事实上升为司法三段论小前提的案件事实就已然经历了一个司法三段论的过程。其中，不是所有的生活事实都能进入民法的调整领域成为民事法律事实。一旦进入民法调整领域，生活事实就成了作为陈述的案件事实。法律规范中抽象的构成要件事实是评价标准，作为陈述的案件事实是评价对象。一旦评价对象符合评价标准，作为陈述的案件事实就变为具体的要件事实，它就是一种评价结果。此时，小前提就形成了。而当具体的要件事实由于证据问题而真伪不明时，这时一般情况下需要借助结果意义上的证明责任规范做裁判。因此，小前提案件事实的形成本身就存在司法三段论的适用，证明责任（举证责任、举证证明责任）规范贯穿这个三段论始终，法律适用者目光须不断往返流转于大前提法律规范与小前提案件事实之间。司法三段论实际上是一个双阶层三段论。

第四，民事案件事实形成环节蕴含了法学方法论的丰富命题，亟需归纳、提炼。对案件事实形成过程中民事证明责任等民法证据规范的发现、归类和解释完善是对传统法学方法论体系的有益扩充。

那么，民法证据规范论对既有的民事实体法和程序法有哪些方法论上的推进意义？我认为至少有以下三个方面的意义。

第一，民法证据规范有助于将民事权利落到实处。德国法学家尧尔尼希曾说，"权利的胜利很大程度上依赖于其可证明性"。实体法赋予当事人的民事权利若在诉讼或仲裁的过程中不能通过证据得以展现，对方又不自认，也不属于法院依职权审查的事项，更不是免证事实，那么这项民事权利在诉讼或仲裁过程中就无法获得实效。我国《民法总则》第191条规定："未成年人遭受性侵害的损害赔偿请求权的诉讼时效期间，自受害人年满18周岁之日起计算。"很多人认为该条是《民法总则》推进未成年人保护的有力举措。我认为从实体法上看，该制度体现了对未成年人的倾斜保护，值得肯定，但我对其制度实效却存在疑问。若对方不自认，侵害事件一直隐而不发，又没有通过刑事诉讼程序固定证据，成年后该受害人虽可提起损害赔偿之诉，但却很容易陷入没有证据的困境。所以，离开民法证据规范的民事权利有可能只是"水中月、镜中花"。

第二，民法证据规范论有助于丰富民法规范论的类型体系，提升民事权利规范的可操作性和价值连贯性。按照通说，民事权利规范的类型不再限于任意性规范和强制性规范。根据王轶老师的研究，在民事实体法领域，民法规范除任意性规范和强制性规范外还有更丰富的类型。民法证据规范论可扩充既有的民法规范论类型，以提高民事权利规范的可操作性。比如，可借鉴民事诉讼法中案件事实举证责任的"法律要件分类说"，将民事权利规范类型化为：民事权利的发生规范、民事权利的妨碍规范、民事权利的消灭规范和民事权利的受制规范。另外，民法证据规范论有助于提升民事权利规范的价值连贯性。我国《合同法》第374条规定："保管期间，因保管人保管不善造成保管物毁损、灭失的，保管人应当承担损害赔偿责任，但保管是无偿的，保管人证明自己没有重大过失的，不承担损害赔偿责任。"立法者在本条第一句中没有有意识地配置当事人之间的举证责任，在第二句中对无偿保管中保管人的归责原则提出了更高的要求。从实体法角度看，立法优待无偿保管中的保管人。但从证据法角度看，该条第一句中的"保管不善"由寄存人负责证明，这符合法律要件分类说对举证责任的一般安排。但第二句却让无偿保管中的保管人负责证明"自己没有重大过失"的消极事实，这成为其难以承受之重。有偿保管中的保管人却不需要证明自己"保管不善"，由此，从举证责任的角度来看，无偿保管人的负担反倒增加了。实体法中对无偿保管人的优待因第二句添加的举证责任安排而"化为泡影"。所以，实体法对于权利规范的安排离开了证据法的配合有可能会使其失去价值的连贯性。

第三，民法证据规范论和要件事实论相结合可以推进对民法规范的动态解释，将民法规范中的构成要件和法律后果具体化为诉讼过程中的请求原因、抗辩、再抗辩及其相应的证明责任。要件事实论是发源于德国、发展于日本的一项法律适用方法。该方法强调要将民事实体法中的构成要件事实区分为当事人的请求、抗辩、再抗辩，厘清它们各自对应的具体要件事实，并将这些要件事实与证明责任关联在一起。我国《侵权责任法》第78条规定："饲养的动物造成他人损害的，动物饲养人或者管理人应当承担侵权责任，但能够证明损害是因被侵权人故意或者重大过失造成的，可以不承担或者减轻责任。"第79条规定："违反管理规定，未对动物采取安全措施造成他人损害的，动物饲养人或者管理人应当承担侵权责任。"这两条背后的价值似乎没有连贯起来。普通动物致人损害，加害人承担严格责任。但需要采取安全措施的动物致人损害，加害人却承担过错责任，受害人须证明"违反管理规定，未对动物采取安全措施造成他人损害的"，加重了受害人的证明责任。我们可以结合程序法和实体法进行对比分析和体系解释，以矫正上述文义解释结论的轻重失衡。在程序法方面，从请求原因、抗辩、再抗辩的动态过程来看，以上条文并不存在价值分裂。第78条前半句对应受害人的请求：动物致人损害，受害人只要证明加害事实、损害结果以及因果关系，就可以让加害人承担损害赔偿责任。动物饲养人或者管理人可依据第78条后半句的规定，证明被侵权人故意或者存在重大过失造成损害来抗辩，以免除或减轻自身责任。对第79条可在上述理解的基础上进行解释，即便动物的饲养人或者管理人证明了被侵权人的故意或重大过失，也因为其违反管理规定的行为而不能免责或者减责，这对应的便是再抗辩的过程。实际上，以上理解与民法学者单从实体法出发得出的结论殊途同归。张新宝教授在其所著的教材《侵权责任法》中认为，《侵权责任法》第79条相对于第78条而言，规定了更严格的无过错责任。

（二）民法证据规范的解释与适用

案件事实形成中的民法学方法论最后汇集到"民法证据规范"这个关键词。民法证据规范的发现、分类、解释和适用是小前提案件事实形成过程中给我们提出的新的方法论命题。民法证据规范有两种分类方法。

第一种分类方法更加契合民事证据法的既有研究结论，将证明责任分为一般规范和法定例外规范。并应当采取抽象原则规范和具体例外规范相结合的立法技术来做规范配置。证明责任一般规范对应民法典中证明责任一般规范，具体例外规范则具体化、法定化为民事权利推定规范、民事法律事实推定规范和证明责任倒置规范。对民法典中的证明责任一般规范应该通过独立条文法定化，在具体民法规范配置的过程中立法者应当增强结合证明责任一般规范进行条文表述的意识。当前，我国的民法证明责任一般规范没有规定在实体法中，而是在《民事诉讼法司法解释》第91条中。根据民事证据法的通说观点，该条文采纳了法律要件分类说的举证责任一般规范。在中国法学会民法典编纂项目领导小组和中国法学会民法学研究会组织编写的《民法总则（专家建议稿）》中，我们一度建议在民事权利章的第一个条文中规定民事权利的发生要件事实、消灭要件事实、妨碍要件事实和受到限制要件事实的举证责任分配，即在实体法中以一般性的条款加以规定。另外，在当时的建议稿中规定民事义务和民事责任的证明责任参照民事权利的证明责任规定。

立法者在实体规范中并没有有意识地分配举证责任。我国《民法总则》中没有包括举证责任的一般规范。当然，举证责任的一般规范规定在实体法中还是诉讼法中只是一个立法技术问题。关键是这个举证责任一般规范需要法定化，民事实体法立法时一定要具备举证责任分配的意识。我国《物权法》第34条规定："无权占有不动产或者动产的，权利人可以请求返还原物。"如果我们不单纯从返还原物请求权或者返还原物民事责任的角度看该条文，那么返还原物责任方式的构成要件事实应当由谁承担举证责任。假设《物权法》的立法者已经意识到本条文中的举证责任分配问题，那么依照法律要件分类说，返还原物请求权人需要就现实占有人无占有权的消极要件事实承担举证责任。证据法对积极要件事实和消极要件事实各自分配举证责任。主张消极事实的人不需要对消极事实承担举证责任，只有主张积极事实的人才要对积极事实承担举证责任。《物权法》第34条文字表示出的举证责任分配方案与证据法一般理论相冲突。在立法论上，本条文需要采取原则和例外相结合的立法技术，将证据法里的举证责任分配链接到本条文中，由占有人对自己有占有权承担举证责任。由此，建议《民法典·物权编》将相应条文改为："无权占有不动产或者动产的，权利人可以请求返还原物，但占有人有占有权的除外。"

第二种分类方法则依照不同的法律部门加以划分。民法不可避免地要对证据规范加以规定，不同民商事法律部门中的证据规范各有侧重、特色鲜明。民法总则中存在大量的民事法律事实推定规范，如对自然人的出生死亡、法人的权利外观、表见代理等法律事实的推定规范。合同法中体现为合同请求权及对之为抗辩的证据规范。物权法中则以物权权利推定规范为典型。侵权责任法侧重于证明责任倒置规范。婚姻法及相应司法解释体现为法律事实推定规范，如《婚姻法司法解释三》第2条亲子关系推定规范。又如饱受争议的《婚姻法司法解释二》第24条对婚姻关系存续期间，一方以个人名义所举债务是否是夫妻共同债务的法律事实推定规范。在继承法中，继承证据方法规范为其鲜明特色，如《继承法》第17条对不同遗嘱类型及其证据能力和证明力的规定。

以下，我将结合民法每个部门法中最为典型的证据规范的解释和适用简要向大家汇报。

第一类，合同法领域的合同请求权及对之为抗辩的证据规范。一方违反合同义务，债权人有权要求债务人承担违约责任。在此过程中，债权人主张违约责任请求权，债务人可就该请求权进行抗辩。我国《合同法》第114条第2款规定："约定的违约金低于造成的损失的，当事人可以请求人民法院或者仲裁机构予以增加；约定的违约金过分高于造成的损失的，当事人可以请求人民法院或者仲裁机构予以适当减少。"从实体法的角度来说，这样的安排符合民法利益安排的公平原则。《合同法司法解释二》第27~29条对如何判断违约金是否过高进行了细化。最高人民法院2009年《关于当前形势下审理民商事合同纠纷案件若干问题的指导意见》中也对相应内容做了细化。

但既有规则没有明确"违约金约定过高"这个构成要件事实由哪一方承担举证责任，是由守约方承担举证责任还是违约方承担？全部举证责任由一方承担还是将该要件事实的一部分交由一方当事人承担？实践和理论上共有六种观点。第一，有法院认为应当由违约方承担举证责任（参见刘守斌、刘守耀上诉北京中铁华升置业有限公司房屋买卖合同纠纷案），因该要件事实是有利于违约方的积极事实，认为这种观点符合《民事诉讼法司法解释》第91条的规定。第二，也有法院认为应当由守约方承担举证责任。因违约方距离证据较远，难以获悉守约方的实际损失。若仍让违约方承担举证责任，这对他是不能承受之重（参见北京杰必信科技发展有限责任公司诉绍兴上虞英达风机有限公司买卖合同纠纷案）。第三，有法院认为对于违约金过高的事实应当采取本证反证说。违约金过高的事实应当由违约方在本证环节承担举证责任。之后，再由守约方在反证环节证明违约金并非过高，而是合理（参见西宁凯达实业发展有限责任公司与陈险峰、陈渊股权转让纠纷案）。但这种做法仍没有考虑到违约方对守约方实际损失的证明难度。第四，有法院在第三种观点的基础上加以改进，认为违约方应承担初步的举证责任。之后，再由守约方证明违约金不是过高，而是合理（江苏、山东高院的相关指导意见采用此种观点）。第五，有学者认为，应采取证明标准降低的综合解决说。该说认为，举证责任不能转移，能够转移的只是结果意义上的举证责任，而非行为意义上的举证责任。法官应当通过证据妨碍、释明、询问当事人等程序方法解决违约金过高的证明问题。第六，有观点认为应当区分金钱债务与非金钱债务。金钱债务中因违约造成的实际损失，其证明负担不重。就非金钱债务而言，违约金过高的事实应该通过三阶段举证完成。第一阶段，违约方证明违约金超过损失的30%（参见《合同法司法解释二》第29条第2款）；第二阶段，守约方承担举证责任，证明违约金虽超出30%，但仍是合理的；第三阶段，违约方反驳，超出30%的违约金确实不合理。

总之，在司法裁判中，对于违约金约定是否过高的事实，其举证责任如何分配，法院陷入无章可循的困境。这造成非常普遍而大量的同案不同判的现象，同时法官在分配举证责任上裁量权过大，可能造成司法的不公。较为妥当的解决办法应该是：违约方承担初步的举证责任，守约方承担转移给他的举证责任。当然，这是在非金钱债务违约金约定是否过高的背景下讨论的。

当违约方就违约行为给守约方带来的损失承担初步举证责任，引起法官的合理怀疑，举证责任此时便转移给守约方，守约方证明违约金虽超过造成损失的30%，但相对于损失而言仍是合理的。违约方在第一阶段的举证中，不需要承担全有全无的举证责任。在某种程度上，这在第一轮举证中，降低了违约方在本证环节的证明标准，不需要达到《民事诉讼法司法解释》第108条所规定的高度可能性标准。我个人认为，在该领域内，举证责任和证明标准是天然关联的，在前述讨论中两者只是表述方式不一样，在最终价值判断上会保持一致。《关于当前形势下审理民商事合同纠纷案件若干问题的指导意见》第8条规定，人民法院要正确确定举证责任，违约方对于违约金约定过高的主张承担举证责任，非违约方主张违约金约定合理的，亦应提供相应的证据。初看起来，该条在举证责任划分上并不明确，我们需要结合本证反证的理论进行解释。违约方先承担本证环节的举证责任，这是一种初步的证明责任。接着，由守约方承担反证环节的证明责任。

第二类，物权法中的物权推定规范，以该法第16条第1款为典型。本条规定，不动产登记簿是物权归属和内容的根据。实际上，不动产登记簿仅仅是对物权归属和内容的推定，这种推定完全可以经由利害关系人的反证来反驳推翻。《物权法》第16条的准确表述应为："不动产登记簿是物权归属和内容的根据，但有相反证据证明的除外。"由此，我们通过"原则+例外"的模式，连接了实体法规范和举证责任。《物权法》第19条第1款规定："权利人、利害关系人认为不动产登记簿记载的事项错误的，可以申请更正登记。不动产登记簿记载的权利人书面同意更正或者有证据证明登记确有错误的，登记机构应当予以更正。"从条文表述来看，权利人、利害关系人有两种办法申请更正登记：一是获得登记簿记载的权利人书面同意；二是有证据证明登记确有错误。其中第一种办法给了当事人规避法律的空间。比如，当事人双方为了规避税收，隐藏房屋买卖交易，办理更正登记以替代转移登记。实践中，《不动产登记暂行条例》以及《不动产登记暂行条例实施细则》已经细化了更正登记的条件，权利人、利害关系人办理更正登记，除了记载权利人的书面同意外，还需要有证据证明登记确有错误。另外，并非权利人、利害关系人有证据证明登记确有错误的，登记机构就更正。比如，利害关系人拿着借名买房协议要求登记机构更正登记，而登记名义人不同意更正登记。此时，登记名义人和利害关系人存在物权归属的争议，登记机构作为行政机关，无法对当事人之间的物权争议定分止争，应该交由法院在确认之诉中裁断。总之，《物权法》第 19 条第 1 款没有举证责任分配的思维。可能的完善路径在于，将该条中的"或者"改为"并且"。如果当事人欠缺要件，可以向法院提起确认之诉。这样能妥善地衔接司法权和行政权。《物权法》第 19 条第 2 款所规定的异议登记中证明责任和第 1 款中的规定是连贯的，即均由申请人承担举证责任。

《物权法》中争议很大的一个问题是善意取得制度中"善意"的要件事实应当由谁承担举证责任。从法律要件分类说的举证责任一般规范来看，《物权法》第 106 条第 1 款第（1）项中的"善意"是权利发生的要件事实，该事实应当由善意取得制度中的受让人承担举证责任。但实际上，善意与否应当本着善意取得制度的逻辑前提——物权变动公示方法的公信力来理解。既然立法者赋予不动产登记和动产交付以公信力，那么受让人本身是否为善意，应该从出让人的权利外观中进行推定。《物权法司法解释一》第 15 条第 2 款对《物权法》的规定进行了释明："真实权利人主张受让人不构成善意的，应当承担举证证明责任。"但受让人的善意仅仅通过物权变动公示方法没法完成证明。《物权法司法解释一》第 17 条增加了条件："受让人受让动产时，交易的对象、场所或者时机等不符合交易习惯的，应当认定受让人具有重大过失。"物权公示的公信力不当然等同于受让人的"善意"，而只是对"善意"的推定。这种推定可由真实权利人反驳推翻。在动产善意取得中，法官还要结合交易对象、场所、时机等交易习惯综合判断受让人是否"善意"。不动产的善意取得同样如此，《物权法司法解释一》第 16 条规定了若干例外情形。受让人查阅登记簿，确认具体交易人就是记载的权利人。但不能当然认为受让人为"善意"，真实权利人完全可以反驳推翻。不动产和动产善意取得制度中的"善意"判断都需要结合交易习惯和物权变动公信力进行动态把握。

第三类，侵权责任法中环境污染侵权举证责任倒置等证据规范。《侵权责任法》第 66 条规定："因污染环境发生纠纷，污染者应当就法律规定的不承担责任或者减轻责任的情形及其行为与损害之间不存在因果关系承担举证责任。"司法实践中，被侵权人要完成对污染行为及其造成损害结果的初步举证责任之后，才会发生针对侵权人的举证责任倒置。侵权人并不承担全有全无式的举证责任，否则会打开诉讼的"水闸"，造成案件泛滥。司法解释对初步的举证责任进行细化。《关于审理环境侵权责任纠纷案件适用法律若干问题的解释》第6条规定，环境侵权责任纠纷案件中被侵权人应当提供证据材料证明"污染者排放的污染物或者其次生污染物与损害之间具有关联性"。《关于审理环境民事公益诉讼案件适用法律若干问题的解释》第8条规定："提起环境民事公益诉讼应当提交下列材料：……②被告的行为已经损害社会公共利益或者具有损害社会公共利益重大风险的初步证明材料。"这些规定实际上降低了被侵权人的证明标准。进一步地，此时，初步的举证责任和证明标准的降低在最终价值判断上似乎没有根本差别，两者仅仅在术语选择上有差别，该差别属于纯粹民法学问题中的解释选择问题。

很多民事实体法的制度中应当配合举证责任倒置的规范，如个人信息受侵害的情形。《民法总则》第111条规定："自然人的个人信息受法律保护。任何组织和个人需要获取他人信息的，应当依法取得并确保信息安全，不得非法收集、使用、加工、传输他人个人信息，不得非法买卖、提供或者公开他人个人信息。"现实中个人信息常有泄露，但相关案件却不多。一方面，被侵权人维权成本很高；另一方面，举证责任也是难以承受之重。我们很难证明信息由特定哪个侵权人泄露。所以，《民法总则》第111条的实施离不开特定条件下举证责任倒置规范的配合。若被侵权人承担初步的举证责任，证明其个人信息独家授权给相关机构收集，且自身相应信息事后被泄露。则收集者就要证明自己已经采取了确保信息安全的保障措施。如果收集者无法完成证明，则应当推定该收集者泄露了个人信息。这样有利于个人信息保护在诉讼过程中的配套实现。比如，一产妇在医院产科生产，将其个人信息独一无二地提供给医院。后来，她收到各种推销电话、诈骗短信等。这时就应当将举证责任倒置，由医院证明自己对产妇及新生儿个人信息采取了合理的安全保障措施。

惩罚性损害赔偿纠纷案件中"欺诈"要件事实的举证责任同样如此。依照《民事诉讼法司法解释》第91条的规定，这个要件事实应当由消费者承担举证责任。《民通意见》第68条这样规定"欺诈"："一方当事人故意告知对方虚假情况，或者故意隐瞒真实情况，诱使对方当事人作出错误意思表示的，可以认定为欺诈行为"。依照实体法的规定，消费者需要证明对方当事人的

"故意"。进一步，《民事诉讼法司法解释》第 109 条规定，"当事人对欺诈、胁迫、恶意串通事实的证明，以及对口头遗嘱或者赠与事实的证明，人民法院确信该待证事实存在的可能性能够排除合理怀疑的，应当认定该事实存在"。如此，欺诈的证明标准提高到"排除合理怀疑"的程度，消费者主张惩罚性损害赔偿更是难上加难，这不符合倾斜保护消费者的总体立法态度和目的解释结论，应当适当减轻消费者举证责任，结合表见证据理论改进相关规定。

第四类，婚姻法中的夫妻共同债务推定规范。很多人认为《婚姻法司法解释二》第 24 条是"恶法"，这可能是机械理解本条文的结果。我在《〈婚姻法〉中的夫妻共同债务推定规范》[1]一文中论证应该明确夫妻共同债务推定规范的"基础事实"，该制度的目的是服务于夫妻共同生活利益需要。我们应该结合《婚姻法》第 41 条[2]的规定，综合身份推定和目的推定，对之进行目的性限缩解释。当债权人就婚姻关系存续期间夫妻一方以个人名义所负债务主张权利的，他还应当证明该债务服务于共同生活需要，如此方可按照夫妻共同债务对待。最高院的司法解释也持此观点，《关于审理涉及夫妻债务纠纷案件适用法律有关问题的解释》第 3 条规定："夫妻一方在婚姻关系存续期间以个人名义超出家庭日常生活需要所负的债务，债权人以属于夫妻共同债务为由主张权利的，人民法院不予支持，但债权人能够证明该债务用于夫妻共同生活、共同生产经营或者基于夫妻双方共同意思表示的除外。"在夫妻共同债务推定规范上也存在"请求原因—抗辩—再抗辩"的过程，我们可以从相关司法解释中梳理出相应的动态规范体系。

第五类，继承法中的证据方法规范。遗嘱的形式要求严格，是整个民法制度中对民事法律行为形式规定得最为详尽的部分。根据《继承法》第 17 条的规定，如果自书遗嘱、代书遗嘱、录音遗嘱和口头遗嘱不满足本条规定，直接导致无效，无证据能力，遑论其证明力。对于无相对人的意思表示而言，应当本着《民法总则》第 142 条的规定，探求其真意。因而，法律对遗嘱形式的要求更严格。类似地，《民法总则》第 33 条规定了成年协议监护："具有

---

〔1〕 参见王雷："《婚姻法》中的夫妻共同债务推定规范"，载《法律适用》2017 年第 3 期。

〔2〕 《婚姻法》第 41 条规定，离婚时，原为夫妻共同生活所负的债务，应当共同偿还。共同财产不足清偿的，或财产归各自所有的，由双方协议清偿；协议不成时，由人民法院判决。

完全民事行为能力的成年人，可以与其近亲属、其他愿意担任监护人的个人或者组织事先协商，以书面形式确定自己的监护人。协商确定的监护人在该成年人丧失或者部分丧失民事行为能力时，履行监护职责。"遗嘱是单方法律行为，是死因行为，而成年协议监护是双方法律行为。问题在于，成年监护协议是否只要有书面形式就可以了？对监护人是否有监护资格，监护人监护职责的范围有多大产生争议时，如何审查被监护人的真实意愿？成年监护协议和遗嘱在探究行为人真实意思上面临同样的证据困境。我认为，应当分别参考遗嘱的形式规定完善成年监护协议的形式，对后者的生效要件提出更高的要求。如被监护人自己书写监护协议，则应当亲笔书写、具有签名、注明年月日等。

（三）几个简单的总结

第一，法律思维的两大核心特点是规范性和证据性。证据本身也具有规范评价性的特点。

第二，将民事权利规范与民法证据规范结合起来，进行民事一体化研究。民事立法中应该有意识地、体系化地配置证据规范，注意不同于证据规范背后的正义观。

第三，要将民法证据规范论和要件事实论结合起来对民法规范做动态解释。

第四，区分审判权、强制执行权与行政权在行使过程中举证责任的差异，区分立案和审理阶段的举证责任和证明标准差异。区分本证与反证中的举证责任问题。区分责任减轻与倒置。辩证看待举证责任减轻与证明标准降低。

第五，疑难案件中法官在裁判时不宜做全有全无式的举证责任分配（如《合同法》第 114 条、《侵权责任法》第 20 条等），不宜动辄适用举证责任裁判以防止过于脱离实质正义，举证责任裁判是案件事实真伪不明时的裁判方法，但一定是穷尽其他方法的"最后一招"。

三、嘉宾与谈

主持人：胡思博（中国政法大学诉讼法学研究院副教授）

今天王老师谈到的许多问题我之前也关注过，但是王老师的分析给我带来了新的思路。比如关于证明责任分配的一般规定，应该规定于实体法还是程序法？我之前也关注过一个类似的仲裁案件，因为法院撤销仲裁裁决主要是基于程序事由，而实体事由是法律所限制和禁止的，但是在这个案子里当事人申请撤销的理由就是证明责任分配错误，所以归属于程序还是实体原因是不得不解决的问题。

还有关于证明责任分配的自由裁量权，2001年的《证据规则》作出了明确规定，但2015年的司法解释只规定了证明责任分配的一般规则，特殊分配规则规定在《侵权责任法》，那么这是否意味着司法解释否定或禁止法院自由裁量分配呢？如果把自由裁量交予法官，那么其会更好地处理这个案件，还是会因为业务水平或职业道德阻碍案件的公正审理呢？

此外，"初步证据"在目前的第三人撤销之诉、公益诉讼的立案条件中都有所规定。目前普通案件立案登记制中要求对证据材料只做形式审查，但在这两类特殊案件中是否意味着在立案层面上对证据材料的审查要求更趋于严格，属于对证明标准的一定要求？

下面首先有请刘保玉教授点评。

与谈人：刘保玉（中国政法大学法律硕士学院教授）

今天的报告主题所涉领域是非常值得研究的。民商法实体法学科与民诉法程序法学科都是非常好的学科，但是，长期以来，尽管在讨论的过程中一直强调要打破壁垒，不同学科的学者在做研究的时候，却总是会自觉或不自觉地陷入自己熟悉的领域，仅谈实体法或仅谈程序法。我们很多法律条文的规定和制度的设计，如果从实体和程序两个角度来观察的话，就会发现在实践中根本无法适用。所以，应当加强对这一交叉领域的问题研究。

民事程序法既涉及诉讼程序，也涉及证据规则，另外，还应该关注执行程序中的问题。在我们以往的印象中，执行工作就是采取多种方式寻找被执行人的财产，然后"拿回来"，但实际上并非如此简单。例如，不动产交付、占有多年，仅仅是由于没有过户登记，此时该不动产究竟属于谁、如何执行的问题就产生了意见分歧，各种观点似乎都有一定的道理。在我们特殊的国情之下，实体法上的确权如何在程序法中通过证据的认定厘清权属，确实值得我们思考。

　　最近我比较关注《民法总则》第九章诉讼时效，其中一个问题既有关实体问题，也涉及程序法问题，这就是连带责任与必要共同诉讼之间的关系。根据最高人民法院《人身损害赔偿司法解释》的规定，似乎将所有的连带责任纠纷都作为必要的共同诉讼，在诉讼过程中都要追加当事人。受害人不同意追加的，扣减相应的索赔份额。由此可见，构成连带责任的都属于民事诉讼中的必要共同诉讼，都是需要法院依职权追加的。而按照《侵权责任法》的规定，构成连带责任的，受害人可以选择一个、数个或全部侵权人作为被告来寻求救济，将选择权赋予受害人。进一步追问，其与程序法如何衔接？遇到受害人选择起诉部分连带责任人这样的情况，法院能否追加其他连带责任人为共同被告？当事人不同意追加，后果如何？法官能否进行释明？如果原告坚持不追加，只告其中几个，又应当如何处理？选择对部分侵权人主张权利的诉讼结束之后，如果执行未果，受害人能否另行起诉其他责任人？法院应否受理，是否属于"一事不再理"的范围？这一系列问题都需要考虑。

　　在《民法总则》的起草过程中，参考了最高人民法院有关诉讼时效司法解释的规定，对于连带债权人、债务人中的一人发生诉讼时效中断效力的事由，应当认定对其他连带债权人、债务人也发生诉讼时效中断的效力。在《民法总则》草案的三次审议稿中也都作出了与此规则相同的规定，而在最后"上会"的时候被删除了。法制工作委员会的解释是，在审议的过程中有委员提出，这样的规定未必妥当，值得再做推敲，所以删除了。那么，删除这个规定之后，在实践中遇到此种情况该如何处理呢？回想当初，在学习民法诉讼时效原理的时候，教科书的观点都是适用这样的规则。但是仔细想来，这样的规定是否妥当确实是可以讨论的。比如，两个或几个互不相识的人，因为偶然的原因发生了共同侵权，这几个人的责任属于连带责任。全肯定涉他性或全否定涉他性似乎都是不合理的，我想到一个思路：能否借鉴诉讼法上的原理和国外立法例，将必要的共同诉讼分为固有的和类似的两种，固有的共同诉讼中时效中断的事由具有涉他性，而类似的共同诉讼中则不具有涉他性。

　　在我们法科学生的教育和培养的过程中，都是给定事实，然后进行分析，作出结论。然而在实践中，"给定的事实"如何确定却是最困难，工作量最大的。对自己有利的事实能否通过证据证明出来，是非常复杂的，而之后的法律推理相对比较简单。"举证责任分配之所在，败诉风险之所在"。法官将举证责任分配给当事人的哪一方，后果是相当严重的。所以，在立法过程中应当有这样的一个意识，举证责任分配给谁最合适的问题，一定要反复推敲。因为举证责任分配的规则通常直接影响到权利能否成立、应否支持。我们在研究法律问题的时候，不仅要关注实体法的规定，而且要关注诉讼或仲裁等实务过程中证据的提出、举证责任的安排等问题，这些都是非常重要的。

另外，我这里有几个实体与程序问题结合的案例想跟大家分享一下。

第一个案例，内蒙古鄂尔多斯的一家公司欠石家庄一家公司一笔债务，石家庄的公司多次派人去内蒙古要债，但是没有要债的书面证据。最后，石家庄的公司将鄂尔多斯的公司诉至法院。但是在一审、二审中，由于被告提出诉讼时效已过的抗辩，原告的请求被驳回。诉讼中，石家庄的公司出示了多次去鄂尔多斯的交通费和住宿费发票来证明自己曾经向债务人主张过债权。但是债务人反驳道，如何证明前往鄂尔多斯就是去找我们要债的而不是处理其他事务呢？这确实无法证明，没有进一步的证据，这对原告是非常不利的，也不公平。但是，再审中，法官引入举证责任倒置规则之后，事情就变得相对公平一些。最高人民法院的再审法官认为，原告已经提供了初步证据材料，有三次前往被告处索要债权，被告反驳，则应当对其反驳提供证据，即证明其前往鄂尔多斯是处理其他事务或有其他业务伙伴。被告无法证明这点，则推定原告前往鄂尔多斯是向被告主张债权的。据此，再审中改判支持了原告的主张。

第二个案例，有关蚂蚁、狮子与石头的故事。故事的核心是质押物的价值认定或推定问题。案情大概是这样的：我向丙万老师借债 30 万元，将一块宝石质押给丙万老师。双方都没有评估宝石的价值。但是，宝石在质押期间丢失了。债务到期后，该如何处理？质权人主张宝石仅值 1 万元，出质人主张宝石价值 50 万元，扣除 30 万元的债务，还应当返还 20 万元。双方就宝石的价值无法达成一致，而且都无法举证。争议诉至法院，该如何处理？针对案件事实就宝石价值形成了三种观点：价值 1 万元，价值 50 万元，价值和债务基本相同。有学者从法经济学的角度支持质权人的自认，即宝石价值 1 万元，而我认为应当与债务数额折抵。我把这个事例放到一个学者的微信群中讨论，有百分之七八十的学者赞同我的观点，但也有相当一部分学者赞同价值仅值 1 万元的主张。当然这个案件还涉及谁作为原告的诉讼技巧问题，因为谁作为原告谁就处于相对不利的举证地位。王雷老师的报告中提到的最高人民法院 2018 年新出台的司法解释规定，实际上也没有完全解决或妥善解决这个问题。

最后再提三点小建议：（1）关于初步证明责任中的"初步"到底是何种程度，应该进一步界定并说明。（2）关于分类方式的问题，报告中主要是根据部门法的规定来进行分类的，此种分类存在一定的问题，建议根据涉及的不同问题作出分类。（3）关于用词。民法证据规范中的"民法证据"是什么含义，我们比较熟悉的表述是"诉讼证据"等，这里的"民法证据"与"诉讼证据"是什么关系？需要进一步说明和论证。

主持人：胡思博（中国政法大学诉讼法学研究院副教授）

谢谢刘老师点评，希望刘老师以后继续支持我们的活动。下面有请对民事证据有着深入研究的纪格非老师。

与谈人：纪格非（中国政法大学民商经济法学院教授）

非常感谢论坛的邀请。对于今天论坛的主题我比较感兴趣。王雷老师的表达非常清晰，逻辑性很强。听了王雷老师的报告，我感到收获很大。关于证明责任分配问题，民事诉讼法也比较关注这个问题，而且涉及实体法内容。看到王老师的研究思路，可能是由于学科或者是话语体系的原因，我在理解上有一些困惑：

第一，证据方法规范是什么规范？民事诉讼法中有"证明方法"一词，刚才报告中证据方法规范似乎在讲举证责任。另外，证据方法规范中的"规范"涵摄的范围是什么？报告中似乎在讲举证责任的分配、倒置和转移。

第二，民法中的"认定""推定"和"视为"等表述在证据法上的效力是什么？是一种证明责任规范吗？是一种法律解释规范吗？还是一种推定的规范？王老师的报告中似乎没有细分这些词的用意，其实这些词的不同用意会产生对证明责任的不同理解。

第三，关于举证责任的减轻，在民事诉讼法中有特定的指向，哪几种技术方法属于举证责任的减轻。

第四，证明责任倒置在我们的理解中是不应该被经常规定的。

第五，区分行为意义上的证明责任和结果意义上的证明责任在证据法上是很重要的，但是很多法律条文和司法解释对其是不加区分的，这会在实践中产生一些混乱。其实，行为意义上的证明责任趋向于不需要在法律上作出规定，根据具体案件，需要法官的自由心证。法律上能够作出的规定是败诉的风险，其他的是没有必要规定的。最高人民法院的司法解释中很多涉及到了行为意义上的证明责任的转移问题，实际上是不应该的。因为，无论如何规定都是错的，在司法实践中都会有无法解决的问题。本来是需要法官自由裁量，最多是进行推定的，通过证明责任倒置的方法，无论倒置给哪一方，都会造成实质上的不公平。

第六，关于本证与反证的证明责任问题。在民事诉讼法中认为民事案件中只有一个证明责任，没有本证证明责任和反证证明责任之说。这是我不太理解的一个点。

第七，关于推定在证明责任中的作用问题，包括权利的推定和事实的推定，这两种推定在证明责任分配中作用如何理解的问题。学界通常认为权利推定是实体法规范，不涉及证明责任分配的问题，事实推定在不同的国家规定不同，大部分国家认为其不导致证明责任倒置。

第八，是否发生了难以证明的事实，就要将证明责任倒置？何为难以证明的事实？是否有关故意或过失等主观状态的事实就属于难以证明的事实？抽象的具有法律意义的事实就是难以证明的事实？《侵权责任法》中存在很多类似的主观过错或因果关系的证明的需要，并非难以证明，除了个别案件，对于大多数其他类型的侵权案件，并非所有的主观状态或因果关系的证明都是要倒置的。

第九，关于善意判断的问题，其实也是一种主观状态的证明，例如不当得利，似乎看上去难以证明。另外，返还原物中如何证明占有是没有合法权利的？这些是否都需要倒置？还是需要法解释学？这都存在一定的讨论空间。

主持人：胡思博（中国政法大学诉讼法学研究院副教授）

我认可纪老师的观点，刚才王老师有些术语的表达和我们民事诉讼法学界的既有用法可以再协调。下面有请熊老师。

与谈人：熊丙万（中国人民大学法学院助理教授）

在民事法律制度的研究以及整个民法学的研究之中，基于历史发展的需要，对于具体的制度、具体的问题分散的研究比较多。但是，在分散式的研究背后，有意或无意地忽视了制度之间在方法上和价值上的关联。王雷老师的相关研究对我自己的研究有很大的启发，对于打破不同学科之间的壁垒也具有重要的作用。

刚才谈到"司法三段论"的问题，我赞同王雷老师的观点。三段论本身没有错，在我们讨论和思考问题的时候，无论是否有意识，它肯定是在脑海中被应用的。我们希望进行理性的思考和富有成效的沟通，必然要在三段论的框架中展开问题。在近三十年的研究中，民法学前辈们在民法学方法论中努力塑造三段论以及以三段论为核心展开的民法解释学的研究，为民法学的研究和发展作出了重要贡献。正如王雷老师提到的，三段论的分析和研究不能简单地等同于法律解释学。当然说法律解释学也没有错，这取决于我们在何种维度上讨论法律解释学。当我们在讨论和运用三段论的时候，到底如何理解和确定大前提和小前提事实的认定？今天王雷老师讲到小前提案件事实的确定背后蕴含着丰富的政治经济学的思想，在原有的框架上，穿透背后的问题是非常有意义的。

我最近关注比较多的是有关"欺诈"的问题，《消费者权益保护法》第55条规定，消费者受到欺诈可以请求三倍赔偿。关键是何为欺诈？在司法实践中有两个相关的问题，一是知假买假者是否属于消费者；二是对知假买假者的购买行为是否认定为受欺诈。这是两个相互关联的问题。在讨论是否属于消费者之前要确定他是否属于知假买假者。有些法官认为这个问题不重要，认为只要不是在销售，那就是消费者，只要是买了物品，存在质量瑕疵，就推定经营者存在欺诈。然而，更多的法官或基于道德，抑或基于其他利益的考量，则会认为知假买假者不应当被认定为消费者。在司法实践中，在认定是否构成知假买假者，一类法官主观上非常排斥知假买假者，会采取相应的行动证明他是知假买假者，比如上裁判文书网查询同一原告是否就同类的事实多次起诉。另一类法官，则不主动证明，如果被告通过查询裁判文书网证明原告过往有多次类似的起诉行为时，则认定原告属于知假买假者。第三类法官没有简单回避，在认定是否属于知假买假者，通常采用较高的证明标准。除了需要类似相关起诉行为证明之外，还需要原告的自认。由此可见，价值取向不同的法官，在证据的认定过程中则会采取不同的做法，具有明显的差异。因此，案件事实的确定体现了法官的道德关怀和政治经济学观念。

同样的，在大前提的确定中也有类似的问题。在一次研讨会上，讨论到法理学与部门法的分割对谁"伤害"更大，是法理学丧失了可以检验的场所，还是部门法失去了更多值得关怀的价值。法律部门的划分，体现在各个方面，不仅是法理学与民法，还体现在民法与公法的划分，比如效力性强制性规范。通常认为效力性强制性规范为管理性强制规范，潜在观点是推定，在民事法律关系的背后存在着行政机关的监管，然而，这种推定在多大程度上是事实，行政监管机构会在多大程度上实施监管职责，是不确定的。

另外，要在多大程度上明确将证明责任规定在民事法律中，是事无巨细地在法律条文中表达出来，还是应当塑造一种民事证据的观念。我最近在写一篇题为"中国民法学的效率意识"的文章，在讨论的时候，着重关注微观制度对我们个人的行为和社会经济发展的影响，实质是更侧重关注实体方面，今天听了王雷老师的报告，启发我将关注点扩展到程序法中。基本的效率观念和效率意识也体现在民事证据之中。

主持人：胡思博（中国政法大学诉讼法学研究院副教授）

谢谢熊老师的高见，下面有请黄老师。

与谈人：黄忠顺（中国社会科学院法学研究所助理研究员）

关于实体法与程序法相结合的研究路径，我们有基本共识。王老师主要是侧重从实体法的角度进行讨论，然后又涉及了程序法。由于专业的原因，我主要从程序法的角度展开讨论，也就是如何将民法的基本精神、基本原则乃至基本制度延伸到程序法中去。我最近发表的关于调解协议的司法审查以及应诉管辖制度的系列论文，就是遵循着这种研究路径。因而，在研究方法上，我与王老师存在一定的共通性。下面主要是谈一下自己的一点想法和疑惑。

第一，对于法律条文的解读有多个视角。例如，王老师讲到的《民法总则》第191条，认为从证据收集的角度来说，对于受害人的利益保护是不利的。但是，这并不是意味着在未满18周岁之前不能起诉，也并不意味着未成年人的法定代理人不能提起诉讼。由此看来，此条规定也并非完全不利于保护受害人的利益。当然，王老师在报告中对于相关法条的解释始终贯穿了体系解释的方法，我觉得这是非常有价值的，特别是关于《侵权责任法》第 78 条、第 79 条、第 80 条的解释和理解。

第二，在对法条进行解释时，我们是否当然地从字面含义进行证明责任的分配，还是有必要在价值判断的基础上根据规范说进行分配？或者对相关表述的语言逻辑进行适当的调整？王老师也指出，对于有些法条仅仅是表述的问题，并不能完全从表面含义的角度来分配当事人的证明责任。

第三，纪老师刚才也提到行为意义上的证明责任与结果意义上的证明责任的区分，我也觉得有必要引入这对概念。行为意义上的证明责任，是否是降低了证明标准？证明标准指向的是法官的自由裁量，行为意义上的证明责任仅仅是当事人的证明，而不是终极意义上的。行为意义上的证明责任的移转，更多的是为了迫使双方当事人尽最大可能地多提供证据，以便法庭进行更为充分的证据裁量和事实认定，但似乎并没有因此降低证明标准，充其量可能只是降低了当事人的证明难度。

四、总结回应

主讲人：王 雷（中国政法大学民商经济法学院副教授）

感谢各位老师的点评、鼓励和很有启发的建议。

第一，思博讲的《民事诉讼法司法解释》第 109 条，我觉得有点"一刀切"了，其鼓励交易安全的初衷当然是好的，但是恰恰导致了类型化不足的问题。丙万也提到消费欺诈问题，我认为对于消费诉讼案件严格提高证明标准，这对消费者不利，不符合倾斜保护消费者的立法目的，消费者在《民法总则》第 128 条里受到倾斜保护对待。如果严格按照《民事诉讼法司法解释》第 109 条来解释《消费者权益保护法》第 55 条欺诈事实的证明标准，实体法的立法目的就会被证明标准的提高消解掉。

第二，我对刘老师讲的生动案例深有同感。在疑难案件里，全有全无式的举证责任分配会危及实体公正的达成。在一些疑难民商事案件的解决过程中，初步的举证责任或者说适当降低证明标准能够在坚持既有的证明责任分配方案的基础上进行适当的缓和。当然，这要求裁判者心中充满正义，目光不断往返流转于规范与事实之间。所以，在运用自由裁量权时，也要本着法、理、情有机结合的原则。刘老师所讲的宝石质押案中，宝石的价值究竟多大，也需要结合社会一般生活观念和交易习惯去认定，不宜径行将举证责任完全交由质押人承担。

第三，对于刘老师与纪老师所提出的概念统一性问题，也是我所思考的问题。生活事实上升为民事法律事实的过程中所产生的问题并不能完全被情谊行为理论所解决，哪些案件事实可以被法官在审理过程中认定，离不开证据方法与举证责任等证据规范的运用。我对本证与反证的理解是，提出本证之人对本证的事实承担举证责任，提出反证之人对反证事实承担举证责任，这是两个事实。对于同一个事实，结合初步的举证责任，适当减轻本证一方的举证责任就可以把事实拆分成两半，此时究竟是针对一个事实还是两个事实，就是个概念术语的解释选择问题了，取决于我们对"事实"这一概念的界定。

第四，对于证据方法规范，我主要关注《继承法》第 17 条，就是自书遗嘱、代书遗嘱、录音遗嘱、口头遗嘱的形式，并把这个条文作为继承法证据规范的典型体现，该条文规定也就对应证据法里不同的证据种类，有自书方式、代书方式展示的书证，还有口头证据以及录音录像。我把这个条文与证据的种类相对应，但是又不完全等同。因为证据种类包含了证据是否具有证据能力以及证明力大小，这才是证据规范解决的根本问题。

第五，对于纪老师所讲的认定、推定与拟制的问题，在实体法里确实非常常见，但是立法者却没有明确区分这些概念，特别是推定和拟制两个概念。通常所讲的推定是可反驳的推定，所谓的视为则是拟制、不可反驳推翻的推定。比如《合同法》第 78 条规定，当事人对合同的变更的内容约定不明确的，推定为未变更，这恰恰应该是个拟制规范，第 78 条的"推定"宜改为"视为"。

第六，至于忠顺所讲的初步证明材料，以及思博讲的立案阶段和审判阶段，刘老师讲的强制执行阶段，我认为相应审判权与更正登记过程中行政权行使时的举证责任乃至证明标准的确有所不同，诉讼中的不同阶段也是如此。对于环境公益诉讼，需要再考查它在实体审判环节与立案阶段会不会有举证责任和证明标准方面截然不同的安排。对于环境污染这类因果关系不确定性、易变性很高的诉讼，如果不减轻因果关系的举证责任或者适当降低证明标准，审理起来可能会很困难。但全有全无式地倒置给污染者承担，在利益分配上也有失公平。

第七，对于举证责任的安排究竟是只要有举证责任的意识就可以还是需要有条文规定？我认为对于举证责任的一般规范，在《民事诉讼法司法解释》第 91 条的基础上，立法者更需要在民事实体法立法过程中进行反思和应用。在民事实体法立法过程中，对权利发生的要件事实、权利妨碍、消灭以及受到限制的要件事实在实体法中进行有意识的、体系化的安排，妥当运用"原则—例外"的立法技术，以落实关乎当事人之间利益取舍和排序的举证责任分配这一价值判断结论，这的确需要更多地借鉴民事诉讼法的研究成果，搭建民法和民事诉讼法沟通交流的平台。

第十期

量化分析方法在法律与经济学交叉学科中的应用

主讲人： 徐文鸣　中国政法大学法与经济研究院副教授

与谈人：（按姓氏笔画排列）

马　允　中国政法大学法学院助理教授

马静远　中央财经大学法学院助理教授

许　可　中国人民大学法学院未来法治研究院研究员

杜津宇　北京工商大学法学院助理教授

赵天书　中国政法大学中欧法学院助理教授

熊金武　中国政法大学商学院副教授

刘　哲　北京市人民检察院公诉部检察官

李　莉　中国政法大学政治与公共管理学院副教授

何启豪　中国政法大学比较法学研究院副教授

主持人： 王　蔚　中国政法大学法学院副教授

一、引言

在社科法学与规范法学的合力下，我们法学研究似乎成功地摒弃了此前既有的意识形态话语，然而规范与事实在形成法律推论中到底扮演什么角色仍是两者对话甚至对抗的焦点之一。量化分析作为社科方法的重要研究工具，到底可以展现怎样的魅力？如何回应社会治理和公共政策的需求？主讲嘉宾中国政法大学法与经济研究院徐文鸣副教授和与谈嘉宾中国人民大学法学院未来法治研究院许可研究员、中央财经大学法学院马静远助理教授、北京工商大学杜津宇助理教授以及中国政法大学商学院熊金武副教授、法学院马允助理教授和中欧法学院赵天书助理教授将围绕"量化分析方法在法律与经济学交叉学科中的应用"这一主题进行广泛的讨论和交流。中国政法大学比较法学研究院何启豪副教授、政治与公共管理学院李莉副教授以及北京市人民检察院公诉部刘哲检察官也参与了相关话题的讨论和点评，这充分显示了量化分析方法在学科研究和实务运用中所具有的作用。

二、主题报告[1]

主讲人：徐文鸣（中国政法大学法与经济研究院副教授）

今天报告的题目是"量化分析方法在法律与经济学交叉学科中的应用"。量化分析方法实际上是法与经济学研究中经常使用的分析工具。法学研究关注事实与规范，量化分析方法就是对事实的探究。本次报告分为三个部分：量化分析是什么、量化分析方法怎么样、如何进行量化分析，旨在展示基础的分析思路与方法，为大家的讨论与批判提供初步的材料。

---

〔1〕 参见徐文鸣："证券民事诉讼与投资者赔偿——基于虚假陈述案件的实证分析"，载《山东大学学报（哲学社会科学版）》2017年第3期。

（一）量化分析是什么？

规范研究和实证研究是两种基本的研究方法。规范研究（Theoretical Analysis）在基本假设的基础上通过逻辑演绎（Deduction）推导结论。它采用演绎的分析方法，侧重逻辑推理，往往用于探讨理论问题。实证研究（Empirical Analysis）通过收集和分析数据归纳（Induction）得出结论，侧重使用现有的数据得出新理论或验证旧理论。我们天天都在做实证研究。比如，为什么大家认为太阳会从东边升起？因为我们通过观测得到的历史数据显示，太阳每天都从东边升起。以往的经验中没有发现太阳从西边升起的反例，因此这是有意无意地通过归纳得出结论。实证研究和规范研究只是两种不同的分析思路，没有高下之分。再比如，如何得出勾股定理？A 由已知的几条几何公理为基础，进行逻辑推演得到勾股定理。B 则四处收集所见的直角三角形三边长度数据，发现所有直角三角形直角边的平方和都等于斜边的平方，于是归纳得到勾股定理。两者的结论是一样的，只不过 A 靠的是理性，B 靠的是经验。

特别值得一提的是，实证研究虽注重收集分析现有数据，但其基础还是理论，无论是研究问题的设计还是对实证结果的解释，都是基于相关理论。但是，法律实证研究（Empirical Legal Studies）的核心分析方法是统计学的方法，因而需要遵守统计学的科学框架。

按照样本数量大小，法律的实证研究可以分为以下类型：

第一，田野调查或案例研究。传统法学研究广泛使用案例分析的方法，这也是实证研究，是基于现实发生的案例探究相关理论问题。它的特点是研究对象数量较小，但细节丰富。

第二，随着样本数量增加，可以进行描述性统计分析。它的研究对象数量较大，统计工具简单（均值、中位数、最大最小值、方差），可兼顾细节。其中，均值反映样本的平均状态，在一定程度上避免了极端值对法律推论的影响。如果只研究单个案例，可能会受到极端个案的影响，得出不太可靠的结论。扩大研究的规模，在一定程度上可以消减这种极端值的影响。但描述性统计分析容易出现偏误（Bias）。举个例子说明极端值和平均值的差异：

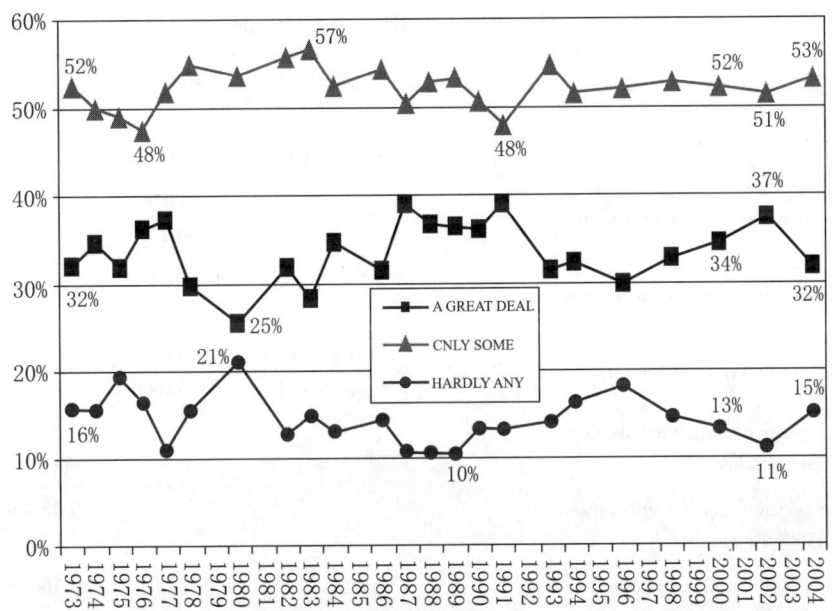

Ref：Lindgren，J.（2006）. Predicting the Future of Empirical Legal Studies. *Boston University Law Review* 86：1447.

图1　**Confidence in the U. S. Supreme Court Over Time（1973~2004）**

　　上图的这位作者欲调查民众对联邦最高法院的信心，研究的样本容量超过 30 000。美国民众对联邦最高法院有一定的信心。如果我们只做个案研究，很可能受到极端个体的影响，得出与实际情况相差较大的结论。样本容量的变化会影响研究结论。

　　第三，计量分析。它的研究对象数量庞大，需运用复杂的统计工具（相关系数、回归分析、因果分析）。回归分析中，研究者可能会选择不同的回归模型和测量方法，有意识地纠正偏误，但计量分析会忽略细节。典型的计量分析如下：

表 1　Campaign Contributions and Attorney Fees

	Model 1	Model 2	Model 3
State pension-contribution	−0.325 * * (−3.64)		
State pension-large contribution		−0.026 (−0.15)	
State pension-small contribution		−0.379 * * (−3.83)	
State pension-no contribution	−0.546 * * (−5.11)	−0.539 * * (−5.02)	
State pension-large contribution all state officials			0.060 (0.53)
State pension-small contribution all state officials			−0.483 * * (−4.88)
State pension-no contribution all state officials			−0.564 * * (−3.99)
Labor union	−0.287 * * (−3.16)	−0.282 * * (−3.15)	−0.262 * * (−3.01)
Other institution	−0.018 (−0.37)	−0.018 (−0.36)	−0.017 (−0.34)
Constant	−0.890 * * (−8.03)	−0.829 * * (−8.61)	−0.814 * * (−8.35)
Case controls	Yes	Yes	Yes
N	269	269	269
R^2	0.367	0.371	0.379

Note: Dependent variable is in (Atty_Fee/1−Atty_Fee). Statistics in parentheses (determined with robust standard errors): $p < 0.10$; $p < 0.05$; < 0.01. Independent variables definitions are in the Appendix. Case controls include the Section 11, Section 14, gov't investigation, restatement, officer term, auditor term, insider trading claim, settlement amount, settlement amount2. In (market capitalization), turnover, minimum return, high tech, FDA, resolution time, and top attorney firm variables.

（二）量化分析方法怎么样？

法律实证研究在国际上是一个相对年轻的学科，在中国也刚刚起步。美国的法律实证研究会在 2004 年建立，仍然是个非常年轻的学会。欧洲对法律实证研究的热度也是在逐年增加。法律实证研究还是一个国际化的学科，使用统计分析方法使国外学者很容易理解中国学者在讲什么。当然，法律实证研究要求法学和统计学知识。后者对很多法学学生来说是个挑战，毕竟很多学校的法学本科无需学习数学知识。

在美国，法律实证研究兴起的标志是美国实证法学研究会（Society for Empirical Legal Studies）的建立。它是全球最具影响力的学会之一。芝加哥大学的 William Landes 作为法律经济学领域的泰斗人物，他的切入点是理论和模型分析，从基本假设一步一步推导均衡。Landes 在 2003 年论断，法学的实证分析在可预见的未来发展有限，学者应当专注于理论研究。很快他的预言就被证伪了。你们如果看文献，就知道 Landes 当年的合作作者老 Posner 也转向了实证研究。他最近在关注法官行为的实证研究。

为什么美国法学研究会出现如此大的转变？供需关系的变化可以解释这一现象。

从供给上讲，第一，法学院开始培养拥有双学位的博士生（joint PhD/JDs）。只有法学博士学位（JD）的人很难在美国一流法学院谋得教职。现在执教的老师除了法学的博士学位外，往往拥有经济学、社会学、政治学、历史学等博士学位。实际上，美国社会学、政治学、历史学的量化分析已经很成熟。第二，统计软件降低了实证研究的门槛。在 20 世纪 70 年代的经济学者、统计学者进行实证研究时，需要在草稿纸上手动计算，面临极大的计算量。这限制了学者们参与实证研究。现在，微软的 Excel 软件可以解决基本的数据处理需求。如果需要进一步处理，则有 SPSS、Stata、R 语言等统计软件。软件解决了大量的运算问题。研究人员需要做好研究设计，问一个好的问题是做实证研究的第一步。第三，法律数据大幅增长助力实证研究。实证研究的质量和研究数据的质量密切相关。我国台湾地区学者张永健研究员最近有一系列的论文研究法官的行为。这个研究便是基于新出现的数据。我国台湾地区"司法改革"其中一项规定是要求法官填写标准化的表格，而非撰写报告。大数据的技术可以很快地整理这些信息。学者只需要专注于研究设计，花在收集数据上的时间大大减少。

从需求上讲：第一，Steven D. Levitt 魔鬼经济学带来观念的改变，即学界开始研究法律的变化如何影响行为；第二，数据的处理成为次要问题，研究的设计变得尤为重要，因而亮点突出；第三，发表实证研究的专业期刊数量增加。

以 Levitt 教授的研究作为例子。20 世纪 70 年代，美国的犯罪率较高。从1991 年起，美国的犯罪率突然连年下降。各个领域的学者们开始广泛关注这个问题。首先应当回答的是，学界为什么关注这个现象？对犯罪率影响因素的研究会影响政策选择，如果我们认为监禁数量增加导致犯罪率下降，相关的政策法规可能偏向关押更多的犯人。学界对犯罪率降低有不同的看法。有学者认为，监禁数量的增加减少了监狱外潜在从事犯罪活动人员的数量，进一步造成犯罪率下降。第二种观点认为，警察数量增加，增加了犯罪成本，降低了犯罪率。第三种观点认为，是技术进步，如监控摄像头的安装、手机的普及降低了犯罪率。第四种观点认为，是安全设施投入更多导致犯罪率下降。以上观点具有一定的解释力，但仍有不完美之处。上述改进措施已经存在了 20 余年，为什么唯独在 90 年代后犯罪率才大幅度下降？Levitt 教授认为，联邦最高法院 1973 年裁定堕胎合法造成了 90 年代美国犯罪率的下降。[1]大家可以考虑一下，什么样的母亲有堕胎的需求？一般来说，可以总结为还未做好成为母亲准备的女性。如果法律禁止堕胎，堕胎成本高、风险大，这些母亲可能就把孩子生下来了。这些小孩获得良好培养的概率很低，成年后从事违法犯罪活动的概率较大。而法律容许堕胎，减少了潜在犯罪者出现的概率，因而降低了犯罪率。这种研究对既有法学研究造成了强烈的冲击。

斯坦福大学的法律实证研究十分具有特色，一定程度上反映了美国法律实证研究的兴盛状况。Daniel E. Ho 教授在 2013 年发表的《法学中的实证革命》[2]一文中，他指出斯坦福大学法学院共有四十余位教师，近三十位已经转向法律实证研究。另外，《斯坦福法律评论》发表实证论文的比例在近年也

---

〔1〕 Donohue Ⅲ, John J., and Steven D. Levitt, *The impact of legalized abortion on crime*, The Quarterly Journal of Economics 116（2）：379~420，2011.

〔2〕 Daniel E. Ho, Larry Kramer, *The Empirical Revolution in Law*, 65 *Stan. L. Rev.* 1195, 1202 (2013).

大幅上升。除了法学，法律经济学也经历了实证研究的变革。宾夕法尼亚大学 Klick 教授在 2011 年受聘于荷兰伊拉斯谟大学，担任法律实证研究讲席教授时发表演讲，认为法与经济学的实证研究已成趋势。[1]20 世纪 60 年代的专业期刊中，大约 30% 的文章运用实证研究方法。时至 2010 年，几乎每篇文章都要做实证分析。

在中国，法学学者很早就开始关注法律实证分析。北京大学的白建军老师 2000 年发表的文章《论法律实证分析》，认为所谓法律实证分析，是指按照一定程序规范对一切可进行标准化处理的法律信息进行经验研究、量化分析的研究方法。[2]此处的程序规范就是指统计学的基本规范。他认为法律实证分析的优势有三：其一，避免陷入良好愿望和想象指导法律实践的泥潭；其二，回答法律实效问题；其三，有助于积累经验。白老师二十年前的评论对我们今天的研究仍有指导意义。

近来，实证研究的数量在快速增长，学者也对此进行反思。上海交通大学程金华老师 2015 年发表的文章《当代中国的法律实证研究》[3]认为法律实证研究是指将法律现象视为客观事实，利用观察、访谈、参与等定性方法和/或者问卷调查、统计分析等定量方法发现法律事实，对这些事实进行归纳，描述其特征，分析事实之间关联后的因果关系，并阐释其发生机制的研究。从时间上看，第一篇标题带有"实证"的文章是《法学》杂志在 1988 年刊发的张志铭教授的文章《价值追求和经验实证：中国法学理论发展的取向》。2005 年后实证研究发表数量出现了快速增长。需要注意，不能简单得出这样的结论：法律实证研究的重要性不断提升。因为相关文章数量的增长很可能是法学论文发表数量增长造成的。另外，刑事诉讼法知名学者左卫民老师精于实证研究，近年的成果多为实证研究。左老师在《一场新的范式革命？——解读中国法律实证研究》[4]一文中总结出我国实证法学研究的三个特点：其一，以数据为中心的法学研究范式，其主要内容在于收集、分析数据并据此进行

〔1〕 Klick, Jonathan. *The Empirical Revolution in Law and Economics*, Eleven International Publishing, 2011.

〔2〕 白建军："论法律实证分析"，载《中国法学》2000 年第 4 期。

〔3〕 程金华："当代中国的法律实证研究"，载《中国法学》2015 年第 6 期。

〔4〕 左卫民："一场新的范式革命？——解读中国法律实证研究"，载《清华法学》2017 年第 3 期。

理论阐析。分析方法差异大，大多数为描述性的，偶有量化分析。其二，数据主要是"小数据"，即一些局部性与抽样性的数据。其三，研究者所使用的数据往往具有个体性甚至私人性，大多是自己收集、整理的数据。

（三）如何进行量化分析？

进行实证研究需要遵循基本的科学原则，即准确掌握统计学的基本原则。如果随意做实证研究，会影响最终结论的可靠性。实证研究大体上分为五个步骤：第一，提出研究问题。问一个对的问题十分关键，这甚至是实证研究的核心。实证研究是有局限的，一些问题不适宜用实证研究解决。在法律与金融领域，哈佛大学的 Andrei Shleifer 教授组织了名为 LLSV 的研究"天团"，探究法律与金融市场发展的关系。他们收集了一两百个国家的法律数据，对法条进行量化处理，通过回归分析发现，法律的质量和金融市场的发展是正相关的。他们的研究受到法学学者的广泛批评。以中国为例，我们的经验是市场先行，法律调整。因而，这里出现了反向因果关系的偏误。虽然教授们用一些方法去克服缺陷，但整个的数据统计分析仍不稳健。第二，定义变量。第三，收集整理数据。这个阶段花费的时间最多。第四，分析数据。第五，展示和解释数据。理论分析对于解释实证分析的结果是必需的。实际上，一个好的研究问题的提出也是需要理论的。

设计一个好的研究问题，文章就完成了一半（另一半是收集数据）。好的研究问题应当可以通过收集数据进行检验，因而必须承认实证研究的局限性，即分析数据无法回答所有问题。研究问题主要依据理论推导。比如，公司治理的核心是董事会制度。理论上，对董事的外部威胁可能激励董事为股东利益服务，也有可能起到反向的作用，比如恶意收购方通过清算企业资产获利。单纯的理论探讨可能无法得出较有说服力的结论。此时，便需要实践中的数据"说话"了。交错董事会制度是企业的反收购措施。它一方面减少了并购的威胁，另一方面增加了董事会在并购过程中的议价能力。交错董事会制度有害于还是有益于股东的利益呢？

如果想要回答这个问题，首先，需要定义"股东利益"这个变量。如果熟悉金融经济学的同学可能知道，股价是股东利益的代理变量。其次，如何定义"交错董事会"的代理变量，我们可以从公司章程的条款入手等等。并不是仅有交错董事会制度会影响股价，其他相关变量包括盈利能力、杠杆率、企业规模、行业等，也可能会对股价产生影响。这些选择都是基于理论知识。

收集数据最关键的是区别样本和总体。总体（population）是研究对象的全体，其中每个"个体"称为元素（element）。由于资源限制，很难讨论总体的统计特征。对于交错董事会这个主题来说，全部上市公司是总体。对于某类案件来说，法院所有的相关判决是总体。样本（sample）是指从总体抽取一部分个体（元素）的集合。样本容量（sample size）指样本包括的元素的数量。样本容量越大越好。抽样方式很关键，为了保证样本反映总体，需要采取随机抽样的方法。

至于整理和分析数据，它需要更专业的统计知识。简单来说，有描述性统计分析方法和回归分析方法。后者需要选取函数形式、设置回归模型、调整方差、区分相关关系和因果关系等，我在这里就不展开了。

最后一步是展示和解释数据。很多法律实证分析的读者并不具备统计知识，作者需要用更直观的方式展示结果。以下面"拿破仑进攻沙俄的行军路线与人员减少状况研究图"为例。

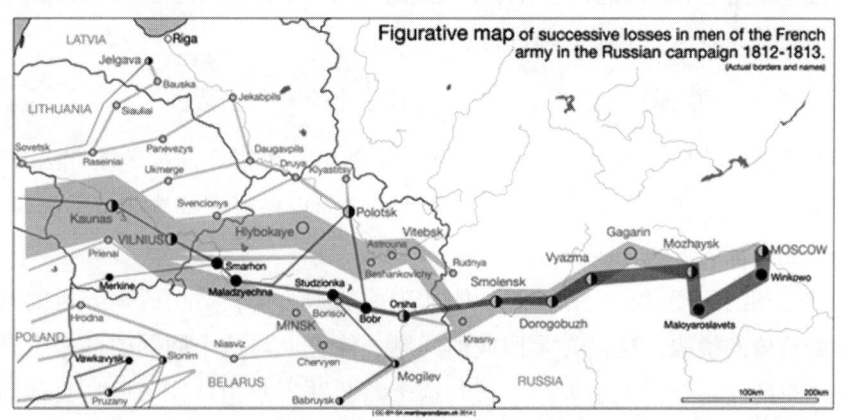

图 2　Figurative map of successive losses in men of the French
army in the Russian campaign 1812~1813

宽度大小代表人员多少，直线代表行军路线，结合地图，我们可以很直观地知晓拿破仑的军队状况。多用图表会增加数据的直观程度。当然，对实证分析结果的解释和讨论，应当结合具体的理论。提出研究问题需要理论，最终的结论仍然落脚在理论。

以上是我的报告，谢谢大家！

三、嘉宾与谈

主持人：王　蔚（中国政法大学法学院副教授）

非常感谢徐老师给我们展示了各种量化分析方法的价值以及在实践中的现状、可能会给法学研究带来的新进路。

徐老师的整个演讲过程也完成了必要性的追问和可能性的推测。前者是指量化方法对法学多学科的发展在规范与实质之间如何来回穿梭找到了一个新的证成方式，这对大陆法系背景的学者是一个很大的启示。后者是指一些具体的启示，即法学教育不应仅仅是十几门必修的课程，还应包括金融学甚至历史、地理等学科的内容。还有，我们需要追寻以美国为代表的近些年来实证研究的论文，去探求精妙的设计点。但是，对于宪法与行政法来讲，徐老师所讲的堕胎案件可能会导致优生学的结论，这有悖于大陆法系尤其是德国人的尊严的价值预设。

下面首先有请何启豪老师进行点评。

与谈人：何启豪（中国政法大学比较法学研究院副教授）

非常感谢论坛让我第一个点评。徐老师做了一个很好的技术性方法介绍，而且这种方法于我而言也十分重要。虽然我之前也做过一些法经济学的研究，但是如此实证的方式还十分少。

从功利的角度讲，一方面正如刚才王蔚老师所讲，适用成本分析的时候面临着价值的挑战，这是必须回应的问题。传统上对这个问题的回答也是在法经济学的立场上，但是规范分析对这个路径并不是很认同。但在具体问题研究方面，量化方法确有用武之地。在我国现有的背景下，法学教义可能无法解决所有的具体问题，例如在疑难案件方面。多研究具体的问题可能会增加我们现有的知识增量。

另一方面，开展量化实证研究需要学术合作，法学学者与经济学学者联合可能会精进学术研究，但是国内合作发表存在着很大问题，面临着很大挑战。但是我个人仍然对法经济学、实证研究有热情。于我个人而言，我尤其对行为经济学感兴趣，这可能会推动我进行实证研究。借徐老师的讲座，我自己也重新梳理了自己的研究思路。

主持人：王　蔚（中国政法大学法学院副教授）

何老师所提到的金融法与银行法可能确实是量化分析的有力工具，希望何老师以后在徐老师的框架内再分享学术成果。接下来，有请许可老师。

与谈人：许　可（中国人民大学法学院未来法治研究院研究员）

量化研究非常重要，正如霍姆斯在《法律的道路》中所预见的："理性地研究法律，当前的主宰者或许还是白纸黑字的研究者，但未来属于统计学和经济学的研究者。"而徐老师恰恰是统计学和经济学的专家，所以我对本次讲座非常期待。不过，他今天讲的主要是普及性的东西，我只能期待下次他再讲讲自己的研究成果了。我这里主要谈谈自己的一些想法。

第一个问题是"量化研究的功能限度问题"。王老师担心，Levitt 教授将美国犯罪率下降归因于堕胎合法化，将带来类似优生学的政策风险。而在 2017 年，Richard Wright 等人在《法经济学杂志》中发表了 *Less Cash, Less Crime: Evidence from the Electronic Benefit Transfer Program* 一文，从犯罪动机出发，给出了另外一个有趣的解释：街头的现金变少了。该文调查了 1995 年、1996 年开始的美国电子福利支付系统，这一系统使得之前大量的食品券和补助款不再以现金方式发放，而是直接发放到电子卡中。本来犯罪率高的地方就是贫困地区，但是这种方式使得现金变少，因而导致犯罪分子无机可乘，这些地方的犯罪率降低了。它的结论是：无现金化的方式可以大幅度降低犯罪率，其实中国也有类似的例子。我并不是要去挑战 Levitt 教授的研究，而是说，量化研究恐怕不能穷尽所有的变量，在控制变量后或许会发现一些相关性，但是未必是因果关系。例如，犯罪量下降是一个宏观表现，而其微观原因可能是无穷多的，"堕胎合法化""无现金城市"可能都有关系。但在法律人做政策法律建言时，却很可能陷入偏见，最后有可能酿成大错。

此外，量化的研究需要大量准确和有代表性的数据，但在中国可能难以获得。以司法大数据研究为例，我和我国台湾地区的张永健老师在 Minnesota Law Review 发表了一篇文章，讨论我国各省在物权法实施后的具体判决差异。

我们发现，各省的司法文书公开程度完全不同，因此在这里使用量化研究的方法就存在非常大的偏向。正如有的老师所言，做规范研究可能会错，但不会错到哪里去，而量化研究就可能会错得很离谱。

第二个问题是"实证研究"和"规范研究"有什么关系。刚才何老师说实证研究只能在规范的框架下进行，我的想法是实证研究和规范研究各有作用，不但可以相互配合，甚至在某种意义上，实证研究也可以是规范研究的基础。

首先，规范研究是一个演绎推理体系，其假定大前提是正确和唯一的，但在现实中，特别是疑难案件中，大前提往往是相互冲突的。在美国，宪法案件往往强调"举国共识"，中国也讲"价值共识"，但是在多元价值里如何找到大家都认可的共识，通过规范研究并不能得出结论。为此，实证研究能够提供帮助。一是，实证研究发现群体的交叠共识和默认规则，从定性和定量两个角度证明"共识"。二是，当目的价值共识难以达成的时候，可以在效率——这个手段价值上达成一致，因为无论是否追求价值，大家都会寻求成本最小的方式。法经济学就是一个通过最小化成本来最大化福利的方法。

其次，实证研究可以成为规范研究的前提。很多规范研究内部之所以存在争议，很大程度上不是在争论规范，而是争论规范的后果。因此，就规范讨论规范事实上是徒劳无功的。相反，从实证主义的后果论观察，就能发现更好的结果和更好的前提规范。

所以，从这两个层面讲，实证研究和规范研究是不可分离的。因此，问题的关键可能不在于研究的方法，而是研究的问题。目前之所以存在论证，很重要的原因是很多实证研究所提出的问题并不是法教义学所关注的或者认为已解决的问题。因此，我建议实证研究者可以从疑难案件出发，在规范研究失灵的地方开始研究，如果这样，实证研究不但可以帮助规范研究找到更好的论据，还能发现更好的规范前提。

最后，我想谈谈合作研究的问题。不必讳言，量化研究需要统计学的专门知识，而这些并不是所有法学学者都能熟练掌握的。我当年在伯克利分校的时候，他们的法社会学研究中心有专门做统计学的老师，其地位是科研助手，与法学院老师一起合作发表文章。华人学界最好的量化研究学者张永健老师也说过，和经济学、统计学以及其他领域的学者不断沟通是他写作的重要方式，他最好的文章都是和别人合作完成的。所以，合作研究是法律量化研究——这个交叉研究非常重要的制度因素，合作发文决不能一棒子打死，只要如实披露各人的实际贡献即可。

主持人: 王　蔚（中国政法大学法学院副教授）

许老师刚才提到了三点。第一，量化研究存在着局限，法学学者大多缺乏量化分析的能力。第二，大数据在证明因果关系方面存在着难度。第三，实证推论在多元价值冲突的情况下，可以提炼出最大公约数，当规范本身存在不同解释时可以找到最适合的方法。最后，许老师提出了一个问题，即做数据分析时数据本身有问题怎么办，希望各位老师可以讨论。

下面有请马静远老师。

与谈人: 马静远（中央财经大学法学院助理教授）

刚才许老师提到一个关键问题，学者做交叉学科研究时，必然要选择方法论。实证分析应当为规范分析提供辅助，而不应取代后者。我们说，如果在经济学期刊上发文，论文的逻辑必然是经济学的逻辑。而如果发表法学期刊文章，法学的逻辑则要保证。此外，学者们来自五湖四海，或在欧陆深造，或在英美研学，这都会影响到每个人研究方法的选择。进一步地，学校的学科设置也会影响研究方法的选择。

剑桥大学公司法和比较法教授 Mathias M. Siems 探究了法学作为一种学科的地位安排，法学有三种定位，一种是实践学科（practical discipline），一种是人文学科（humanities），还有一种是社会科学（social sciences）。[1]当我们说法学实证研究时，其实就是将法学定位为社会科学。此时，研究者有假设、数据，有模型、检验过程，最后得出结论。这种思维方式决定了法学是一种社会科学。

英国、美国和欧洲其他国家对法学的定位不同。英国的法学最开始是实践学科，接着向人文学科靠拢，最后慢慢转向社会科学。Mathias M. Siems 教授调查了英国 99 所大学，发现这些学校并不一定都设置独立的法学院。有的学校将之归入商科，有的归入人文学科，有的则是归入社会科学。

---

〔1〕 Mathias M. Siems and Daithí mac Síthigh, *Mapping Legal Research*, *The Cambridge Law Journal*, 71, pp. 651-676（2012）.

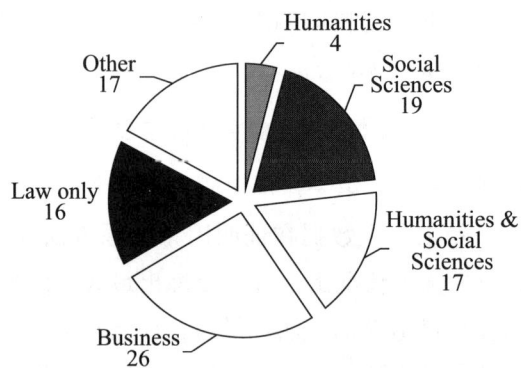

图 3　**Position of Law School within Faculty Structure（n＝99）**

美国的法学研究最开始与英国类似，后期受到人文学科和社会科学的影响，经过法律实证主义、法律现实主义、法社会学以及法经济学等革命性趋势的催化，最终实现了向社会科学的转变。德国则很少转向社会科学。纵观三个国家的法学定位，美国向社会科学走得更远，英国缓慢地向社会科学转变，而德国则在实践学科和人文学科之间摇摆，向社会科学转变的可能性较小。

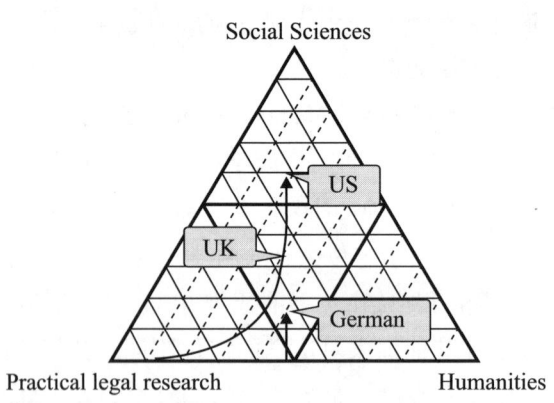

图 4　**Illustration of Development in Legal Thinking in Three Countries**

Mathias 教授得出结论，对于英国法学院来说，要么走"德国路径"（Go German），法学研究靠向人文学科和法律实践，要么走"美国路径"（Go A-merican），即法学研究转向社会科学。熊秉元教授指出，法学到底应走向社会科学，还是回归德国传统的教义法学？可能值得忧虑的是法学最终在两种选择中都没有做好。

以反垄断法的文献为例，（简单）实证分析可分为以下几种类型：

第一种是列举数字、归纳趋势。在 *Leniency in Japan： An Empirical Survey of Its Use* [1] 这篇文章中，作者汇总了 2006～2012 年的数据，涉及申请数量、裁决数量以及什么样的卡特尔获得了豁免等方面（见下表）。

表2 在 *Leniency in Japan： An Empirical Survey of Its Use* 文章中汇总于 2006~2012 年的数据

Fiscal Year	2006	2007	2008	2009	2010	2011	2012	Total
Number of applications	79	74	85	85	131	143	102	725

Number of Leniency Applications between Fiscal Years 2006~2012. Source：JFTC website.

Fiscal Year	2006	2007	2008	2009	2010	2011	2012	Total
Number of Decisions	6 (5)[56]	16 (17)[57]	8	21	7	9	19 (20)[58]	86 (87)[59]
No. of Firms Receiving Leniency	16[60]	37[61]	21	50	10	27	41	202

Number of Decisions based upon Leniency & Leniency Receiving Firms between Fiscal Years 2006~2012. Source：JFTC website.

Fiscal Year	2006	2007	2008	2009	2010	2011	2012	Total
Price Cartels	0	7	6	5	5	4	2	29
Bid Rigging （public）	5	10	2	9	2	0	0	28
Bid Rigging （private）	0	0	0	7	0	5	18	30

Decisions based upon Leniency Divided by Category of Cartels Fiscal Years 2006 ~ 2012. Source：JFTC website.

在另一篇文章 *What Keeps Plaintiffs Away from the Court？ An Analysis of Antitrust Litigation in Japan, Europe and the US* [2] 中，作者分析了 1999～2011 年一些国家的反垄断诉讼数量，还展现了 1971 年以来每年的诉讼数量（见下图）。

---

〔1〕 Van Uybsel S, *Leniency in Japan： An Empirical Survey of Its Use*, Social Science Electronic Publishing, 2015.

〔2〕 Vande Walle S, *What Keeps Plaintiffs Away from the Court？ An Analysis of Antitrust Litigation in Japan, Europe and the US*, Sam Electronic Journal （2013）.

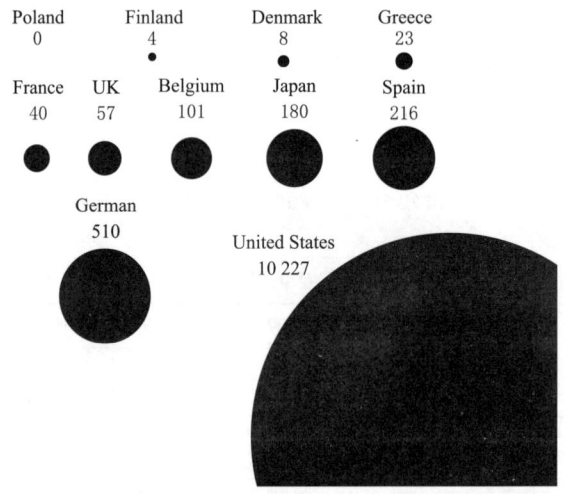

图 5   Number of antitrust action is several European countries, Japan and US. 1999~2011

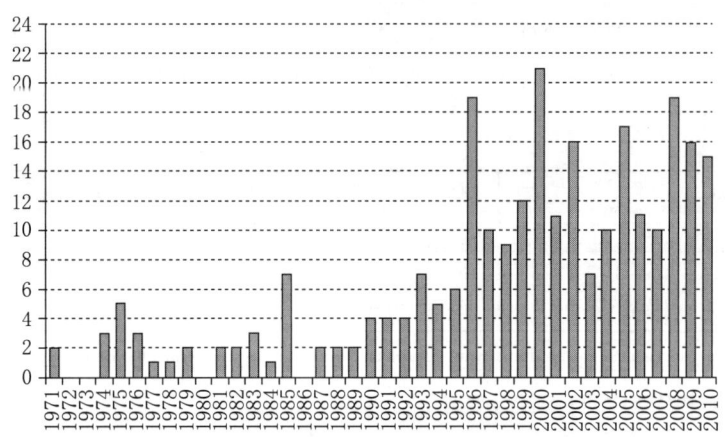

Source：*see* "Annex regarding Data".

图 6   Number of cases filed per year since 1971（damages and injunctions）

从后一张图来看，反垄断诉讼数量随年份的推移大体呈现增长态势。

第二种是案件归总、判断类型。在《窜货的法律规制》[1]中，作者收集了中国裁判文书网的 685 份文书，按意思表示、不正当竞争、侵权等要素区

---

〔1〕 万江："窜货的法律规制"，载《中外法学》2016 年第 4 期。

分窜货案件争议的类型，同时还按照这些案件适用的法律将数据分类整理（见下表）。

表3　窜货案件争议的类型

	意思表示	不正当竞争	公平	垄断	侵权	物权	知识产权	诚实信用
意思表示	252	4	55	3	16	1	17	4
不正当竞争	40%	10	2	1	0	0	1	1
公平	59%	2%	94 *	4	6	0	14	6
垄断	23%	8%	31%	13	4	0	1	0
侵权	14%	0%	5%	4%	112	1	10	1
物权	17%	0%	0%	0%	17%	6	1	0
知识产权	45%	3%	37%	3%	25%	3%	38	1
诚实信用	67%	17%	100%	0%	17%	0%	17%	6

数据根据中国裁判文书网整理，右上部分为案件数量，左下部分为比值。

* 其中显失公平为24件，安婕好与广东远信发生了42次争议。

表4　685件窜货案件适用法律情况

合同法	430	反垄断法	3
民法通则	77	反不正当竞争法	4
侵权责任法	15	商标法 *	57
刑法	99	消费者权益保护法	1
商业特许经营管理条例		24	

* 安婕好与广东远信发生了40次争议。

在另一篇文章《合同法上可得利益赔偿规则的反思与重构——从〈中华人民共和国合同法〉第113条适用的实证考察出发》[1]中，作者以案件名称和裁判理由作为要素，将收集的案例整理为表格形式（见下表）。

---

〔1〕　吴行政："合同法上可得利益赔偿规则的反思与重构——从《中华人民共和国合同法》第113条适用的实证考察出发"，载《法商研究》2012年第2期。

表5　1999～2008 年，《最高人民法院公报》公布的合同损害赔偿案例中
涉及可得利益赔偿的案件名称和裁判理由

案件名称	裁判理由
诺贝有限公司诉 ADI 有限公司、隆源有限公司、华电有限公司购销合同纠纷案	虽然被告违约，但原告也存在一定过错或原告违约在先，故对可得利益主张不予支持
陕西西岳山庄有限公司与中建三局建发工程有限公司、中建三局第三建设工程有限责任公司建设工程施工合同纠纷案	虽然被告违约，但原告也存在一定过错或原告违约在先，故对可得利益主张不予支持
北京新奥特公司诉华融公司股权转让合同纠纷案	当事人约定不追究可得利益赔偿，故对原告的可得利益主张不予支持
万顺公司诉永新公司等合作开发协议纠纷案	合作协议未解除且未提出解除合同之诉讼请求的情况下，利益分配主张没有法律依据
厦门东方设计装修工程有限公司与福建省实华房地产开发有限公司商品房包销合同纠纷案	综合各种因素，对赔偿损失的范围应当限定在合同已经履行和已经部分履行的范围之内
佛山市顺德区太保投资管理有限公司与广东中鼎集团有限公司债权转让合同纠纷案	赔偿可得利益损失和主张协议可撤销的法律后果不符，不宜对因行使法定解除权而产生民事责任的"赔偿损失"作扩大解释，即不应包括可得利益赔偿
上海盘起贸易有限公司与盘起工业（大连）有限公司委托合同纠纷案	赔偿可得利益损失和主张协议可撤销的法律后果不符，不宜对因行使法定解除权而产生民事责任的"赔偿损失"作扩大解释，即不应包括可得利益赔偿
桂馨源公司诉全威公司等土地使用权转让合同纠纷案	因没有提出具体的损失数量和相应的证据，故不予支持

还有一篇文章 *Private Enforcement of Antitrust Law in Japan：An Empirical Analysis*[1]，作者按照侵害行为的不同将案件进行分类（见下图）。

---

[1]　Simon Vande Walle, *Private Enforcement of Antitrust Law in Japan：An Empirical Analysis*, Social Science Electronic Publishing（2012）.

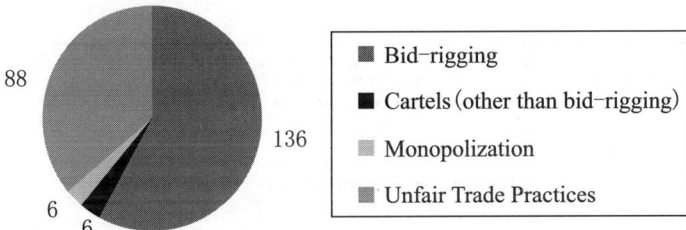

88

136

6

6

Bid-rigging

Cartels(other than bid-rigging)

Monopolization

Unfair Trade Practices

图 7　Types of Infringements in Damages Actions

第三类是计算频率、衡量比重。文献是 *Private Antitrust Litigation in Germany From* 2005 *to* 2007：*Empirical Evidence*[1]。以下图表似乎采用了模型，其实只是计算了相关项目的频率和百分比（见下表）。

表 6　Private antitrust cases per year

Year	Total cases	First instance Frequency (% of total)	Appeal Frequency (% of total)	Appeal to BGH Frequency (% of total)
2005	147	79 (54%)	59 (40%)	9 (6%)
2006	131	63 (48%)	60 (46%)	8 (6%)
2007	90	38 (42%)	45 (50%)	7 (8%)
Total	368	180 (49%)	164 (45%)	24 (7%)

Note：The Federal Court of Justice (BGH) is the highest appeal instance. The data do not contain complaints against a denial of leave to appeal.

表 7　Private Antitrust Litigation in Germany From 2005 to 2007：Empirical Evidence

	Industry	Frequency	%of total	%of regulated
Unregulate industries	Wholesale and retail trade; repair of motor vehicle and motor cycles	74	20. 1	44. 3
	Manufacturing	26	7. 1	15. 6

---

［1］　Peyer S, *Private Antitrust Litigation in Germany From* 2005 *to* 2007：*Empirical Evidence*, Journal of Competition Law & Economic, 2012, 8 (2)：331-359.

续表

Industry	Frequency	%of total	%of regulated
Arts, entertainment, an recreation	21	5.7	12.6
Administrative and support service activities	14	3.8	8.4
Construction	11	3.0	6.6
Accommodation and food service activities	10	2.7	6.0
Financial and insurance activities	5	1.4	3.0
Human health and social work activities	3	0.8	1.8
Other service activities	2	0.5	1.2
Professional, scientific, and technical activities	1	0.3	0.6
Subtotal for unregulated industries	167	45.4	100
Missing value	66	17.9	
Total	368	100.0	

第四种是统计图的综合运用。在 *European Antitrust Policy 1957-2004: An Analysis of Commission Decisions* [1]中作者汇总了大量案例，以简单统计图表的形式展现反垄断政策的整体趋势（见下图）。

---

[1] Carree M, Günster A, Schinkel MP, *European Antitrust Policy* 1957-2004: *An Analysis of Commission Decisions*, Review of Industrial Organization, 2010, 36（2）: 97-131.

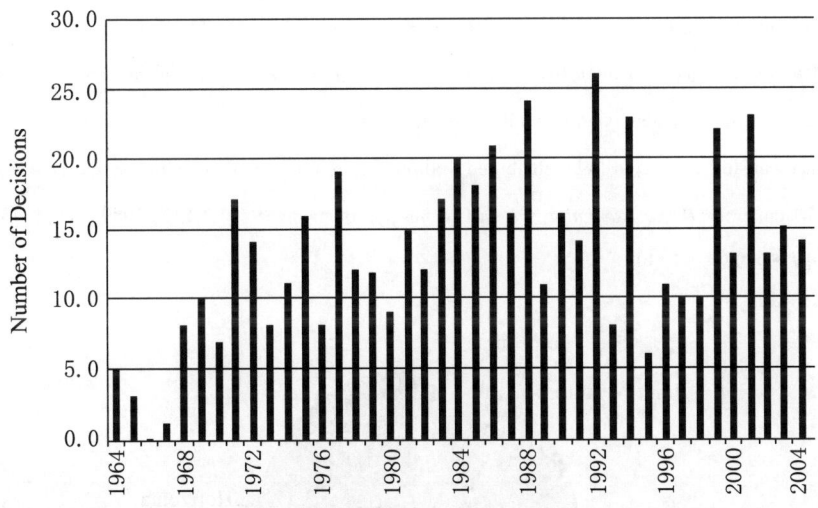

图 8   Total number of Commission decisions on antitrust per year

总之，以上这些反垄断法的文献均出自业界权威学者之手，大致展现了这个领域的实证研究类型和状况。随着时间的推移，可能我们对"实证"的理解已经发生了变化。最初的实证限于计量分析，当实证方法进入法学研究，学者在保证法学逻辑的前提下改良实证研究，由此发展出了上面展现的实证研究类型。

表 8   Alleged economic conducts by decision type

	Negative Clearance	Exemption	Infringement	Interin Meaure	Total
Horizontal	29	59.5	130.83	0	219.33
Dominance	1	0	45.33	3.5	49.83
Licensing	10.5	10	9.83	0.5	30.83
Vertical	24	32.5	66.5	1	124
Joint Venture	11	49.5	2	0	62.5
Article 86	0	5	16	0	21
Procedural	0	0	30.5	0	30.5
Total	75.5	156.5	301	5	538

The hypothesis of independence between economic conduct and decision type is rejected at a one per cent significance level（Chi-square statistic is 183, 789 with 18d. f. ）

If a decision involved more than one type of economic conduct, each of these received and equal share in the decision type. In total 12 decisions involved two different types of conduct. The only case causing a decision to be attributed to three different economic conducts is the Decca Navigator System, See *Decca Navigator System* Commission decision 89/113/EC〔1989〕OJ L 43/27, Cases IV/30. 979, 31. 394

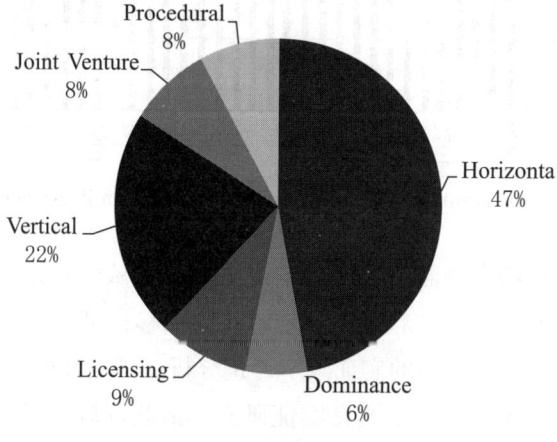

1964-1977

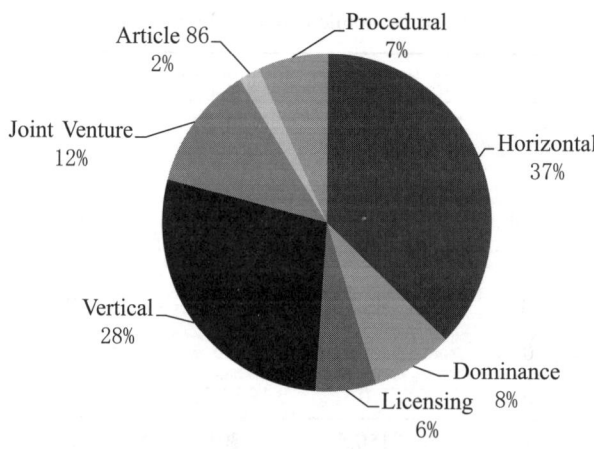

1978-1990

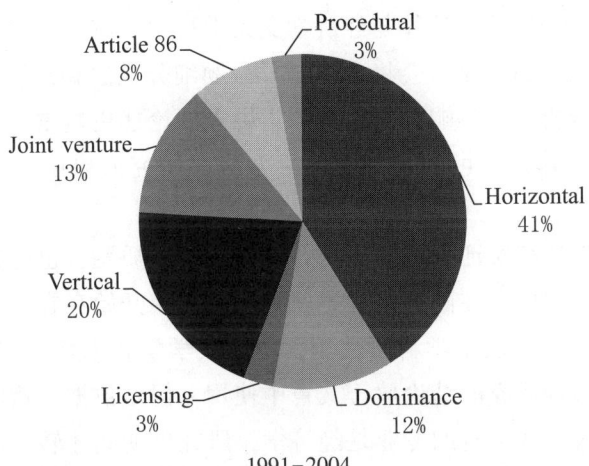

1991–2004

图9 Formal Commission decisions by economic conduct per enforcement period

在知网上的法学文章，其中的"实证"并不只是原来意义上的计量，而且包含了一手数据搜集和整理。黄辉老师在《法学实证研究方法及其在中国的运用》[1]中坦言，如果学者使用的计量模型过于复杂，可能不会有法学期刊愿意接受这样的投稿。左卫民老师在《法学实证研究的价值与未来发展》[2]中指出，我们现在大多数实证研究是描述性统计或前统计，与计量法学相去甚远。2017年，左老师进一步指出，我国学者对经验性现象的描述是合适的，更为关键的是数据的质量与处理。

最后，我们得出以下几点结论。第一，实证分析的适用条件与实证分析的接受程度与各个国家法学学科定位是吻合的。第二，实证法学不等于计量法学，也不等于经济法学。它更偏向经验研究、实效研究，而不能拘泥于模型。在研究中，简单统计和复杂统计没有孰优孰劣之分。特定情况下，简单统计可能更适宜用来说明问题。第三，如左卫民老师所说，在法学实证研究中，我们应当更加关注数据样本作为论据的说服力，而不应当滥用模型。

与谈人：杜津宇（北京工商大学法学院助理教授）

感谢徐老师和王老师的盛情邀请，使我可以有机会与大家进行沟通交流。

---

[1] 黄辉："法学实证研究方法及其在中国的运用"，载《法学研究》2013年第6期。
[2] 左卫民："法学实证研究的价值与未来发展"，载《法学研究》2013年第6期。

我对于"量化分析方法在法律与经济学交叉学科中的应用"这个命题的第一印象是题目较大，因为原来会将这一部分命题细分成法和经济学，涉及的分析方法有计量分析法、影响分析法等。主讲人的论述更侧重于计量经济学在法与经济学中的作用，可能是由于计量方法在研究成果中的使用率较高的原因。

首先，我对法律实证分析的历史背景介绍存在质疑，也是我刚进入法与经济学学习的过程中存在的一个疑惑：实证研究一开始存在于经济学和其他学科当中，而并未为法学学科所使用，所以法学学者未曾应用过实证研究，或者是直接将实证研究的结论放于文章中使用，但是数据分析的过程并未在文章中得到体现。我本科的专业是经济学，研究生期间才转入法学学科的学习。在学科学习的转变过程中，我发现法学领域并不是没有或者不需要实证研究，而是一些法学学者直接把别人的数据成果放在自己的文章中使用，把某些数据分析直接放在结论性的文字或者某段文字当中。我进入法与经济学学习之后进行财税法研究，税法立法者（经济学家）就经常使用实证分析的方法做立法评估，这是先于法学界的。但是在实证研究中是存在差异的，比如说国外的减税计划，经常提出有具体数额的减税成果（比如说减税4000个亿），2018年3月28日，国务院确定深化增值税改革措施，提出的减税计划明确了减税成果的数额，而在此之前我国是没有此种明确额度减税计划的，之前的"减税计划"仅是提供企业或个人一定的税收优惠，而非总额限制。目前我国已开始运用减税计划，并且今后会制定完善相关的法律规范。

其次，我将进一步说明实证分析应用的问题，我认为法学实证分析的应用是必要的，这是未来发展的一个方向。就减税计划而言，我国的减税计划目前只是简单地提出减税数额，尚不能明确表达此减税计划所能引起的具体社会效应，比如能新增具体数字的就业岗位、科技成果，能否促进产业升级以及减少无效浪费等。正因如此，我认为法学需要加入实证研究。当制定税收优惠政策时，应明确该政策将为当地社会发展带来就业的具体数字，减少具体数额的税收，并且在何时达成目标，这应是一个完整的链条模式，而不是模糊的状态。把实证分析与部门法相结合是未来进行行政精细化管理的要求，符合成本效益分析的基本要求，亦符合政府精细关系、企业营商环境改善要求。

最后，关于徐老师提到的勾股定理发散了我的思维，我有一些新的想法，因不同的学科之间存在差异，仅将我的推论表述出来供参考。在数学里有两个名词——公理和定理，公理就是大家所公认的道理，是不需要证明的，定理是需要推导过程并且有理论支撑的，这时就会发现，在法学研究当中，规范分析要求我们所采用的一些原则或者是价值体系可能更倾向于公理，大家都认同的价值和一些基本的法定原则，然后基于这些法定原则做一些推导和一些具体的分析之后产生定理，而定理只解决具体问题，所以这可能是把数学的方法与法学原则结合，并为定义变量提供一些支撑框架结构。依据数学体系建立一种类似结构：单纯在经济学背景假设中，全体公民是理性人有利于实证研究的分析，公民对市场和原则都有自身的独立认识，意味着对自身权利义务要求和理解是有差异的，差异性意味着公理被推翻；但在法学背景假设中，权利对于个体更加类似于非理性人假设，公民对价值和原则的认识趋同，有利于公理的建立，但非理性人不利于定理的建立，一旦实证研究中运用理性人观点进行实证分析就会影响公理的有效性，这时就很难再去探索法学基本原则下的问题。对于这两种结构而言，公理一定先于定理，基于此以对公理更有利的分析框架更适合数学逻辑下的实证分析，故此我更倾向于法学假设的实证研究分析。

主持人：王　蔚（中国政法大学法学院副教授）

杜老师所讲的数学中公理与定理的关系可以放在法律原则与适用的方面，至少是类比的作用。还有，杜老师提到的解释数额与具体的社会后果之间的关联对于现在正在讨论的国家立法技术与地方性法规如何科学制定方面有着深刻的意义。下面有请马允老师。

与谈人：马　允（中国政法大学法学院助理教授）

大家好！非常荣幸能够参加本期论坛，感谢论坛主办方的邀请。我主要是从事宪法和行政法的研究，接下来先介绍一下本学科领域中有关实证研究的经典论文，然后提出自己的一些疑问供大家讨论。

首先，在宪法学实证研究领域中，比较具有代表性的是 David S. Law 和 Mila Versteeg 两位学者撰写的 *The Evolution and Ideology of Global Consti-*

tutionalism[1]一文。在该篇文章中，作者对过去六十年以来，各主要国家宪法文本进行了实证研究，得出全球宪法变迁的三个趋势：第一，权利蔓延：宪法权利的扩散（Right Creep：proliferation of constitutional rights），即宪法权利的内容不断扩展，文章通过四副折线图展示了三代人权在宪法文本中的变化趋势；第二，以美国为代表的司法审查制度在各国宪法文本中的扩展；第三，各国宪法中共同权利条款的不断增加，文章按照年度展示了世界最受欢迎的宪法权利。接下来，文章归结出两个变量：第一个变量是宪法的综合性，即宪法中包含权利条款的多少；第二个变量是宪法的意识形态，对从自由主义到国家主义，按照程度对世界各国的宪法进行了区分。通过纵向时间的角度比较不同国家宪法意识形态的变化，文中总结出的规律是宪法文本意识形态的聚合和极化，聚合是指同属于一个阵营的宪法文本的趋向相同，而极化则是指自由主义和国家主义这两大阵营之间的差距越来越大。

另外，国外对于中国法的研究也采用了实证研究的方法。*Mass Digitization of Chinese Court Decisions：How to Use Text as Data in the Field of Chinese Law*[2]一文对于河南省法院 1058990 份裁判文书进行了分析和研究。文中对所采用的数据存在的问题也进行了解释，认为对于中国法院披露的裁判文书的研究，应该采用更多元的方法。

在行政法学领域中，包万超在《实证行政法学与当代行政法学的基本难题》[3]一文中比较了实证行政法学与规范行政法学，认为实证行政法学与规范行政法学，涉及的是事实判断与价值判断的问题，解决的是行政法学现实是如何存在和行政法学理想应当如何改进的问题。文章的核心在于主张使用公共选择理论中的理性人的假设取代传统政治学上的行为动机二重假设，认为实证行政法学的任务在于描述、解释和预测行政法现象。另外，何海波在2012 年发表的《困顿的行政诉讼》[4]一文中采用一系列的图表对行政诉讼的

---

〔1〕 Law DS，Versteeg M.，*The Evolution and Ideology of Global Constitutionalism*，Social Science Electronic Publishing. 2011，99（5）：1163~1257.

〔2〕 Liebman B. L.，Roberts M.，Stern R. E.，et al，*Mass Digitization of Chinese Court Decisions：How to Use Text as Data in the Field of Chinese Law*，Social Science Electronic Publishing，2017.

〔3〕 包万超："实证行政法学与当代行政法学的基本难题"，载《南京大学法律评论》2000 年第2 期。

〔4〕 何海波："困顿的行政诉讼"，载《华东政法大学学报》2012 年第2 期。

实施状况进行了展示和分析。这是我认为采用表格统计研究比较好的文章。

现在，行政法学的实证研究主要存在两种进路：第一种是通过梳理大量裁判案例对实践中法院如何理解和适用法律进行研究。例如，通过梳理行政诉讼中行政行为由于违反法定程序而被撤销的案例，分析在实践中法院如何理解法定程序，如何认识法定程序与正当程序之间的关系。我想问的问题是，这样的研究方法是否属于实证研究，法院如何理解和适用法条，更多的是规范的研究，而不是实证研究。实证研究到底如何定义？第二种进路则更多地偏向法社会学研究的范式。例如应星、徐胤的《"立案政治学"与行政诉讼率的徘徊——华北两市基层法院的对比研究》[1]和于晓虹的《策略性服从：我国法院如何推进行政诉讼》[2]两篇文章，通过社会学的研究方法对与行政诉讼有关的现象进行了分析。另外，贺欣的《法院推动的司法创新实践及其意涵——以 T 市中级人民法院的行政诉讼为例》[3]一文，通过考察具体的 T 市中级人民法院的行政诉讼，打破了以往认为行政诉讼中法院不独立的认识，认为法院实际上具有较强的能动性，它通过寻求地方党委的支持来推行政诉讼审判，增强司法权威。这样的结论是对传统认识的推翻。崔威的《中国税务行政诉讼实证研究》[4]一文也推翻了原来的假设。一般认为，税务行政诉讼发生频率较低的原因在于行政诉讼不独立或者提起行政诉讼可能会受到政府的报复等。而崔威这篇文章认为这样的猜测是没有实证依据的，他通过实证研究，得出的结论是之所以税务行政诉讼发生频率低，是《税法》的外部环境和内部的内容所致。

1993 年，龚祥瑞老师曾经带领学生们对 1989 年《行政诉讼法》的实施状况进行调研，20 年之后，林莉红老师也带领研究团队对《行政诉讼法》的实施状况进行了调研，通过发放大量问卷，梳理万余份判决，得到了比较详实的数据，出版了《行政法治的理想与现实》一书。这本书是一个"富矿"，

〔1〕 应星、徐胤："'立案政治学'与行政诉讼率的徘徊——华北两市基层法院的对比研究"，载《政法论坛》2009 年第 6 期。

〔2〕 于晓虹："策略性服从：我国法院如何推进行政诉讼"，载《清华大学》2014 年第 4 期。

〔3〕 贺欣："法院推动的司法创新实践及其意涵——以 T 市中级人民法院的行政诉讼为例"，载《法学家》2012 年第 5 期。

〔4〕 崔威："中国税务行政诉讼实证研究"，载《清华大学》2015 年第 3 期。

但是，这里面的内容该如何使用？我们有海量的数据和信息，如何在基础数据的基础上，提炼有意义、有创新性的命题，而不是单纯地堆砌材料，单纯地发表议论，这是对行政法学学者巨大的挑战。

刚才，徐老师讲到的白建军老师的《论法律实证分析》一文是中国比较早的对实证分析所做的研究。文中提到的部门法实证研究，更多的是像法治政府研究院每年发布的《中国法治政府评估报告》所采用的方法，在白老师看来，这样的方法就属于实证研究。然而，这是否真的属于实证研究呢？

（徐文鸣回应：从广义的角度来看，这样的研究属于实证研究，但是，从严格角度来看，只有按照设计模型，采用计量方法分析的才属于实证研究。然而，在我看来，通过数据的分析看实践中的状况，应当视为广义的实证研究。）

行政法学目前的实证研究还有较大的进步空间。

主持人：王　蔚（中国政法大学法学院副教授）

马老师所讲的内容，可能与我们学校法治文明指数与司法文明指数类似，这也可能是法学研究大步迈入法律实证主义的标志。马老师也开始在宪法与行政法领域去思考中国急剧转型背景下政府和公民需要什么样的法律规范。下面有请赵天书老师。

与谈人：赵天书（中国政法大学中欧法学院助理教授）

感谢论坛的邀请，感谢徐老师精彩的报告。我曾在德国留学，如同徐老师所言，天然带有法教义学的"枷锁"，属于不懂经济学的学者。开始，听到王蔚老师提到事实与规范之间时，我觉得"脚踏实地"了，首先想到的是哈贝马斯等德国学者及其理论。然而，徐老师报告结束以及听了各位老师的点评之后，又感觉自己被拉到了"宇宙的黑洞"之中。接下来，我尝试着将大家往回拉一下。

刚才马静远老师和马允老师都分析了量化研究等方法和其实证意义。马允老师也提出疑问量化研究是否就是大量数据的搜集？量化研究是一种手段，其一定是服务于目的的。那么，法律的实证研究的目的是什么？

这需要回到19世纪德国公法学界汉斯·凯尔森和卡尔·施密特的思想交锋，那场纵贯多年的论辩的根本问题是法律的效力从何处来。凯尔森的纯粹法学希望把法学从宗教和道德中独立出来，他认为规范的效力来自于规范，而施密特则认为规范的效力来自于政治力量。凯尔森也在论辩中修正了他的观点，他区分了法律的效力和法律的实效。法律的效力来自于规范，属于法教义学研究的范围，而分析法律的实效，则需要法律之外的方法比如交叉法学、社会法学来进行研究。

我的问题是量化分析真的能够实现法律实效性研究的目的吗？我的答案是肯定的，但是也存在一点疑问。样本的量化与目标之间如何建立因果关系。许老师也指出了相关性易于分析，但是因果性却是一条难以逾越的鸿沟。从徐老师的报告来看，进行量化分析倾向于收集大量的样本，样本的数量和论证强度是正相关的。收集样本之后需要提取"公因数"，寻求均值。这个过程的实质是信息的筛选，而信息的筛选本质则是剔除信息。例如，我们研究一位女性对法院判决的满意程度，我们可能确定身高、种族、出生家庭状况、经济收入、婚姻状况等变量，但是如果研究 100 位女性，则可能只能研究她们的身高了，研究 1000 位，则只能研究女性与法院判决之间的关系了。

因此，样本越多，提取"公因数"所需要剔除的信息也就越多，这个理论是由阿玛蒂亚·森提出的。他通过"不可能定理"在一定程度上质疑了量化分析对因果关系建立的可能性。

例如，堕胎是犯罪率下降的原因的论证。这是否是真实的因果关系呢？这种做法其中隐藏的危险是值得我们警惕的。总而言之，定量研究方法存在着一个悖论——随着样本数量的增加，因果关系建立的困难也随之增加。

另外，关于刚才提到的教育程度与收入呈负相关的问题。其实这个问题很有趣，也很古老。从西塞罗就开始对这个问题进行过思考，他发现了罗马执政官的收入水平和他们的职位呈负相关，由此，他认为在金钱之外，荣誉感对于罗马人很重要。

这引出了一个关于效用的问题。亚当·斯密对这个问题研究比较精细，他的研究发现但凡能够给人带来荣誉或其他效用的职业，收入相应地会减少。他用英国捕鱼业作为例子，英国贵族们都愿意捕鱼，即使是不挣钱的，因此英国渔业的劳工收入减少了。他提出的问题说明了对于每个人来说效用是不一样的，随着样本的扩大，效用函数的捕捉能力就越差。

我最近所关注的破产法领域中，企业混改涉及非常重要的产权结构转化的问题，资产私有化会提高社会生产可能性函数，但社会生产可能性函数的样本来源于各种可能的产品，在量化研究时，使用的样本不同（调查的对象不同，其需求就不同），基于对这些商品的替代需求形成的社会无差异曲线与生产可能性函数的平衡点就会不同，结论可能是混改增加了社会福利也可能是减少了社会福利。这揭示出效用函数是不可能真正被量化研究观测的。这算是量化研究的另一个局限。

主持人：王　蔚（中国政法大学法学院副教授）

赵老师的发言让我觉得今天的讨论类似前几年在武汉举办的社科法学与规范法学的对话。赵老师在用事实对刚才几位老师所提到的事实进行挑战，而非"规范"的方法，这是有力的驳斥还是无力的呐喊呢？期待在座的老师对此做出回应。下面有请熊金武老师。

与谈人：熊金武（中国政法大学商学院副教授）

非常感谢论坛的邀请。最近几年，我主要在做量化历史方面的研究。所谓量化历史就是指通过采用量化的方法来研究历史维度中的社会经济问题，这区别于传统的历史学研究方法。接下来，我主要结合自己的一些研究谈几点想法。

第一，不管是量化历史、量化经济，还是量化法学，其背后蕴含着社会科学研究范式的转型。量化分析方法在整个社会科学领域的普及是社会学科发展的一大趋势。

第二，为什么要进行量化研究，我认为主要有以下几点好处：

一是，量化分析的方法能够有效避免"空对空"的讨论。采用逻辑演绎的方法非常容易陷入"空对空"的讨论。例如，早期学者研究认为科举制的废除加速了清朝的灭亡，是否果真如此呢？通过进行实证研究发现，科举制的废除，使得社会流动性大大减弱，极大地增加了社会的不稳定因素，数据表明，革命进行得比较激烈的地方通常都是原初科举人才频出的地方，从而有力地佐证了上述观点。

二是，量化分析的方法能够打破常识，能够证伪。许多我们所认为的常识，通过量化分析之后，其未必是事实。例如，大饥荒死亡人数最多的并不是缺粮地区，而恰恰是产粮大省。为什么呢？这与当时粮食分配机制有关。再例如，曾经认为历史上边疆少数民族政权频繁进攻中原的原因是文明程度低下，然而实证研究认为这可能主要是由于气候原因，气候变冷，农耕与游牧界线南移，以游牧为主的少数民族政权为了生存，生活空间不得不南移，从而与传统农耕区发生重叠，同时由于气候变冷，传统的游牧创造的生活资料也难以满足需要，也不得不对外掠夺。历史上王朝更替的原因也不仅仅是由于王朝后期政治腐败、苛捐杂税等，研究发现也与气候变迁存在因果关系。通过量化历史分析，去创造知识，从而重新认识人类社会。

三是，量化分析涉及跨学科研究，比如刚才提到的少数民族政权进攻中原王朝原因研究中的气候数据，就不是简单的经济问题。事实上法学、经济学、政治学等都在其中。

四是，可积累性。如果认为前者研究存在问题，可以通过收集更多的、更具说服力的数据，设计更为科学的模型修正原来存在的问题，从而形成一种范式，避免"空对空"，才更有益于学术的进步。

第三，关于量化分析兴起的原因，我认为主要有以下几点：

一是，数据是进行量化的前提，当前数据总量不断增加，大数据、云计算等新概念为量化研究提供了充实的基础；二是研究方法技术的进步，新型的计量技术不断被采用，曾经认为不能量化的内容也能够逐步实现了量化；三是，相关专业软件的开发大大降低了量化研究的难度，只要掌握相关的软件的使用，数据的计算和分析则大大简化。

第四，对于量化分析的一点反思。

一是，学术研究应该实事求是，根据样本多少选择不同的研究方法，只有几个样本，则只能进行案例研究，大量的数据可以采用计量分析方法。二是，数据。要理解数据的意义，不能拿个数据就用。当然，前往档案馆查找时间成本和金钱成本都是比较高昂的。在跨学科的量化分析中，不同学科的数据分享也是必要的，更需要提倡合作研究。

主持人：王　蔚（中国政法大学法学院副教授）

熊老师做了一个预判：量化分析方法已经促成历史学学科的变革，把研究方法、研究范畴，再到研究旨趣变迁的整个脉络梳理了出来。量化分析也可以打破常识性的证伪，创造一种知识。熊老师对学术旨趣的挖掘很注意对常识进行总结，带给我们全新的体验。下面有请李莉老师。

与谈人：李　莉（中国政法大学政治与公共管理学院副教授）

非常荣幸能够参加本期论坛。我的教育经历和研究经历主要是进行社会科学的实证分析，主要的研究领域是与政治学、社会法学和犯罪学相关的跨学科研究。同时，所采用的方法也是混合的。所以，无论是从理论背景还是方法背景，都是比较多元与多样的。这个平台为进行跨学科的交流提供了很好的机会。下面我主要针对今天的主题，分享一下自己的启发和感受。

首先，我虽然不是专门从事法学研究，但是我目前研究的问题与刑法学和犯罪学有关。在研究的过程中，不再是以学科为中心，而是以问题为导向。坚持以问题为导向，在这个过程中就会发现，需要有跨学科的视野。现在的问题都是比较复杂的，不是单凭一个学科的知识就能解决的。比如，对于官员腐败问题的研究，既可以是政治学的，也可以是法学的，既可以是经济学的，也可以是犯罪学的。但仅仅基于某一个学科单一的视角去认识和解决这个问题，只能是"盲人摸象"，看不到整体，也就找不到解决这个问题的真正答案。这时需要打破学科的界限，以问题为导向，采用跨学科的视角，才能够寻求真正的答案，真正的答案是非常深刻和有意思的。在探究真正答案的过程中，实现了不同方法的交叉和不同学科思想的碰撞。此时，学科和方法通过问题可以互相打通，以问题为导向，在问题之下，结合相关的学科和方法进行研究，这样的研究才是"接地气"的，才能探求到问题的本质。

其次，我分享一下自己关于实证研究的理解。今天的主题使用了"量化"而不是"实证"是非常好的。我认为实证的内涵是非常广的，它既包括定性研究，也包括定量研究。但为什么说都是实证研究呢？这是因为这两者背后的方法论都是首先基于现实的假设，然后去证实或证伪，从而寻求答案。其过程既可以是从现象到理论的归纳，也可以是从理论到现象的演绎，其本身没有对错之分，而是相互补充的关系，二者都是认识世界的科学方法。方法之间没有对立和排斥，而只有借鉴和互补。方法不存在优劣之分，存在的只是与需要解决的问题之间的匹配和适合程度。我在对当代政治问题的研究之初，采用的是定量的方法，例如会用面板数据做很多计量模型，最后得出某种规律。但后来我们发现这些研究对于解释复杂的中国政治问题是有局限性的。那么单凭一种方法很难深入了解清楚问题，所以就在此基础上再去做田野调查、深度访谈等，从中寻求更为深入的答案。当前政治学的前沿方法是主张能够采用混合研究方法，试图打破不同方法之间的壁垒。更多的是基于所要研究的问题本身，根据问题选择与之最匹配的方法。

最后，我非常赞同跨学科研究，不同学科背景的学者共同研究本身就具有互补性。最为重要的还是数据的来源问题。我觉得跨学科研究最为重要的前提是数据的开放和共享，其实，做到这一点实际上是很难的。今天徐老师讲的主要偏向数量的定量研究，实际上量化研究的对象不只是一手调查的数据、面板的数据，还包括大数据。其实，对于法学或政治学来说，还有一种更为重要的数据——文本数据，比如，政治学中的各种"红头文件"，法学中的裁判文书和法律文本等。其实这些都不是传统意义上的数据，但是对于量化研究而言，文本也是数据的一种重要来源。我也曾尝试把量化的方法同文本数据结合起来进行研究，发现其实是比较有意思的。这类似于人工智能机器学习中词云分析、词频分析、主题分析等方法。借助量化的手段，进行重新解读，其背后当然还需要学科背景知识的支持。因此，在没有充足的一手数据的情况下，文本也算是一种比较好的数据来源。显然，跨学科的交流与共享也会为我们寻找到更多适合研究的数据。

主持人：王　蔚（中国政法大学法学院副教授）

李老师以问题为导向，所研究的政治学以及在座老师研究的法学、经济学相结合就能提出很好的跨学科问题，比如国家监察体制改革就是一个很好的问题，这提示学者可以综合法学内部的多种研究路径对改革如何进行及其效果进行梳理。下面有请刘哲检察官。

与谈人：刘　哲（北京市人民检察院公诉部检察官）

听了今天的报告和各位老师的精彩点评，视野顿时开阔。关于量化分析的方法，我们在实际工作过程中也在采用，我们也讲究数据性调研和实证研究。量化分析作为一种研究方法，是通过数学的方法或者是一些工具来对法律、经济以及世界等现象的认知和描述，整体上来说是一种认知的维度，能否换一个维度进行探讨，即除了认知世界，还能否改造世界。量化分析除了在论文中进行自圆其说，引起方法范式上的变革以外，对于实践的影响到底如何？

衡量一篇好的实证论文，一定要看它对实践的影响。在这一方面，我主要想与大家分享和介绍一下北京市检察院推动建设的出庭能力培养平台。

北京市检察院在"快播案"之后，认真思考了如何提高公诉人出庭能力的问题。与辩护人相比，公诉人出庭最为根本的是缺乏竞争机制。为此我设计了一套系统，将实证的方法与算法结合起来，将认知世界与改造世界结合起来，带领团队经过一年多的研究，我们北京市检察院推出了这个出庭能力培养平台。通过在体制内引入市场化的竞争机制，从根本上提高了公诉人的出庭能力。从去年7月份上线以来已经发布观摩庭审1300余场。

出庭能力培养平台借助大数据，可以打破出庭经验传播的壁垒，使出庭经验可以在更大的范围内分享、借鉴，有利于培养更多的优秀公诉人才。它可以在一定程度上弥补优秀公诉人出庭评选机制的不足，可以将评估的时间放长，综合几年间公诉人所办理的数百个案件的情况，将公诉人平时出庭公诉情况综合起来考量，能更接近于公诉人的真实水平。同时，出庭能力培养平台还有利于建立人才发现机制。公诉人既可以观摩其他公诉人的出庭，还可以通过点评讨论、归纳总结积累更多的经验，通过认真研究庭审现场，实实在在地提升了出庭能力。这种互动式交流，可以促使优秀者脱颖而出，进而带动公诉队伍整体水平的提升。

主持人：王　蔚（中国政法大学法学院副教授）

非常感谢刘检察官来自实务部门的建议。刘检察官讲述了在实践领域如何进行量化管理，并对理论如何转化为实践作了梳理。

第十一期

民法总则法源条款的缺失与补充

主讲人： 于　飞　中国政法大学民商经济法学院教授

与谈人：（按姓氏笔画排列）

史明洲　中国政法大学民商经济法学院讲师

朱　虎　中国人民大学法学院副教授

陈景辉　中国政法大学法学院教授

张吉豫　中国人民大学法学院副教授

雷　磊　中国政法大学法学院教授

主持人： 王　蔚　中国政法大学法学院副教授

一、引言

2017 年 3 月通过的《民法总则》有很多创新性规定，其中第 10 条规定，"处理民事纠纷，应当依照法律；法律没有规定的，可以适用习惯，但是不得违背公序良俗"。如何理解该条文中的"法律"与"习惯"？该条规定是否为法官裁判民事案件提供了充分的法源？如果存在缺失的情况下，应当如何补充？主讲嘉宾中国政法大学民商经济法学院于飞教授与点评嘉宾中国政法大学法学院陈景辉教授、雷磊教授，中国政法大学民商经济法学院史明洲老师，中国人民大学法学院张吉豫副教授和朱虎副教授围绕"民法总则法源条款的缺失与补充"这一主题，进行了充分的讨论和交流。

二、主题报告[1]

主讲人：于 飞（中国政法大学民商经济法学院教授）

此次报告建基于之前发表的论文，题目是"民法总则法源条款的缺失与补充"。其中的"缺失"是指，我国《民法总则》第 10 条没有规定实证法之外的补充性法源。"补充"是指，本文尝试从解释论角度，对已经成为现行法的民法法源条款进行补充。

从司法和法官裁判的角度，法源是指"一切得为裁判之大前提的规范的总称"。民法法源条款做出两项指示：其一，民法有哪些法源；其二，诸种法源的适用次序。法源条款将一国民事法官能够据以裁判的所有依据进行通盘整理，并将整理后的框架在立法上予以确认。

（一）比较、差异及相关讨论

《民法总则》第 10 条规定："处理民事纠纷，应当依照法律；法律没有规

---

[1] 参见于飞："民法总则法源条款的缺失与补充"，载《法学研究》2018 年第 1 期。

定的，可以适用习惯，但是不得违背公序良俗。"其中的法律是指制定法，习惯通说认为是习惯法。本条确立了我国民法的"法律—习惯"二位阶法源体系。以前的《民法通则》第6条确立的是"法律—国家政策"的二位阶法源体系。此次立法将"国家政策"从法源体系中删除，是重要的进步。但是，从民法总则学者建议稿和比较法的视野来看，我国法源条款有些过于独树一帜了。

学者建议稿大都采用三位阶的法源体系，典型表现为"法律—习惯法—法理"。有些建议稿认为第二位阶是习惯；我们认为，应该是习惯法。第三位阶的法源一般表述为法理，这是受到了我国台湾地区"民法典"第1条的影响。有两个建议稿需要额外说明。第一，中国法学会建议稿第9条规定的法源是：法律—习惯，看起来很像二位阶法源体系。但是该建议稿第11条又规定，"本法以及其他法律有明确规定的，人民法院以及仲裁机构不得仅依照基本原则作出裁判"。换言之，法律没有明确规定的，可以依照基本原则裁判。在法律和习惯均无所依时，法官仍有据以裁判的手段。第二，龙卫球老师的建议稿确定了"法律—惯例"的法源体系，看起来也是二位阶体系。但该建议稿第4条第2款又规定，裁判者"可采取类推适用、举重明轻、明示其一即反对其他、目的性扩张、目的性限缩等方法，以填补漏洞。"也即法官在发现法律漏洞后，仍然有填补法律漏洞的手段。

确认法律与习惯法之外的补充性法源，是比较法上的普遍现象。主要国家的立法例大致可分为三种。第一种是"法律—习惯—补充性法源"的三位阶法源体系。比如，我国台湾地区的"民法典"第1条确立了"法律—习惯—法理"的"法源"体系。王泽鉴先生认为，"所谓法理，应系指自然法律精神演绎而出的一般法律原则，为谋社会生活事务不可不然之理，与所谓条理、自然法、通常法律的原理，殆为同一事物的名称"。第二种是"法律—类推产生的规则—补充性法源"的三位阶法源体系，以奥地利民法典为代表。第三种是"法律—习惯—类推产生的规则—补充性法源"的四位阶法源体系，以俄罗斯民法典为代表。由上可见，我国《民法总则》第10条确立的"法律—习惯"二位阶法源体系在比较法上几乎没有先例。

在立法过程中，虽然众多建议稿都提到"法理"，但最终立法者没有采用。反对意见有四：第一，法理的内涵不明确、外延难界定；第二，规定法理难免导致法官滥用权力；第三，没有明文规定的法理具有拘束力，这会引起公众质疑；第四，法律规定不完善的地方可以借助司法解释、法律的类推适用或适用基本原则等手段加以弥补。首先，前两点意见不太站得住脚。法律具体规则不具备之时，若法律没有明确指引，无法定规则的裁判活动依然存在，由此引发的问题也依然存在。若立法确认法理这样的补充性法源的地位，则会给法官明确的指引，恰恰可以解决至少是缓和不确定性与法官滥权的问题。对于第三点反对意见，补充性法源本身就是在法律规定不完备之时发挥功用，必定兼具无明文规范和具有约束力两个特点。对于第四种反对意见，司法解释属于制定法，类推适用是漏洞补充的技术。以基本原则代替法理的功能是值得赞同的，这也是我们接下来主要需要探讨的问题。如果要某事物发挥法源功能，就应当在法源条款中规定出来。综上，四种反对意见难以否定立法规定补充性法源的必要性。

《民法总则》立法之后，学者对此有不同观点。梁慧星先生指出："虽然本条未明文规定'法理'为法源，并不等于裁判不能适用法理。"杨立新老师主编的书中认为："对于既没有法律也没有习惯调整的民事生活，用法理进行调整。"但龙卫球老师持相反意见，认为我国民法渊源应该严格限于上述制定法和习惯法的范围，而不得随意扩解。

总之，《民法总则》第10条与所有建议稿和比较法立法例都不同，但还欠缺根本性、有说服力的理由。立法的确认也未能真正统一认识，争议依然存在。因此需要对《民法总则》第10条进行一个根本性的探讨，从而试图解决争议，便利适用。

（二）"法律—习惯法"二位阶法源体系带来的问题

我国民法是否认可实证法之外的补充性法源？法律、习惯法没有规则之时，法官该如何裁判？对此，立法没有给予明确的指示。二位阶的法源体系会带来三个问题。

第一，大陆法系实证法根本矛盾无法克服。以立法形成的有限法条去控制无限且永续发展的社会，必定会带来不周延性、滞后性、不合目的性等天然局限。于是，实证法规则不备时法官如何裁判，就成了大陆法系的一个根本矛盾。法源条款就是要对这个矛盾做立法上的回答，即法官在没有实证法时该如何裁判。如果一个法源条款仅表述到法官依实证法裁判，那它实际上回避了主要问题，未能直面自己的使命。

第二，"法官不得拒绝裁判"无法实现。这里需要澄清一种可能的误解。在没有实证法基础时，法官一律判决无法律依据支持其主张的一方当事人败诉，是否也算没有拒绝裁判？表面上看，法官是没有拒绝裁判，但实际上他没有积极寻找每个个案中的平衡点；质言之，他拒绝了"正义与衡平的裁判"，这仍然是违反义务。法无明文规定时，若法官不能依据补充性法源就个案寻找妥当的裁判规则，则其不得拒绝为妥当裁判的义务就无法实现。

第三，民事诉讼目的无法达致。关于民事诉讼的目的有多种学说。"纠纷解决说"在我国有重要影响。主要学者都没有把单纯解决纠纷作为民事诉讼的目的，而是强调纠纷解决的"适当"或"公正"。法无明文规定时，如果法官直接判决一方当事人败诉，从形式上看也解决了纠纷，但实际上违反了民事诉讼的目的。纠纷非但没有解决，反而可能会被激化。只有在实证法规则不备时，积极寻找对个案妥当适用的规则并依之裁判，法官才可能适当地、公正地解决纠纷。

对二位阶法源体系弊端的一个可能辩解是，民法基本原则在我国已经制定法化，因此在第一位阶"法律"中已经包含了民法基本原则，故补充性法源已经被当下的二位阶体系所考虑并纳入了。但这种辩解实则会给该体系致命一击，带来更加无法解决的问题：

第一，习惯法将丧失适用余地。具体规则缺失时，基本原则高度抽象，几乎可以导出任何结论。于是，制定法就成了一个无漏洞的体系，习惯法成了冗余。

第二，导致抽象规定优先于具体规定适用。基本原则是抽象的，习惯法则比较具体。若将基本原则嵌入制定法规则与习惯法之间，就会导致基本原则优先于习惯法具体规则适用，这显然有问题。

第三，存在方法论上的矛盾。制定法的规则适用属于法律解释范畴，基本原则是漏洞补充范畴的，习惯法规则适用也属于法律解释范畴。若将基本原则嵌入制定法规则与习惯法之间，会形成一个"法律解释—漏洞补充—法律解释"的奇怪次序。经过漏洞补充程序，漏洞必定被填补完毕了，不可能再有法律解释的余地。

总之，"法律—习惯法"二位阶法源体系的根本缺陷在于没有给漏洞补充留下文义上的空间。其中隐含着法无漏洞的思想。这是19世纪法学实证主义的典型表现。法学实证主义是维亚克尔用于指称概念法学的用语。20世纪以来经典民法典的法源条款，体现的正是对这种法学实证主义的克服。法学实证主义或概念法学的根本特点是认为法无漏洞，排斥法官对法律的补充和发展。《民法总则》第10条对法源的列举仅限于实证法，未对漏洞补充留下文义上的空间，无论有意无意，在客观上这恰恰是法学实证主义或概念法学的体现。我们一方面在本土著述中一遍又一遍地批判概念法学，另一方面却在自己的民法典里制定了一个堪称完美体现概念法学思想的法源条款。这中间的巨大矛盾，细想之下我们自己都会感到惊奇。

（三）依基本原则确立的规则作为补充性法源

补充性法源有多种，如法理、法律精神、法律原理等。若要弥补第三位阶补充性法源的缺失，诸多功能相同的表述本来是具有同等可选择性的，但是，其中只有基本原则在我国得到了立法肯认。一方面，这意味着让基本原则在第三位阶中发挥作用能得到实证法的有力支撑；另一方面，这意味着此举能够有力地促进建立在本土法条上的法解释体系建构，使每一个条文都焕发活力。需着重说明的是，基本原则在第三位阶中发挥漏洞补充作用之时，作为法源或法官裁判依据的并不是基本原则本身，而是依基本原则确立的"规则"。

"依基本原则确立的规则"较之通常接受的第三位阶法源表述——"法理"——更具有优越性。理由如下：

第一，"法理"并不是法源或法官裁判的依据，只是寻找法源的"出发点"。"法理"实际上无法与制定法、习惯法并列，能与这两者并列作为法源的，只能是法官在个案中依一定价值判断确立的"规则"。

第二，"依基本原则确立的规则"传递了更多重要而有效的信息。在我国把基本原则制定法化的背景下，基本原则较之"法理"是更为明确的价值指引。而且"依基本原则确立的规则"这一表述中包含了法官"确立规则的义务"，也就提供了立法对司法的明确强制和事后检验的可能。"法理"二字传递的有效信息太少。

第三，把基本原则安置在第三位阶法源中，可以为其寻找一个科学的安身立命之所，使众多的基本原则条款"活"起来。

第四，被法律明文规定的基本原则并不是第一位阶的"法律"，而是属于第三位阶补充性法源。将"依基本原则确立的规则"纳入第三位阶，能够避免将基本原则误放置在第一位阶"法律"中适用。

根本上说，立法上明文规定第三位阶补充性法源，具有"授权"与"指示"两项功能。授权功能是指授权法官在实证法规则不备时造法。指示功能是指示法官在实证法规则不备时如何寻找裁判依据。授权功能解决能否造法的问题，指示功能解决如何造法的问题。"依基本原则确立的规则"与"法理"在授权功能上无差别，但在指示功能上，前者向法官传递了更多有效信息，明显强于后者。"依基本原则确立的规则"并不只是一个对我国法源体系理论上、形式上的弥补，也是一个具有可操作性的制度。法官具有"确立规则的义务"。第一，法官须明示规则，即在判决书中明示本案司法三段论的真正大前提。第二，法官须明示规则的建构过程，即在判决书中明示作为依据的基本原则，并展示从该基本原则到规则的推导过程。

综上，法官在适用第三位阶法源进行漏洞补充时，要在判决书中做到三个指明：其一，指明起点——基本原则；其二，指明过程——如何推导；其三，指明终点——具体规则。

举一个典型案例"李彬诉陆仙芹、陆选凤、朱海泉人身损害赔偿纠纷案"。2001年，经营者的安全保障义务尚未被立法确认。当时的法官在该案中根据诚实信用原则认为：经营者对正在接受其服务的消费者的人身安全负有谨慎注意和照顾的义务，即在其所能控制的范围内，要采取力所能及的合理措施，防止消费者的人身安全被第三人侵害或在侵害发生后尽力避免损害的扩大。本案中，法官没有直接依据诚信原则裁判，而是从诚信原则中导出经营者的具体义务——也即一个规则，然后再依该规则判决。以上案件是法官在实证法不备时，依据"依基本原则确立的规则"进行裁判的典型表现。

各种基本原则在第三位阶法源适用中，也有一定次序。基于平等原则的类推在第三位阶法源适用中具有优先地位。类推，即相同的事项相同处理，此为贯彻平等原则的正义要求。比较法上，很多国家将类推明确规定在法源条款中，其位置仅次于法律与习惯，优先于其他补充性法源。类推在原则上具有适用的优先性，原因有二：其一，类推是经由既存规则产生一个新规则，该产生过程的确定性与可靠性优于其他漏洞补充方法。其二，规则获取上的正当性。既有法定规则包含已获立法确认的法律评价，类推的正当性正是根植于这一既存的法律评价，功能也在于在法律原本未调整的类似领域中继续维持这一法律评价。

类推之外，还有目的性限缩与目的性扩张方法，两者都是基于法律目的的考量而对既有法律规则的修正。法律目的为何，应当主要从表征法律价值的基本原则（即"内在体系"）中寻找。往后便进入拉伦茨所谓"超越法律的法的续造"阶段，在这一阶段中法律续造的重要基准之一，便是"法伦理性原则"。第三阶段补充性法源的适用，核心问题在于如何从原则中妥当地推出规则。解决该问题的根本途径是本土案例的类型化。在分析案例和形成案例之时，可以借鉴阿列克西的权衡理论及源于维尔伯格的动态体系论，作为方法上的指引。

（四）引入补充性法源的方法论路径：目的性扩张

面对《民法总则》第 10 条的二位阶法源体系，如何在解释论上产生三位阶法源体系？这需要一个方法论上的路径。立法上只规定了"法律—习惯"两位阶的法源体系，这是否意味着立法者明确反对其他的法源形式，司法者不能再行补充？

学说上有所谓"有意义的沉默"，指法律虽然未规定某事项，但实际上立法者已有明确的拒绝态度，故这种不规定并不构成法律漏洞。在此情境下，立法者本可调整某领域，但经权衡明确放弃，法官自然不得声称存在漏洞并继续填补。如何判断"有意义的沉默"？学说给出了两个判断标准：立法者明示及立法目的。

先考虑立法者是否明示。在历次草案审议的资料中，没有对第三位阶法源问题进行说明，更没有表示过否定。2015 年 8 月 28 日民法室"室内稿"第 9 条规定："处理民事纠纷，应当依照法律规定。法律没有规定的，可以适用习惯，但不得违背公序良俗。"第 10 条规定："本法或者其他法律有具体规定的，不得仅依照基本原则作出裁判。"数月之后，"室内稿"第 10 条在"草案征求意见稿"中被删除。这是否意味着立法者的明确拒绝呢？实则不然。第

10 条的真正目的恐怕是想要禁止实践中常见的"向一般条款逃避"的情况。更重要的是，立法者并不明确基本原则应当放在法律具体规定之后的哪个位阶发挥作用，也没有将基本原则作为习惯法之后的第三位阶法源的明确目的。人不可能对一个自己没有意识到的观点表示拒绝。因此，立法者删除"室内稿"第 10 条，并不能视为明示否定了将基本原则纳入第三位阶法源的思路。

就立法目的而言，《民法总则》第 1 条是立法者明示的立法目的。第 1 条中明确规定了"调整民事关系"这一目的。首先，调整意味着全面调整，缺乏补充性法源必然导致调整上的重要遗漏，这是对立法目的的违反。其次，立法机构释义书认为民法最终目的是实现民事主体之间生活秩序的和谐。实现和谐意味着妥当调整。补充性法源的缺失，会导致实证法无法妥当调整社会关系，进而无法实现和谐调整。

在以上确认漏洞之后，如何填补漏洞呢？可以使用目的性扩张的方法。第一位阶制定法与第二位阶习惯法，都是为了实现"调整民事关系"这一立法目的，但仅有这两位阶法源，该立法目的显然还无法实现。唯有将法源类型扩张至第二位阶　　"依基本原则确立的规则"，对民事关系全面、妥当地调整这一立法目的才能在体系上获得实现。这就是目的性扩张方法。

（五）结论

法官如何寻找裁判依据？对该问题有两种回答方式，一种是立法不规定，完全交给学说，如德国。另一种是立法规定法源条款。对后者而言，法源条款应当为两种情况都提供了解决方案：有实证法规定的情况和无实证法规定的情况。《民法总则》第 10 条不属于以上任何一种方式。我们用立法回答法源问题，但却回答到实证法为止。于是，实证法规则缺失时法官如何找法，甚至法官究竟有没有漏洞补充的授权，都没有立法上的答案。

我们建议采取目的性扩张方法，利用《民法总则》第 1 条的立法目的，扩张产生第三位阶补充性法源"依基本原则确立的规则"。法典编纂无非是普遍法理与本土情况的妥当结合。确立第三位阶补充性法源就是尊重普遍法理，把基本原则纳入第三位阶发挥作用就是考虑到本土情况。

三、嘉宾与谈

主持人：王　蔚（中国政法大学法学院副教授）

于老师主讲的题目也有相关文章在今年《法学研究》第 1 期发表。在演讲过程中，于老师先讲出了研究旨趣，对既有的二位阶法源缺陷做了分析，并试图对二位阶进行弥补，甚至形成三位阶的理论。接着讲述了学界对概念法学的批判，但是立法者却依然吸纳了概念法学。然后于老师对自己的建构做了大量努力，虽然与目前龙卫球老师、梁慧星的观点完全不同，但是依然有老师支持于老师的观点，于老师的论证"自成方圆"。

于老师在论证三位阶时，讲了基本原则所确立的规则，特别是学者建议中法理的优越性。于老师在讲述二位阶时认为习惯是一种习惯法，这正好符合第一位点评嘉宾陈景辉老师的研究领域，陈老师也刚在《法学》上发表了文章《"习惯法"是法律吗?》，有请陈老师。

与谈人：陈景辉（中国政法大学法学院教授）

今天我不讲"习惯"的问题。我看了于老师的文章，然后又听了他的报告，大概也没有个逻辑从哪儿到哪儿，只是觉得有几个问题不太容易说服我。

于飞老师提出问题的方式大体有点比较法的意思，说中国两位阶法源体系，其他基本都是三位阶法源体系，看起来好像我们有问题。如果我是读者我会问于飞这样一个问题：那种三位阶的方式无论是哪个国家提出来的，我想应该会有批评，也就是说他们所提出来的东西在理论上会有学者认为这些东西要么不够，要么不好。不够的意思是说光这些东西可能解决不了法律漏洞的问题，也不能解决实在法体系所面对的各式各样的问题；那为什么说它不好呢，会有一些理论家说，法源理论的一个重要目标是限制或者拘束法官的自由裁量，但这些东西未必能达到这个效果。我相信这样两种说法应该都会存在。

所以换句话说，从提出问题的角度来讲，比较法上的根据的力度可能是不够的。我们虽然可以列举很多国家都是三位阶法源体系的方式，但是并不一定由此就证明这是唯一恰当的一个趋向。所以我们要从我们实在法上的两位阶法源体系设计一种理论上或者解释论上的三位阶法源体系，我觉得可能会有点问题。这是从提问的角度来说我很疑惑的一个问题，因为好像看起来三位阶法源体系是一定要达到的一个方向，所有的论证都在往这个方向上面走。这是作为一个读者，我要提出来的第一个问题。

第二个让我很困惑的事情是，这也跟我写的那篇文章有点关系，就是《民法总则》第 10 条究竟在说什么？大体意思简单说就是有法律按法律来，没法律再找习惯。那通行的其他国家的立法例，是除了这两个之外再找法理，无论这个法理表述的是什么意思。那我就会揣测，我们的立法者把法理拿掉的做法是什么意思。第二个我要揣测的是，当各个国家规定"有法律依法律，没法律依习惯"的时候，它又是什么意思。

我先说后面"有法律依法律，没法律依习惯"的意思。我要提的一个反问是这样的，我不知道各位部门法学者或者民法学者有没有考虑过这样一件事情，"有法律依法律"是不是只要求我们在字面意义上或者说机械的意义上来适用实在法，比如说法律上是不是明确规定了张三和李四做买卖有合同，这事儿法律上就有了，还是说"有法律依法律"本身需要依赖于我们对于法律本身的一些技术性的方式来准确地理解它的要求，如果不是要求机械地适用，那么就会附加一系列跟实在法相关的司法技术，那些法律技术就会进来，比如你后面谈到的类推、一般条款的具体化和目的性扩张。如果是这样，那么它们都不是处在实在法之外，而是实在法之内。这也就意味着我们必须要穷尽实在法一切可能的意义，如果这个事儿实在法上一点儿根据都没有了，才能跑到习惯那儿去；如果实在法上有一些司法技术能够实现这个目标，那就不能随便往习惯跑。除非有一种解释是，"有法律依法律"只是意味着字面意义，但是我相信应该不是。所以这样一来，跟实在法相关联的所有司法技术都应该被放在习惯之前，而不应当把它分裂开，有的放在习惯前，有的放在习惯后，比如像你的主张是类推或者目的性扩张要放在习惯之后去处理，就构成一个你所想象的三位阶，我觉得好像不是。也就是说所有跟实在法有关的司法技术全部要在实在法上来用，这样一个目标在我看来十分重要，换句话说，它要求我们不得随意拿习惯来破坏实在法体系的体系性。

虽然法体系本身由于禁止拒绝裁判原则要向习惯开放，但是不意味着可以随意开放，必须在穷尽实在法规定之后才能向习惯开放。所以在这个意义上我就可以理解当年吴从周写的一篇文章，就是习惯的问题，他说现在在德国法律实践中很少找到习惯适用的例子。那我就可以理解他为什么这样说，因为跟实在法有关的司法技术大体上都用到了，纯粹的实在法上的各种技术所不能解决的情况是非常稀少的，应该说罕见的，比大熊猫还少。所以这个时候习惯的规定是意义不大的。这是我提出的第二个问题，我觉得应当这样来理解。

第三个问题是说法理这件事情意味着什么。法理这件事情有很多种可能性。那我大体上把它当作什么呢？我揣测一下我们的立法者可能是这样考虑的，不知道对不对，因为我不知道他们怎么想的。法理是什么可能依赖于我们对原则这件事情的认识。至少我们的原则大体上可以像于飞老师过去所写的那篇文章一样，是那时所谓的成文化的原则或者法律化的原则。也是在成文法上有显示度的、法律上有明确规定的那个原则。那么，成文法上显示出来的那种原则，它其实是一种价值。

那法理是什么？在我看来如果以这个成文化的和非成文化的原则或者说法定的与非法定的原则来对待的话，法理就是那些没有在成文法上有所体现的基本价值，所以当一个国家搞出来所谓的三阶层的法源理论，就意味着这个国家的法体系准备向实在法所未规定的基本价值开放，如果把这个法理抛掉的话，就意味着这个国家的法律体系不准备向实在法所未规定的基本价值开放，我觉得这就是差别所在。

这一点可能就与张吉豫老师所关心的问题有关系了，比如说我举个简单的例子，我们的《婚姻法》就目前的情况而言不可能向同性婚姻开放，因为没有开放的空间，《婚姻法》上所有的语词"夫妻""男女"不可能有向同性婚姻开放的空间；再比如说科技进步所带来的一些东西能不能开放，可能都要依赖于法理的判断；再比如说玉林的狗肉节，关于动物权利的问题，我们要不要开放，至少我们的法律体系以目前的方式没法儿开放。也就是说，在我看来有没有"法理"这两个字，意味着我们能不能向未被实在法规定的价值开放。那么中国的民法如果没有法理的规定，那也就意味着它不打算向这些价值开放。

所以，从这个意义上来说，那些法律化的原则或者说成文化的原则它本身也就构成了实在法的一些组成部分，所以这个时候呢，后面所谈到的一些漏洞填补的技术每一项都不能与这些原则脱离开，无论是你说的类推、目的性扩张还是一般条款的具体化、原则的具体化。所以，那些三位阶法源体系的理论可能就有如下要求：一个是穷尽实在法的要求，实在法不行了就找习惯，习惯再没有了就向这些未被法律规定的价值判断开放。这里也就涉及对于我们的法律体系的开放程度的判断。

第四个问题是有关宪法能否作为民法法源的问题。在其他国家三位阶的法源体系里宪法是怎么样来用的呢？这我不知道，但我相信宪法会用。但宪法是以什么方式来用的呢？这个可能需要考虑，在这个事情上有很多犹豫的态度，民法学者比如说庆育，在他看来公法私法的二分就把将宪法用到民法中的可能性都否定了，但在实在法位阶上宪法是最高的，那其他法律都在它底下又导致它们可以串在一起。那现在的问题是，宪法具有最高法律效力和公法私法的两分这两件事情怎么能够融合到一件事情上去？我觉得这是宪法遇到的巨大困难。但这件事情回头就民法上来说呢，民法的学者无论持什么样的看法，但有一件事你是没有办法避免的，就是在实在法体系当中，宪法在起着什么样的作用。

光是民法而言，其制定法法源是中华人民共和国民法典还是说有其他的，这个东西到哪儿为止，宪法是不是就是止境？如果往这个方向去的话，我觉得可能会有一系列不同的看法出来，至少我自己感觉有这么几件事情，第一个我们的理论家对于法体系的漏洞这件事情是否过分敏感了，实在法体系当中有没有这么多出现漏洞的机会，在我看来不太容易，为什么？因为法律漏洞这件事情在实在法体系上是肯定存在的，但是在体系性观念下漏洞应该非常少，因为在体系性观念下，你比如说像原则的规则化，或者说目的性扩张、目的性限缩、类推这些东西都会满足体系性要求，所以在这个意义上我们可能会去想实在法体系的漏洞到底有多严重，这件事情涉及我们对实在法体系的态度是什么。

第二个是概念法学它本身到底错在哪里，我相信我们现在已经是像于飞老师所说的那样谁上去都踹两脚，但是它到底错在哪儿？它是错了还是它不充分？因为这是两回事，错了是说它不对要改，不充分是说我们需要加东西。就好像我们说缺点和局限性是不一样的，拿我来说，我就能跳一米多高，那你不能说这是我的缺点，这是我的局限性，我就这本事。

总体上我觉得我们可能需要考虑一些更核心的基本的问题，就是那一条它表述的到底是什么意思。我觉得这是首先可能要说明白的，然后后面有的问题可能就变成了已经解决的或者说庸人自扰的问题，有的可能才是我们真正需要面对的问题。这是我们最开始要做的工作。我的评论就是这样。

主持人：王　蔚（中国政法大学法学院副教授）

陈老师没有按照我们的预想出牌，我们本来以为他会以习惯与习惯法的思路分析，但他却剑走偏锋。陈老师首先提出于老师在比较法上的论证力度不够，然后对法律与习惯法二位阶的适用要不要穷尽提出了自己的观点，最后在以未被法律明确规定的价值判断来讨论法体系的开放程度。下面有请张吉豫老师点评。

与谈人：张吉豫（中国人民大学法学院副教授）

非常感谢论坛的邀请。首先，我想就概念法学谈一下自己粗浅的看法。概念法学追求法律体系化，特别是追求法律体系的圆满性。在我看来，这种对法律体系圆满性的持续追求的确具有现实意义。

法律的体系化既包括法律概念和规则层面的形式上的体系化，也包括实质价值判断层面的体系化，而在历史上概念法学在其鼎盛时期就过高估计了人类已经取得的法律体系化的成就，进而过于注重形式上的逻辑演绎，过度高估了从低层次法律规则抽象梳理出高层次法律体系之后，再演绎出更多具体规则这样的法律规则生成技术，相对轻视了对社会生活中新的利益关系分析和对价值判断、法律制定和实施结果本身的研究。而在社会迅速发展变化的时期，新的问题层出不穷，基于过往社会生活实践抽象出的法律体系从逻辑上所派生出的规则未必有利于达成法律所欲实现之目的和价值。在这样的时期，过度强调概念法学有可能会不恰当地影响法学界的研究重点，我个人认为这是众多学者对其进行批判的一项主要原因。当然在不断完善法律体系、填补法律漏洞、提高可预测性等方面，概念法学仍然具有重要意义。

接下来，我主要从自己对知识产权研究的角度出发，结合主题提出几点思考和疑惑。

第一，我赞成于飞教授提到的在"法律—习惯"二位阶的法源体系无法满足司法实践时，寻找和确定第三位阶的补充性法源。在当前，法律—习惯二位阶的法源条款很难适应科学技术，尤其是互联网的迅猛发展，实践中遇到的很多问题并没有明确的可以直接适用的规则。比如，网络游戏直播是否构成著作权法上的作品、是否属于对原有作品的合理使用以及具有屏蔽视频广告功能的插件的研发和使用，是否构成不正当竞争等。面对有些比较复杂的、新兴的问题，在法律上很难找到直接适用的规则予以解决，而只能诉诸一般条款。比如，对于上述是否构成不正当竞争的问题可以诉诸诚实信用原则。但是，诚实信用原则内涵的确定依赖于商业习惯。然而，在新兴互联网领域，提供的商品和服务更加丰富多彩，传统的商业模式也发生变迁，旧的商业习惯难以适用，新的商业习惯尚未形成，而又没有直接法律规定，因此，在规则适用上"法律—习惯"二位阶的体系就遇到了困难，因此，需要第三位阶的补充性法源。

第二，对于将依法律原则确定的规则作为第三位阶的法源，或者说是将法理还是依法律原则确定的规则作为第三位阶的法源，我存在一些困惑。杨仁寿曾提出："法理之援用，实指法律之补充而言，其在具体化以前，并不生规范的作用，不能据为个案裁判之依据。"[1]依基本原则确定的规则本身并不是一个很丰富的体系，对其共识化程度也不是很高。规则的形成是一个动态的过程，而达成共识需要一定的时间。在具体的司法审判过程中，法官在穷尽了法律和习惯之后仍然无法找到具体的规则适用时，其会诉诸一个可以适用的基本原则，然而一定会存在一种可能的情况，那就是该基本原则尚未发展成为可以据以裁判的规则。

由此可见，将依基本原则确定的规则作为补充性法源存在一定的问题。退一步来讲，将依基本原则确定的规则作为第三位阶的补充性法源，其遵循的是这样的思路，法官在作出裁判之前，依据基本原则确立具体的规则，然后将此规则作为法源，从而作出裁判，这其中的逻辑与通常法官适用法律作出裁判不同。经过长期的实践，根据基本原则可以发展出一系列的规则，但这是一个动态的长期过程，在其发展的前期必然存在一个空白时期，没有规则可以适用。其实，不如直接将基本原则作为补充性法源，在法官具体适用时，按照于飞老师的观点在判决书中明示从基本原则到具体规则的推导过程，

---

[1]　杨仁寿：《法学方法论》，中国政法大学出版社 2013 年版，第 192 页。

进行充分的论证，这在逻辑上也更为恰当一些。另外，对于依基本原则确定的规则在某种程度上形成的共识相对于基本原则而言尚不充足。比如，在知识产权领域，对于依据诚实信用原则发展出来的不同规则存在一定的矛盾之处。相反，人们对于基本原则的共识度相对较高一些。因此，我对于依基本原则确定的规则在多大程度上可作为法源，存在一定的疑惑。

另外，北京知识产权法院先例库的建设和运用也能说明我的上述疑惑。[1]与知识产权有关的案例在经过一系列程序被筛选进入先例库之后，就具有了先例的作用，在裁判的过程中，可以提出适用哪个先例，也可以通过一定的程序排除某个先例的适用。案件之所以成为先例，在很大程度上是因为案例本身对法律漏洞进行了有效的填补，将模糊的概念明确化，或者是将基本原则发展成具体规则。以后者为例，依基本原则确定规则是一个动态的过程，根据基本原则确立的规则在一定的条件下，是可以不需要遵从的。在这个意义上，北京知识产权法院推出的先例中确定的规则，在没有法律化之前，可以作为法源，但是其效力低于基本原则。

第三，对比《民法通则》，《民法总则》第 10 条法源条款中删除了"政策"，将政策作为法源之一曾受到很多批判，在当前《民法通则》尚未废止之前，政策在多大程度上能作为法源呢？当前的政策强调支持科技创新，加大知识产权的保护，在知识产权侵权案件的审判中，对于赔偿数额大都依据法定赔偿确定，这明显体现了政策的影响。在社会发展过程中，政策总是会存在的，其对于司法的影响也会显现出来。将政策作为法源通过法律明确规定并对其适用进行规范，可能是比较好的选择。

主持人：王 蔚 （中国政法大学法学院副教授）

谢谢张老师。张老师先回答了什么是概念法学，似乎替于老师做了前期回应，是一位很受欢迎的与谈人。其次张老师提到的案例可以具体地指向法官适用案件的难点在哪里。下一位点评人是最近对指导性案例的法律效力以及其能不能作为法源有着深刻思考的雷磊老师。

---

〔1〕 蒋惠岭、杨奕："以先例判决指导审判工作制度的创新实践"，载法制网 http://www.legaldaily.com.cn/zfzz/content/2016-04/06/content_6554639.htm，最后访问时间：2018 年 6 月 3 日。

与谈人：雷　磊（中国政法大学法学院教授）

出于两院的良好关系，我决定先表扬于飞老师两句。于老师对民法学者的既有观点、他们之间的争议以及民法教义学都十分熟稔，这是一篇优秀的民法教义学论文的基础。另外他的论文体系性非常强，这也是我很欣赏的一种风格。下面我谈一些批评意见。因为于飞老师比较早就把论文发给我了，我也做了比较仔细地阅读，今天听了他的发言后更加明白了，可能他的理论旨趣与我们做法理学的不太一样。但他的论文的确涉及很多我所感兴趣的问题，所以我就把它们给铺陈出来，以便给于老师做一个参考。

我将分为两个方面来说，第一个是这篇文章在主题上还缺少些什么，第二个是这篇文章中有一些值得商榷的地方或者说可能是理解有偏差的地方在哪里。前一个是宏观问题，后一个是微观细节。

宏观方面缺少什么东西呢？那这就要从法源理论开始说起了，因为这篇文章探讨的是民法的"法源"。在我看来，法源理论至少涉及三个层面，教义理论、中度理论和深度理论。教义理论其实就是于老师这篇文章所做的东西，也就是围绕中国现有的法源条款怎么理解去展开，不管是通过目的性扩张的方式去理解它的言外之意，还是怎么去把它扩充完善，都是围绕实在法展开的教义理论；但是作为教义理论的前提还应当有更高的理论层级在起着作用，这就是中度理论和深度理论。

这两种理论说的是什么呢？深度理论涉及的是法哲学。在我看来，比如说陈景辉老师的《"习惯法"是法律吗？》这篇论文涉及的就是这个层面的探讨，因为法源最终所涉及的可能是关于法的概念和性质的追问。这就要求在讨论各种类型的法源前首先得有一个关于法的一般性的概念和对它性质的理解，所以陈老师会去探讨说习惯法这个东西符不符合这个一般性的概念前提。

另外一个层面是我今天要重点谈的中度理论，它在德国的传统中叫一般法学说，或者叫作法理论。这个层面可能会暂时搁置法哲学上"法是什么"问题的探讨，它涉及的问题主要在于，法源在司法裁判中究竟扮演着什么样的角色，法源理论究竟是在裁判中用来干什么的。我们都知道，司法裁判是一种论证说理的活动，而说理凭借的理由在性质上可以被分为两类，一是裁判依据，二是裁判理由。它们发挥作用的方式是不一样的。今天法理学在探讨理由理论的时候会将裁判依据和裁判理由分别对应为权威理由和实质理由。比如我们得出一个结论说，于飞老师是值得交往的。那如何通过说理得出这个结论？第一种方式是，举出实质理由，说他是个好人，因为他每次吃饭都抢着付钱，所以我觉得这个人很好，值得交往。第二种方式是，因为这是陈景辉老师说的，而我们都听陈老师的，这就是一种权威理由。在司法裁判中，裁判依据扮演的就是权威理由的角色，而最典型的权威理由就是立法上的条款。因为作为一个法官，他的角色并不要求他去一般性地反思这个规定本身好不好，而要求他考虑怎样把这个规定适用在最恰当的个案中。权威理由中一个非常重要的部分就是基于来源的理由，这种理由是凭借其来源而不是其内容来扮演理由的角色的。这种基于来源的理由在一般法学说上就被叫作"法源"，也就是 sources of law。它追问的是作为裁判依据的"法"来自于哪里。通常来说最经典的是来自于这样几个方面，第一个是立法，它所产生的表现形式就是制定法；第二个是上级法院或者说法院先前的决定，那么这就产生了判例法；第三个是习惯（我们在这里先不探讨是习惯还是习惯法），它可能来自于共同体共同的实践以及他们的确信；还有一个是学说（尤其是通说），它来自于权威学者（尤其是，用中世纪晚期的术语来说，"博士们的共同观点"）。当然，在不同国家，裁判依据的来源范围是不大一样的。但是，从历史发展看，我们都知道（比如萨维尼的历史法学派就是这样看的）这些权威产生的顺序一般首先是出现习惯，然后出现判例和法理、教义学、通说（历史法学派称之为学术法），最后才产生了立法（法典法）。

这就导致了另外的一个问题，也是我一直在思考也没有完全确定的一个问题，那就是，一国民事裁判的法源范围是否以立法的确认为限？

于飞老师，包括刚才诸位都在讨论《民法总则》第 10 条到底规定得怎么样，需不需要去把它补充完整。但我现在思考的问题是，这个条款规定得完不完整，甚至《民法总则》中有没有关于法源条款的规定，真的那么重要吗？因为我刚才说了，作为裁判依据的权威来源的这几种形式，立法、司法、习惯、法理，就它们作为权威而言在地位上是平等的，它们分别表明了裁判依据的不同来源，立法这种来源地位并不天然比其他几种来源高。更何况刚才说了，从历史发展看，立法甚至可能是最后出现的权威渊源。所以就导致了一个问题，如果将各种法源都比作一场比赛中的运动员的话，那凭什么由其中的一个运动员规定其他人有没有运动员的资格？尽管我们可以公认这个运动员可能要比其他运动员都跑得快，但他却没有权力只规定其中几个可以作为他的对手，而其他一些则从一开始就不能参赛。所以，立法上规定法源条款不是没有意义（它可以界定不同法源的适用顺序），但可能无法框定法源的范围有多大。

如果是这样，那么某种法源（如法理）有没有得到立法的规定可能就并不是那么的重要。其他法源都要得到立法认可才能作为裁判依据来源其实反映的是一种立法中心主义。假如其他"法源"要得到立法认可才有资格成为法源，那么就相当于说真正的法源就只剩下了立法一种。德国法学家艾思勒出版过一本书叫《没有约束力的制定法内容》，他在这本书里就非常明确地指出，立法没有权力规定其他渊源的种类有哪些，包括习惯。我们现在的法理学教材通说认为习惯必须要得到立法的认可才是有效的。

我揣测这种观点是来自于苏联。最近正好看到一篇是1955年一位德国学者发表在《公法论丛》上的文章，写的就是苏联的法律渊源理论，其中就涉及了习惯。苏联建国以后就规定习惯必须要得到立法的认可才是有效的，才能作为裁判依据。这在当时有特殊的政治背景，因为苏联的掌权者想要通过立法或者说法官去改造旧有的跟苏维埃意识形态不吻合的习惯。我们不能将这种带有特定历史背景的考量上升为一种普遍性的做法。

所以我的疑问就是，法源类型能不能为立法所规定、限制。如果不能，那么即便现有《民法总则》规定的是两位阶法源，我们也可以说这不重要。因为即使没有关于第三位阶法源的规定，我们照样可以在穷尽这二者之后去找法理或其他依据。而这样一来我觉得可能会影响整个立论。

第二个是我在理解方面和于老师有所不同的一些细节内容，有五点。

首先，于老师说的"原则"究竟指的是什么？我看完这篇论文发现，论文前后似乎并没有保持一个一贯的理解。一方面，基本原则指的是实定的法律原则还是非实定的法律原则？在论文前面，于老师对一种观点即"原则已经为法律所包含"进行批评时，指明了它的三点缺陷，这似乎告诉我们，他所说的基本原则是法律本身没有规定的非实定原则，但后来他又说，之所以采用原则而不是诸如法理这样的表述来表达第三位阶的法源，是因为"原则"是得到实在法有力支持的，得到立法的认可的，我们的《民法总则》中就规定了很多基本原则的条文，这似乎说的又是实定原则了。那这里是不是有逻辑上的张力存在？这里说的原则究竟是民法典已经规定的，还是没有被实在法吸收的基本价值？当然，作者的本意可能在于说，《民法总则》第10条中的"法律"只包括法律规则，不包括第2~9条的法律原则。但问题在于，为什么规定在法律中的原则不属于法律原则？法源强调的是来源，而无论是法律规则还是法律原则只要有同一来源（都来自于立法），那么它们的法源地位就不应当有差别。

另一方面，文章所说的"原则"是德语的 Grundsatz 还是 Prinzip？这二者并不相同，前者更接近于我们所说的法理，也就是基本原理，指的是因其重要性而在法律体系中占据基础地位的原则，后者是规范理论上与规则相对的一种规范类型，所以我们如果将你所指的原则理解为 Prinzip，那么对应物就是 Regel（或者说 rule，规则），这样一来会产生什么问题呢？从论文的表述看，作者更多的是在前者的意义上来理解的，但现在在一般法学说中更常见的理解是 Prinzip，即与规范相对的规范类型。而如果我们将规范视为法的一般存在样态的话，那么不管是制定法也好，习惯法也好，别的法的表现形式也罢，都可以被视为规范，都由规则和原则两类规范组成。这样一来，将原则视为独立的法源就是不恰当的。因为裁判依据可以是规范，但法源指的是裁判依据的来源，两者并不一样。2017 年在 Ratio Juris 杂志上有一篇文章叫作 "*legal sources is not law*"，说的就是这一个问题。当然，按照作者的称呼，第三位阶法源准确的说法是"依基本原则确立的规则"，但这也是不准确的，有可能进一步混淆了刚才张吉豫老师提到的裁判依据与裁判依据的适用方式问题，具体来说就是基本原则与原则的规则化。基本原则的具体化（规则化）在制定法和习惯法里都有，因为只要涉及原则就会面临着具体化的问题。这不是裁判依据上的差别，更不是法源上的差别。甚至是法律规则也面临着具体化的问题，像菲肯切尔（Fikentscher）个案规范。

第二，论文里提到一个批评，即将原则（Prinzip）视为制定法的组成部分会使得习惯法没法适用，因为法律原则的范围非常广。这里暂且撇开论证思路不谈，只说将原则承认为制定法的组成部分真的会使得习惯无法适用吗？习惯作为法源既可以作为裁判依据得到适用也可以以裁判理由的方式适用，后者是法源的非法源用法。比如我们在民法中规定了诚实信用原则，但对于这一原则的内容却可能需要在个案中结合相关习惯法规范来加以填充。此时裁判依据依然在于作为制定法一部分的法律原则本身，而习惯是作为非法源或者说非实质内容起作用的。

第三，是关于法律漏洞的问题。的确，方法论学说史上一开始对于法律漏洞的认定就是制定法文义没有规定的就是漏洞，传统上也一直就是这么认为的。因为最早提出法律漏洞的德国方法论中的理论学派就是自由法学派，它批评的对象就是制定法实证主义，后者认为制定法的文义可以包罗万象，而前者说文义穷尽一切可能情况是不可能的，制定法中存在很多的漏洞，此时就需要法官进行自由的发现。这样的主张后来逐渐被大家所接受，但是弥补漏洞所采取的方式并不一样。文章把制定法和习惯法的适用都归纳为法律解释的范畴，而只是把第三位阶的适用界定为漏洞填补，这并不符合方法论通说。通常我们说的漏洞就是制定法（文义）的漏洞，制定法有漏洞就拿习惯补，习惯还不行再拿法理或者说别的东西去补。它并非呈现出您说的"法律解释→漏洞填补→法律解释"的顺序，而是"法律解释→漏洞填补→漏洞填补"的顺序。

第四，是概念法学的问题。概念法学本身涉及的问题太大，就不说了。但这里可以提出两个问题。一个是于老师提出的一个观点不是太准确，就是您认为不给漏洞填补留下文义空间的做法隐含着概念法学的"法无漏洞"的思想。但这个应该是制定法实证主义的想法，虽然它是概念法学的后裔。概念法学不会说"法（制定法）无漏洞"，而是说概念体系不会留下漏洞。另一个是，既然如此，概念法学的主张恰恰能够去弥补漏洞本身。也就是当不存在制定法和习惯法的规定时，概念法学发展出的原理和学说可能就会起作用。因为我们知道在教义学或者说法理的发展过程中，概念法学起到了很大的作用，它提出的许多基本概念和基本原理一直在发挥作用。所以，如果我们坚持把法理或者说教义学（无论叫什么）作为第三位阶法源的话，那么概念法学恰恰可能将漏洞给弥补上。

最后，关于基本原则的具体化的问题。文章里面举的例子，如类比推理、目的论扩张、目的论限缩等等与原则的具体化的问题不太一样，是两套法学方法，但文章混在了一起。我估计之所以会产生这样的问题，是因为您刚才提到进行类推时要考虑到被类推之规则背后的目的，而目的是跟原则挂靠在一起的。但是类推其实是在扩张制定法规则的适用范围，而不是原则的具体化。它扩张了法律规则的文义，将文义里没有包含的东西包含了进来，只是这种扩张的依据在于某个目的或原则。而基本原则的具体化指的则是某个原则如何结合个案事实将本身的价值落实为某种行为的要求。所以，目的论扩张或者类比推理是将原则作为一种扩张规则适用范围的依据或者说方法来使用的，而不是将原则作为具体化的对象。所以在方法论上，会把类比推理、目的论扩张和目的论限缩与基于一般原则的法律续造区分开来，这在拉伦茨的书里区分得非常清楚。

这里说了很多，既有宏观的也有微观的，当然我还是那句话，我考虑问题不会去揣测中国的立法者的想法，即中国在现实的规则制定过程中可能会有怎样一种意图，也不是针对某个立法条款本身的批评，而只是基于一般法理论提出了一些问题，与于老师的视角有所不同。有不当之处请您包涵。

主持人：王　蔚（中国政法大学法学院副教授）

非常感谢雷老师，从宏观和微观多角度进行了点评，好像做了一个联合主讲。在这个过程中，雷老师对法源的功能做了一个教义学上深度和中度的区分，并且对裁判理由中的权威说理、实质说理以及权威等于法源中展示出来，特别有意思的是雷老师用了德语中的原理与规范对于老师所说的原则进行了解释。下面有请民事诉讼法（本文以下简称民诉法）方向的史明洲老师。

与谈人：史明洲（中国政法大学民商经济法学院讲师）

我主要是围绕自己所研究的民诉法学科展开，简要谈一下法源的问题。我赞同于飞老师没有把法源的体系局限在制定法列举的基本立场。这种开放性的法源体系对于民诉法学科来说是非常有意义的。因为，民诉法一方面是公法，但另一方面也是民事法，我更倾向于认为民诉法的民事法性质要强于公法性质。民法对于法源的理解，对民诉法如何看待法源也有很重要的意义。接下来，我主要谈以下四点：

第一，关于习惯能否成为民诉法的法源的问题。我认为习惯不能成为民诉法的法源，民诉法的法源是法律和法理。在民事活动中，能够被看作是习惯法的习惯，通常是社会生活中自发形成的，是制定法的一个正面的和积极的补充。但是在民诉法中，脱离于法律和法理之外的习惯，往往是由于司法机关不遵守法律和法理造成的。由于我们国家还存在着很多"恶"的习惯，这种"恶"的习惯不仅谈不上私法自治，实际上还是与法理相冲突的，因此，在民诉法中不倾向将习惯定为法源。

第二，关于法理在民诉法中的应用问题。在民法中，于老师讲到重要的法理已经被作为基本原则规定到《民法总则》中，因此要把制定法中的原则条款用起来，甚至包括社会主义核心价值观这种带有明显政策背景的条款在内，都应当作为解释论的素材。这种解释论的路径非常有启发性。站在这种解释论路径的延长线上，我想向于老师请教一下，民诉法如何应用这种解释路径。首先，在民诉法中，有两个比较重要的法理，一个是诚实信用原则，这有具体的法律规定，另一个是禁止权利滥用原则，这一原则尚无具体法律条文的规定。此时，如何把没有具体法条依托的禁止权利滥用原则解释出来？其次，民诉法中还有一些其他的原则，例如调解原则、检察监督原则等，相较于上述两个原则，这些原则是比较下位的原则，它们能否称为法理还是有争议的。因此，在民诉法领域中，如何协调已经写进法律条文中但不是很重要的原则和虽然很重要但尚未写入法律条文中的原则的关系是一个问题。

第三，关于宪法原则在民诉法中的应用问题。民诉法和宪法虽然都是公法，但我认为宪法原则不能"侵入"作为民事法的民诉法。例如，在民事强制执行中，如何判断强制执行是否超越界限呢？德国曾经有一种观点主张运用比例原则进行判断，但是比例原则太过抽象，适用存在难度。后来德国学者发现，比例原则的实质就是禁止权利滥用原则，民诉法用民法原则能解决的问题，就不再需要去借助宪法原则予以解决了。现在，还尚未发现必须采用宪法原则才能解决民诉法中具体问题的情况。民诉法和民法更亲近。

第四，司法技术是否属于法源？民诉法是程序法，是一个动态的过程，而民法则是静态的。具体到案件中，例如以不动产让与担保的形式进行的名义上是买卖但实际上是借贷的案件中，对于买卖和借贷关系的认定，需要借助司法技术，通过一系列步骤来完成。在日本，法学院毕业生进入法院从事法官之前都需要到最高法院麾下的司法研修所接受相应的要件事实理论培训，以保证他们能够凭借正确的程序技术裁判具体案件。虽然这种司法技术并未通过法律文本的形式予以规定，但在实践中对于司法裁判具有很强的约束力。这种司法技术能否作为一种法源呢？我觉得在于老师提出的开放性法源体系之下，或许可以找到答案。

主持人：王　蔚（中国政法大学法学院副教授）

史老师就该主题所提到的是实体法与诉讼法的碰撞，也涉及民诉法如何去寻找多元的法源适用。史老师所讲的宪法与民诉法应当隔离的问题，虽然我不能抢话语权，但是其实无论在欧陆，还是英美都存在部门法的宪法化现象，例如在法国，已经开始讨论涉及哪些宪法价值、原则可以对民事诉讼程序进行再价值化的问题。当然，学术批判是正常的，也欢迎史老师多多提出批判。最后是和于老师来自同一研究领域的朱虎老师。

与谈人：朱　虎（中国人民大学法学院副教授）

非常荣幸能够再一次听于飞教授的报告，因为在此之前我已经细致地听过了他的想法，也阅读了相关论文。在我个人看来，于飞教授对民法总则法源条款的研究与他自博士论文以来的研究是一以贯之的，他的成名作中对公序良俗的研究令我印象深刻，于教授在这个领域里深耕细作这么多年，确实能够真正地对这个问题有非常深入的理解。

我想从四个方面来阐释我听完报告之后的一些想法。

对于于飞教授的报告，首先要理解他提出的问题定位。实际上于飞教授的报告主要是围绕《民法总则》第10条，而《民法总则》第10条涉及的是漏洞填补问题，也即在没有制定法明确规定的情况之下如何寻找司法适用的大前提。此时就会适用到习惯，于飞教授认为，单纯的习惯是不足够的，那么在没有制定法也没有习惯的时候，我们该找寻什么？他对此的回答是：基于基本原则所形成的规则，所以问题定位决定了其报告的主要论述对象是漏洞填补。

对于于飞教授的很多观点，我是赞同的，刚才雷磊教授专门提到，于飞教授所讲的对于原则的使用是前后不一致的。而在我看来，反而是非常一致的，实际上，《民法总则》第10条中的"法律"，仅仅指的是法律规则而不应当包括《民法总则》里关于基本原则的规定，如果制定法也包括基本原则，那么习惯是没有适用余地的，同时会导致先适用较为抽象的原则，然后再适用更为具体的规则，所以说于飞教授所使用的原则实际上是一致的，他指的这个原则说白了就是《民法总则》中关于基本原则的规定。至少从《民法总则》第 10 条的理解上来看，在这一点上我表示赞同。而且，于教授也专门提到基本原则本身可能不能作为法律渊源来处理，而是基于基本原则所形成的具体规则，我也赞同这一点，这时就已经涉及如何适用《民法总则》中关于基本原则的规定的问题。其实，对于原则的适用不外乎两个过程：一是识别原则的过程；二是在识别之后适用原则的过程。

《民法总则》中关于基本原则的规定，有助于基于权威理由对于原则进行识别，此时无须再寻找其他实质理由，因为《民法总则》中规定了六个基本原则，基于基本原则的制定法规定实际上有助于基于权威理由减轻识别基本原则的负担。但是，用基本原则进行解释、漏洞填补和消极控制，它仍然是基于实质理由，需要具体化为裁判依据适用于个案之中。所以，我们会看到在原则的适用过程中，既有实质理由的成分也有权威理由的成分，只是在不同的阶段有不同的方式而已。

基于于飞教授刚才提到的不偏不倚，我也要提出我个人的意见，这可能也是于飞教授最希望听到的东西，对于学术的研究往往是希望他人提出不同的意见然后进行进一步完善。我刚才提到过，由于于飞教授的研究对象主要是《民法总则》第 10 条所确定的漏洞填补的方式，那么在这个过程之中，如果我们放宽到一种中度理论的话，所谓的解释和漏洞填补，在我个人看来，始终是交叉进行的，没有通过解释是无法判断漏洞的存在的，所以说只有通过解释才能判断是否存在漏洞，无解释则无漏洞。因此，所谓法律的续造和法律的解释也仅仅是程度的区别而已。这就决定了于飞教授所提到的第一位阶的法源、第二位阶的法源和第三位阶的法源在适用过程中始终会存在交叉。比如说，第一位阶的制定法规则和第二位阶的习惯在适用时当然会存在交叉，因为习惯也可能对于制定法规则进行解释，我们把这种习惯称之为"法内习惯"；习惯也同样可以对制定法规则进行补充，我们把这种习惯称之为"法外习惯"。第二位阶的法源和第三位阶的法源在适用时也会出现交叉，因为习惯会起到对于法律原则的具体化功能；法律原则也会对习惯具有一种消极的控制功能，如果习惯违反了公序良俗原则，那么这个习惯此时就成为"反法习惯"。

所以从不同的功能角度去理解习惯，会发现这个习惯可能是"法内习惯"，可能是"法外习惯"，还有可能是"反法习惯"。同样的，在第三位阶的法源和第一位阶的法源之间也存在交叉，当然，于飞教授通过一个很聪明的方式避免了这种交叉，他说第三位阶的法源不是原则而是基于原则形成的规则，实际上他是想通过这种方式试图来避免适用交叉的问题。但是，无论如何，在适用的过程中都会发现，所谓规则的解释和规则的续造以及于飞教授提到的第一、二、三位阶的法源之间始终会存在一个交叉的问题。再具体一点的话，我甚至会认为，有时甚至无法判断某个习惯究竟是"法外习惯"，还是"法内习惯"，抑或是"反法习惯"的问题，解决这个问题还是要通过基本原则来判断的。

我举一个简单的例子，在民法适用过程中经常被当成习惯适用的典型案例是"顶盆继承案"，就是在无人继承的情况下，在死者下葬的时候，谁把死者的火盆捧着并且摔了之后谁就有权继承遗产。但是，这个习惯是一个"法外习惯"，还是一个"反法习惯"？按照《继承法》的规则，当无人继承遗产的时候，遗产由国家所有。当然，我们可以讲，通过习惯的当事人意思内化可以推导出当事人的意思，可是《继承法》中遗嘱形式只能是有限的几种形式。所以这个过程中，自然会涉及基于《继承法》中无人继承时遗产归国家所有的规定，以及有效遗嘱形式的规定，如何来判断这个"顶盆继承"到底是"法外习惯"还是"反法习惯"的问题。

当然，涉及我们所说的商事习惯，事实上也同样如此。例如，最高人民法院刚刚判决了一个案件，就是委托代持保险公司股份的合同被认定为违背公序良俗损害社会公共利益，因此而被判决无效。那么，如果委托代持保险公司股份是一种商事惯例，这种商事惯例、到底是"反法习惯"还是"法外习惯"？所以，一个习惯究竟是何种习惯，都是要通过制定法规则、原则等适用的程序才能够判断出来的，所以我说这其中必然存在着交叉，这是我所说的第一个问题。

第二个问题，我认为，当我们说法律的时候过分地把法律简化了。至少在民法之中，法律包括了强制性规范和任意性规范，而习惯也可以分为很多类型的习惯，有民事习惯、商事习惯——例如我们现在最常见的国际贸易术语通则确认的商事习惯，还有当地习惯、宗教习惯等。我们说法律比习惯优先适用的时候，有没有考虑到规范和习惯组成的多元化，单纯地坚持先法律后习惯似乎是在回避问题而不是解决问题。换句话说，强制性规范当然可以先法律后习惯，但是如果是任意性规范呢？任意性规范当然也是一种制定法权威产生的规则，具有确定性，而习惯有随着社会发展进化的可能性，但并不具有基于权威理由产生的确定性。任意性规范和商事习惯、民事习惯之间是什么关系？如果没有当事人意思的介入，这时候我们所说的商事习惯、民事习惯与任意性规范之间的关系又是什么，在这个过程中，我相信其中的关系远比一个简单的先法律后习惯要复杂得多。

所以，我认为，过分简单化的处理可能会忽视法律组成中的任意性规范、强制性规范以及习惯的多元组成之间更为细致的一些关系。这也取决于法官是要依法裁判还是要正当裁判，不同的裁判取向也会导致不同解释的可能性，我个人觉得过分简单化可能会带来不足。

因此，如果法的组成是一个机器的话，它会包括强制性规范和任意性规范，甚至会把原则、习惯纳入到自己的组成里面去，法律的机器由多个齿轮组成，而运作的过程不是先这个齿轮转动，转不了了再下一个齿轮转，不是只有一个齿轮带动机器，反而是齿轮之间相互咬合运作，而这时候所谓的法理和法学方法，它在这里实际上起到一个运作程序的作用，使法的机器形成一个系统。

总而言之，我们如何理解法律和习惯的组成，这可能会影响我们如何更进一步细致地观察两者之间的关系，这是我所说的第二点。

关于第三点，当然这不是于飞教授说的重点，因为于飞教授的重点是在法适用这个问题上，而我是想从法创制这个意义上来解释一下《民法总则》第 10 条到底是什么含义。当我想弄清楚一个问题的时候往往会回溯历史进行观察，比如说法律渊源这个问题上，罗马法的渊源极为多元化。德国法学界在 19 世纪有一些很重要的争论，比如萨维尼的书中提到法的最初形态是源于民族信念，而民族信念存在于习惯中，但是他只是说法的最初状态是如此，而之后法的两大组成中其实不包括习惯，只包括法学和立法，也即立法和法学家法。之后，德国的法学家施塔尔写了一本书论述习惯法的问题，提到法的实在性，法的内在是民族信念，但法同时还要具有一种实在性或者外在性；单纯的一种民族信念，由于它只有内在没有外在，所以不能被考虑；法的外在表现为立法和习惯法，这时候可以看到，施塔尔悄悄地把萨维尼最珍重的法学家法去掉了。其后，温德沙伊德在他的教科书第三版里面认为立法是当代最具深远意义的法源，但它并非是第一位的法源，在第四版里面又有转变，他认为立法是当代最具深远意义的法源，而习惯法相对于成文法具有从属地位。这时，就会发现在这个理论的发展过程中，制定法变成了最重要的法源，这大大偏离了当时萨维尼的构想。

刚才陈景辉教授问到德国有多少习惯法，其实在当代，真正被认为是习惯法的往往是德国联邦最高法院的那些判例所形成的主导性观点，当然这种判例与我国的指导性案例不一样，指导性案例是自上而下确定的，这是不一样的。历史观察能体现出来，刚才提到的《民法总则》关于法源的规定最初来自于瑞士民法典，而瑞士民法典恰恰是基于在德国民法典制定过程中的争论，要摆脱德国法学中极具影响力的制定法实证主义观念，反对制定法的过分束缚而制定的，因此瑞士民法典里面特意地规定了法源条款，实际上就是想通过法源规定来表明瑞士的民法体系没有秉持制定法的实证主义，而是一个开放的体系。

如果用系统理论观察的话，法律就可以被理解为是一个系统，此时所谓的外部习惯等只不过是这个系统的环境因素。《民法总则》是通过第10条来表明我们民法系统的规范对系统外环境的一种开放，习惯此时本身就变成一种系统外环境的代名词，而且，这个习惯不得违反公序良俗，这表明要通过系统来进行价值指导。在这个过程中，要通过对于制定法规则的解释和续造实现系统的开放耦合。所以从这个意义上来说，在法创制意义上，《民法总则》第10条仅仅想说的是我要开放，我和刑法不同，我要表明我反对制定法实证主义的意图；对第10条的解释也许要把法律理解为一种独立的系统，而把习惯理解为外部环境，再通过这个条款产生一种耦合可能性。如果按照这种思路来进行进一步推导的话，法源条款和制定法所规定的基本原则，就具有相似的一种功能。无论是把基本原则进行明文化规定，还是明确规定法源实现法源多元化，都是为了一种体系开放的目的。在这个意义上，两种方式是具有相互替代性的，因此可以理解为什么在瑞士民法典里面规定了法源，不规定基本原则；而在我国两种方式同时采用，可以说是叠床架屋，这就使解释麻烦一些，在这一点上我们如何进一步考虑，也是现在所需要面对的一个问题。但是，不管如何，从这种历史的回溯来看，法源条款是为了表明体系的开放，这是我说的第三点。

第四点，《民法总则》是放在民法典里面，它最终要成为法典的一部分，这时候就要思考另外一个很重要的问题。当然我也赞同雷磊教授的观点，制定法作为一个相并行的法源，它实际上无权规定法源先后顺位问题。那么，对于法律渊源多元化和法典之间到底是什么关系？

我印象非常深刻的是，德国民法典恰恰由于它的一些争论塑造了德国民法典目前的面貌，德国民法典把它的很多规定限制在技术因素的范围内，而对于法学仍然有争议的技术因素保持沉默，所以我们经常说德国法中的物权行为，德国法本身对此是没有进行界定的，这体现出德国法一个很大的特点就是，它通过这种方式使得法学对这些仍未形成一致的问题或者技术因素来进行进一步的讨论，它会侧面地使得法律的讨论，也就是法学家法，再一次进入法典的实践之中。

在我个人看来民法典的水平无法超越当时当地的法学水平，法典它实际上仅仅是一个法学发展的中间点，但是绝非法学发展的终点。我们的法律是要在法典的基础之上，再通过所有的立法、司法和法学来实现一种整体的法律的塑造，所以在德国民法典中也许没有发现更崇高的立法使命，反而会发现更崇高的法学使命，那就是法学承担着法律进一步发展的功能。

那基于法律渊源多元化的观点，法典实际上能够做的是凝聚价值共识，确定价值框架，避免价值武断。《民法总则》第 10 条中的习惯本质上是一种自下而上的自发秩序所形成的一种社会共识，也许在这个意义上来讲，它想说的是，立法要体现出价值共识的重要性。

所以，基于不同的视角，会对《民法总则》第 10 条提出不同的分析和解释方案，仅供于飞教授参考。

主持人：王　蔚（中国政法大学法学院副教授）

朱老师的评议让我们想到托伊布纳的观点，即类似在一个细胞内，细胞壁如何把细胞外的习惯吸纳整合进（法律）细胞内。在这个过程中，朱老师提到的许多观点也需要于老师回应，特别是让我们意识到了，国家传统的立法至上思想导入民法产生的权威与民法自身产生的自治秩序如何协调的问题，或者说体现了宪法与民法到底是并行不悖，还是本身有着价值统合的可能性。

四、总结回应

主讲人：于　飞（中国政法大学民商经济法学院教授）

首先，非常感谢各位老师对我的文章所提出的批评。的确，这些也正是我想要听到的。因为如果大家坐在一起又想要不浪费时间的话，确实需要学术上的真知灼见与批判。有着这样真正的学术讨论与学术批评，论坛才有意义，也才不辜负王老师的辛勤付出。我现在就自己所能理解到的并且力所能及的部分做些回应，向大家请教。

陈老师首先是对法史上的三位阶法源体系有所质疑，三位阶体系虽然普遍存在，但并不代表它一定成立，其本身可能就被本土法学所批评。当然，我也不认为若大家都如此，我们就必须如此。我首先是从经验上来讲，大家都如此而我们不如此，错的可能性就比较大，这是个概率上的预判断。接下来我的重点在于后面的分析。对于不够还是不好，我觉得所有第三位阶法源的可能表述在授权功能上都一样，这些表述仅在指示功能上有高下之分。但是我没有明显感觉到各立法例对自己的法源条款有着多强烈的批评。可能是制定法出现后，大家都趋向于在现有立法框架内进行解释、适用，不再倾向于做颠覆性的批评。

第二，陈老师提到，"有法律依法律"是不是严格的依照条文字面意思机械适用，还是说把那些法学方法包含在法律之内，仍然解决不了纠纷才应当适用习惯。这可能也是陈老师一直对习惯不甚看中的原因，因为在法学体系里边能解决的问题越多，轮到习惯发挥作用的余地就越小。但在这个问题上，我感觉还是要把法律解释与漏洞补充区分开来。虽然法学方法论上公认法律漏洞与法律解释的界限无法完全区分清楚，但我们还是首先应当有一个区分的态度，否则就会陷入混沌而无法认识的状态。故我们首先还是要确认第一位阶是制定法规则，对其采用法律解释方法去适用。关键在于，当解释超出可能的文义时，此时不能马上利用各种法学方法进行漏洞补充，而是要尝试适用习惯法。在第二位阶习惯法仍无法解决纠纷的情况卜，才轮到利用各种法学方法进行漏洞补充，此时属于第三位阶法源适用的问题。因此，并非所有与法学方法或法律技术相关的内容都应当放在第一位阶制定法中考虑，那样的话就会使习惯法丧失适用余地。

第三，陈老师还提到了法理意味着什么，认为法理与原则天然有关，法理指制定法未体现出来的原则。我本文所讲的依据基本原则所确立的规则，此处的原则就是《民法总则》中的原则。一旦在第三位阶法源里用依基本原则确立的规则作为法源，一方面基本原则在我国被制定法化了，故其比法理的确定程度要高；但另一方面也会引发问题，即可能把法律的价值体系固化了，这也是我的担忧。我总是从制定法适用角度去考虑，而不是脱离它去思考；《民法总则》第1条所规定的"社会主义核心价值观"中，就既包含了一些民法基本原则内容，也包含了基本原则之外的价值，故对基本原则不能包含的价值，如有适用上的必要，可以通过"社会主义核心价值观"的桥梁接纳入法典。

对于宪法是否可以直接作为民法的法源，我持否定态度，但宪法也并非对民法适用没有影响。依宪法第三人效力的间接适用说，民法中有些概括条款及需要价值补充的不确定概念需要通过宪法基本权利条款进行合宪性解释，然后再依解释后的民法条款去解决私法中的问题。因此，宪法可以用于解释一些民法条款和概念的含义，但其并非是私法案件的裁判依据，故其并不是民法法源。

张老师所提到的不正当竞争，许多情形都是指向法律缺乏规定之处，此时就需要基本原则来补充。不正当竞争中产生的损失不是由侵害绝对权造成的，属于侵权法上所谓纯粹经济损失，这些损失能够得到赔偿的基础恰恰是德国法上违反善良风俗条款，即《德国民法典》第826条违背善良风俗故意损害他人。张老师提到，在案例类型化工作尚未做好的情况下，法官如何裁判。我在写文章时，首先要避免的就是裁判过程中的暗箱操作，即法官在判决书中称"依据某某原则判决如下"。但立法只能追求消灭一切的不必要的不确定性，而必要的不确定性只能保留，因此立法的能力也有边界，有些问题只能交给司法。

张老师提到的北京知识产权法院按照先例进行裁判，这对我是一个启发，我想应当对其进行一些实践考察，看能否增加自己对这个问题的认识。对于国家政策问题，大家都承认法有政策性，但是这种政策性所谓的"政策"不是法官裁判的大前提，法官裁判的前提是具体的规则。整体而言，政策作为法源缺乏正当性基础，在法源序列中删掉国家政策有着合理性。

雷老师提出了很多问题，但是我只能按照自己所能理解到的予以回应。雷老师问到立法、判例法、习惯、学说这些作为裁判依据的权威来源都是平行出现的，为什么会有优先？立法为何能决定其他依据能否成为法源？立法规定是不是不重要的？这种怀疑会导致本文提出的问题没有讨论的必要性。如果立法上出现了一个法源条款，就意味着立法想要对司法产生强约束，立法想要控制法官的找法过程和找法次序。立法规定的法源及次序是不是不重要？

我认为是重要的。举一点说明。这首先涉及习惯是否能够修订制定法，若没有一个制定法优先于习惯的立法强制，各地不同的习惯就可能优先于国家统一的制定法而生效，从而使一国统一法制无法建立。因此，立法强制法源种类及次序，这是个重要的问题。

然后雷老师所说的原则是否前后不统一，我认为没有不统一，这些原则都是指《民法总则》第一章规定的那七个原则。雷老师提到的裁判依据与裁判方法是否混同，我所讲的裁判依据就是规则，裁判方法比如类推适用、目的性扩张等。如类推适用中，裁判规则是基于既有的规则类推适用产生的新规则；在目的性扩张中，经扩张产生的规则是裁判规则等等；规则与方法不同。我自己觉得并没有混淆。

雷老师说的原则放在习惯法之前会使习惯无法适用，我还是那个解释，依原则进行裁判的操作属于漏洞填补，这个操作放在习惯法之前，习惯法就没有机会再作为裁判依据适用了。至于说习惯法是否可以有裁判依据以外的用途，那就不再是作为裁判依据的适用问题了，这已经超出了本文的论域。雷老师指出原则的具体化与类推适用、目的性扩张及限缩等是不一样的，我也同意这个观点。

史老师提到的习惯能不能作为法源，我这里所说的习惯法由五要件说来界定。当然原始意义上的习惯法在现代社会中起到的作用很小，这是制定法发展带来的必然趋势。现代背景下，在习惯法范畴内起实质作用的是法官的通常裁判立场。然后法理指什么，史老师说主要有诚实信用和禁止权利滥用原则，这两个原则与实体法裁判也是紧密相连的。民法上一般认为，诚实信用原则控制权利行使及义务履行行为，如果一个权利行使行为违背诚信，超过合理标准就会构成权利滥用，须被禁止。故禁止权利滥用原则实际上是诚信原则核心领域——权利行使——的反向规定。史老师所提到的司法技术确实很难定性，下去我再和史老师具体讨论。

朱老师对我的用心体会得非常透彻。朱老师提到的一些问题，像"法内习惯"与"法外习惯"，我的理解是如果用习惯解释法律，这个习惯就只是法律解释的工具而不是三段论大前提，大前提仍是被解释的法律规则，故法律与习惯仍然不会在裁判依据的意义上发生交叉。原则与习惯是否有交叉，实际上习惯不能违反公序良俗原则，这是用原则来检验习惯能否达到构成法源的标准，但这时公序良俗原则本身并不构成法源（裁判依据）。故我在这里所讲的法源，都是能够作为裁判依据的三段论大前提，如果不是这个意义，就不在我的讨论范围内。朱老师所提到的对习惯的另一种解释对我很有启发，即将习惯作为制定法之外的法源开放性的统称，凡是制定法之外的法源都可以纳入到习惯之中，我赞成朱老师这种保持法源开放性的态度。但是这种"习惯"包含的内容太复杂，具体适用之时还是需要再做区分，区分其实质内容及适用次序，从而导致这种过于宽泛的统合失去意义。立法还是应当尽可能地消灭一切不必要的不确定性。但在保持法源开放性这一点上，我与朱老师是完全一致的，保持法源开放性也正是我这篇文章的根本用意。

第十二期

狡兔之窟：清律"盗贼窝主"立法原理及当代启示

主讲人： 谢　晶　中国政法大学法学院讲师

与谈人：（按姓氏笔画排列）

　　　　　方　军　中国社会科学院大学法学院讲师

　　　　　李典蓉　中国政法大学法律史学研究院副教授

　　　　　郑玉双　中央财经大学法学院副教授

　　　　　屠　凯　清华大学法学院副教授

　　　　　廖靖靖　中央民族大学历史文化学院讲师

主持人： 王　蔚　中国政法大学法学院副教授

一、引言

清律中"盗贼窝主"是什么含义，其立法缘由是什么？清律中关于"盗贼窝主"的立法及处罚对于当代法治建设有何启示？有关法律史学的研究方法是史学的，还是法学的？是规范法学的，还是社科法学的？本期论坛主讲嘉宾中国政法大学法学院的谢晶老师将以"狡兔之窟：清律'盗贼窝主'立法原理及当代启示"为主题，对上述问题尝试作出回答，与谈嘉宾清华大学法学院屠凯副教授、中央财经大学法学院郑玉双副教授、中国社会科学院大学法学院方军老师、中央民族大学历史文化学院廖靖靖老师以及中国政法大学法律史学研究院李典蓉副教授将从法理学、法律史学、刑法学以及历史学等不同角度展开讨论与交流。

二、主题报告[1]

主讲人：谢　晶（中国政法大学法学院讲师）

本期主题是"狡兔之窟：清律'盗贼窝主'立法原理及当代启示"。什么是"盗贼窝主"？《红楼梦》第74回"抄检大观园"时，探春骂道："我们的丫头，自然都是些贼，我就是头一个窝主。既如此，先来搜我的箱柜，他们所有偷了来的都交给我藏着呢。"她所指的就是"盗贼窝主"。对此，《大清律例》中有多条律文和例文，此处不一一赘述。著名律学家沈之奇在《大清律辑注》中这样为"盗贼窝主"下定义："召集亡命，纠合匪人，以隐藏在家，纵使为盗，得赃同分者也。"我国现行《刑法》中也有类似概念，如第310条规定的"窝藏罪"，旨在处罚为犯罪人提供隐藏处所、财物，帮助其逃匿或包庇的行为。至于事前同谋的，直接按照相应的共同犯罪论处。

---

〔1〕　参见谢晶："重实行与靖盗源——清律'盗贼窝主'立法原理及当代启示"，载《法商研究》2018年第1期。

实际上，我国传统法律中也有共同犯罪的规定，为什么律例典章中要另行设置"窝主"犯罪的条文呢？对此，清末著名律学家薛允升在《唐明律合编》中对"窝主"条文提出质疑："窝家即伙盗也，照伙盗治罪，夫复何解？"他认为窝主就是一种共同犯罪，按照相应的条文处理即可，为何还要多此一举，设置"盗贼窝主"的条文呢？薛允升在编辑以上书籍时，基本的态度是以唐律评议、匡正明律。后者对前者的增删都是不正确的。而清律又秉承明律，薛允升实际上是在借古议"今"（即清朝的法律）。为什么明清还是专门规定了窝主犯罪？原因在于"重实行"与"靖盗源"。

所谓"重实行"，指清律中的"共犯罪者"仅仅包含"共同实行犯罪"之人，因为这些犯人最容易引起官方的注意。而我国现行刑法中共同犯罪的通说是：共同犯罪是指两人以上共同故意犯罪，除了集团犯罪，在共同犯罪中起主要作用的是主犯，起次要作用或者辅助作用的是从犯。德国和日本的共同犯罪分为正犯和狭义的共犯。正犯是亲自动手实施符合犯罪构成行为的人，狭义共犯是以帮助、教唆形态参与且介入程度较浅的人。相较而言，清律对共同犯罪的外罚范围较小。但随着刑事政策的发展，当时的官方注意到一些总不出面的共犯实际上危害不小，于是才从刑事政策的实际需要出发，另设特别规定。

具体的，用于处理共盗案件的"强窃盗律"与"共犯罪分首从律"仅规范实行"上盗"的人。其次，一方面，"专为共谋而临时不行者"立"共谋为盗"律例，将并未实行上盗但参与共谋之人纳入处罚范围；另一方面，进一步特设"盗贼窝主"律例作为"共谋为盗"之特例，对其施以较普通共谋为盗者更重的处罚。

扩大处罚范围出于刑事政策的考量，"盗贼窝主"律例旨在从根源上威慑并处罚窝藏强盗的窝家。雍正皇帝指出："缉盗当以访查窝家为要，此乃强盗之根源。"战国时，冯谖告诉孟尝君："狡兔三窟，仅得免死耳。今有一窟，未得高枕而卧也。""盗贼窝主"借助其身份、地位、能力等有利条件，常能为盗贼提供"高枕无忧"的藏身巢窟，故被认为即便未亲自上盗，但仍对盗行为起到很大的助推作用，甚至是盗贼犯罪的源头所在。这种对窝藏犯罪的重视从很早的时候就开始了。《左传》中记载："盗所隐器，与盗同罪。"汉书中有"容止盗贼，若囊橐之盛物"的记载。北宋仁宗年间出现了专门的

《窝藏重法》。后世的《大明律》规定了如下律文："诸藏匿强窃盗贼……知情藏匿之家。"《大清律例》则直接承继了前朝的相应规定，但在例文上有所变动。这种立法思路在一定程度上延续至今。如现行《刑法》第354条规定的"容留他人吸毒罪"以及第359条规定的"容留卖淫罪"。单纯的吸毒行为和卖淫行为并未进入刑法的规制范围，则当前处罚容留行为就是出于自古以来就有的刑事政策考量。

《大清律例》中的"盗贼窝主"条文在"重实行"和"靖盗源"的原因下形成了繁杂的体系。律文中，按照造意或共谋、实行或不实行、分赃与不分赃对窝主分别进行处罚。所谓造意，指先后为盗之意，造作上盗之法，指挥调度，悉出主张。共谋是指同有为盗之心，共划上盗之策，计较商量，与谋其事。意是谋之主，造意在共谋之先。律学家们认为，理解清律中"盗贼窝主"的律文，需要分纲领、列条目。分纲领指区分造意与共谋，列条目指分别实行与不实行、分赃与不分赃等情况。全面的律文规则可见下表：

条目 ＼ 纲领	造意		共谋	
	强盗	窃盗	强盗	窃盗
行，不行+分赃	斩	为首论	斩	为从论
不行+不分赃	杖一百，流三千里	为从论	杖一百	笞四十

例文就特殊地域和特殊人群的"盗贼窝主"犯罪加重了处罚。对特殊地域加重处罚的做法从西周时期就开始了，当时有所谓"刑乱国用重典"。宋朝有重法地法，主要针对盗贼犯罪及盗贼窝主犯罪。清朝法律对京畿、直隶及个别省的盗贼窝主犯罪加重处罚。例文对特殊身份的人所犯的盗贼窝主罪也会加重处罚，如在籍或曾任官职、捕役、兵丁、地保、牌头、保甲长等。有时，某些族群也会在加重之列。

"重实行"与"靖盗源"这两方面的立法目的，均是立法者从实践中直接观察得出的。一方面，以律的形式保存上千年的实践经验规则；另一方面，以例的方式及时、灵活地应对现实中时势的纷繁变迁以及统治者政策指向的不断变化等，兼顾律典理应同时具备的稳定性与变通性。但这种从实践出发、不重理论体系完整性的立法模式有明显的弊端，容易导致法律的冗杂甚至相互矛盾。清末的律学家对此多有批评。可是，法律本为适用于实践，而法律亦本应从实践中生长出来。试问，一种法律看起来体系不那么完备，但在实践中行之有效，另一种法律为纯粹理论构建，或完全来自异域，看起来体系完备、逻辑严密，但与所要应对的实践毫无关系，且已在实践中表现出诸多不适宜，这两种法律究竟孰优孰劣呢？前者之虞自可在修例时弥补，而后者的弊端正是我们这百多年法律继受史所一直面临但未能解决的。

"世界上恐怕没有哪个法典条文不是由判例发展来的，只是发展程度不同而已"，即便就大陆法系国家的法典条文及法学理论的源头而言也不可谓不来自于实践，只是此实践乃他们的而非我们的。故"外国法律行之外国则尽善，行之中国难尽通"。

三、嘉宾与谈

主持人：王　蔚（中国政法大学法学院副教授）

我借用李贵连老师"通古今之变，明中西之意，允当世之法"来概括谢老师刚才的讲述。具体来讲是：首先，从大清律到大明律以及后世对律文的解释学说能够带给我们"窝主"从文学描述到其学说的"古今之变"；其次，从主犯、从犯、正犯、共犯以及德日体系对比突出"中西之意"；最后，谢老师试图贯穿窝主与我国现行刑法中的有关规定，而且这两者之间的逻辑联系也是方军老师所期待商榷的。

谢老师努力打通李贵连老师三重理论上的法史研究层次，这也是法史研究的重要意义。但是其中存在一个关键性的问题，就是谢老师一直在讨论罪名设计的必要性，虽然不断强调"重实行"与"靖盗源"原因的分析，但其本质还是制刑权应从规范到事实还是事实到规范的进路差异。谢老师更加倾向于从事实层面提炼出规范，我在这里存在不同意见，先按下不表，不滥用主持人身份，首先欢迎法律史学研究院的李典蓉老师点评。

与谈人：李典蓉（中国政法大学法律史学研究院副教授）

感谢论坛的邀请。首先，从清代法史史料的角度而言，我最近在核查清初的法律史料，看到一个有趣的问题，或许可以补充一下谢老师关注的问题。

所谓盗贼窝主，在顺治三年版的《大清律例》，也就是最早的《大清律例》里，有一条"逃人律"，也是重点打击"隐匿"者的，律文原载"户律"，并非"刑律"，对窝主论罪极重："凡隐匿满洲逃亡家人者，须逃案先在兵部准理，或被旁人告首，或失主察获，或地方官察出，将隐匿之主，及邻佑、九家、百家长尽行捉拿，并隐主家资，起解兵部，审明记簿，转送刑部勘问的确，将逃人鞭一百，归还原主；隐匿犯人处斩。"这一条"逃人律"后来没有多久就被删掉了，不知满洲在立法前是否受到汉法影响，却是很好体现了满洲视奴仆为家产的习惯。牛羊马若逃失，只可寻找，寻回也不能杀害，不然财产就损失了，但隐匿之人却同盗论，因此立法亟严。这是一个参照。

另外，谢晶在介绍清律中"盗贼窝主"时，通过现行《刑法》中的窝藏罪和共同犯罪作了对比。可供作清律对比与研究法律继承的刑法典，还有我国台湾地区现行的"刑法典"。该"刑法典"实际上也保留了一些传统，"刑法总则"第四章规定了共同正犯和帮助犯，而如今帮助犯之名，在2005年时已经修正了，将帮助犯改为从犯。第30条规定，帮助他人犯罪者，为从犯；虽他人不知帮助之情者，亦同。从犯之处罚，得按正犯之刑减轻之。我想，虽然我国台湾地区的"刑法典"乃是在1935年制定并逐渐修订迄今，里面存在着糅合传统之处，也有与民间现实理解不完全符合之处。例如这些"法律术语"，虽然在正式的"司法公文"内称之为帮助犯，但在"司法者"的观念与口语中，多使用从犯。传统"法律用语"对当代的影响还是不小的。例如"法律"罪名明明是"藏匿人犯罪"，但民间法律人士在讲解时，仍有时会脱口说出"窝藏"。清末与民国在制定刑法的时候，想把西方法律制度引进中国以改造传统法律，实际上是很难的，其不仅有外文法律专有名词的翻译问题，而且还存在传统法律用语的适用与改造问题。而部分传统法律用语，也许会通过司法人员与实际口语中的使用，逐渐回到与司法相关的文书之中。

最后感谢谢晶老师给我的启发，如果不是谢晶老师的文章和报告，我也不会注意到我国台湾地区"刑法"中存在的上述现象，学习到很多。

主持人：王　蔚（中国政法大学法学院副教授）

谢谢李老师进一步说明为什么法史可以通古今之变，究当世之法。李老师从我国台湾地区"刑法典"入手做了很多考据，从成立犯罪这个方面，对能不能与现代刑法衔接搭建了桥梁。李老师刚才提到的问题，也是谢老师提到过的李启成老师所讲的法制史研究的一个弊端，即法制史的研究是对西方法制史的回溯或者中国法制史的研究是从西方视野看待，而谢老师以中国的视野看待法制史正好可以解决这个问题。

下面有请郑玉双老师点评。郑老师与谢老师原本就十分熟稔，期待郑老师"犀利"的点评。

与谈人：郑玉双（中央财经大学法学院副教授）

感谢论坛的邀请。我的研究领域是法理学，但是研究的兴趣与刑法学相关，今天的主题正好也涉及法制史和刑法。我曾经对法制史关注不是很多，去年通过开设《中国传统法律文化》这门课，开始关注到中国法制史中的一些基本问题，思考中国传统法律文化对于当下法治中国建设所具有的意义。尽管中国传统法律制度和法律实践中存在的一些文化观念与当前的法律价值存在一定的冲突，但还是应该持一种理解和审慎的态度或者说同情的态度，去发现和分析中国传统法律制度和思想存在的原理。

听了谢老师的报告后，我感觉很受启发，也有一些疑问。如果用现在的刑法学术用语来概括谢老师报告的主要内容，其主要包含以下三个方面：第一，"盗贼窝主"犯罪化的问题，盗贼窝主本来属于共同犯罪，为何要在清律中单设律文予以规定；第二，"窝主"责任分配的机制和原理，以上两点是报告的核心内容；第三，关于清律中"盗贼窝主"这一规定的价值评判。

对于"窝主"处罚规定背后立法原理的分析可以得出一个判断，这一原理中隐藏着清代立法者对于处理这一问题所体现的实践智慧，其背后的价值立场是功能主义的，或者说是"具体问题具体分析"，这种价值立场与当前的民法、刑法等所注重的体系性存在不同。报告通过对"盗贼窝主"犯罪化及责任分配机制以及其所体现的立场的阐释，实际上体现的是一种功能主义的面向。我们说刑法的目的是预防和惩治犯罪，但在当代，这一目的受到多重限制，包括合宪性限制和刑法自身内在逻辑的限制，但清律中的这一规定典型地体现出强功能主义的面向。一方面，在刑法本位的理念之下，通过重刑来实现稳定社会秩序的目的，因此必要时就可以加重对特定犯罪的刑罚。然而，这种强功能主义的立场，在实践中是否能够实现其所追求的目标，这一点留有疑问。另一方面，这种功能主义主导的刑事立法理念背后的实践智慧，能否成功地转化为我们当下进行立法可以借鉴的智慧类型，也面对着方法论上的挑战。

我针对文章细致分析的“窝主”的定罪量刑，分享几点体会和思考。

第一，为何明清时期开始关注到“窝主”这一幕后角色？我认为主要有以下几点原因：首先，这源于当时特定的历史空间观。“窝”体现了一种空间意义，其将公开的抢劫和盗窃的外显行为转化为隐藏的行为。与现在的空间观不同，历史上的空间观具有封闭性，而“窝”这样一种行为动摇了封闭的空间秩序，秩序的打破会带来一种恐惧，对于统治者来说则具有更大的威胁性，正如孔飞力在《叫魂》之中所分析的那样，游僧和外来的乞讨者首先冲击的是当地民众超稳定的空间观。而现在的空间观是多维的、开放的，已经失去了传统的固化的空间内涵。“窝”的行为也失去了传统的那种意义，因此，对于“窝”的行为“厌恶”和恐惧程度则没有那么强烈。其次，从“窝主”与其他参与人之间的关系来看，其他参与人对于“窝主”具有身份上的依附性，尽管他们在造意、共谋、实行与分赃上往往“纠结”在一起，但是由于“窝主”身份上的主导性，其居于核心地位，其他参与人的主体性则相对隐没，或者说失去了现代意义上的“人格”。因此，在身份意义和心理意义上，“窝主”所起到的作用要明显大于其他参与人。在归责方面，也更看重“窝主”所起到的特殊作用。这两点可能是对文中所包含的功能主义价值观的一种替代性解释方案。

第二，关于文章的落脚点和启示。尽管现代的刑法体系与古代不同，但是在理念上还存在着一定的传承。谢老师的落脚点在于古代处理这一问题所体现的实践智慧值得今天借鉴。当前我国的刑法理念和分析主要继受德日，因此如何从古代的刑法实践中进行相关的借鉴就成为一个必须面对的问题。这引发了宏观的古今东西之争。但问题可能并没有我们想象得那样复杂。在我看来，问题的核心不在于如何面对古代、如何面对西方，不在于古今之争、东西之争，而在于如何面对实践中的具体问题，通过辩护梯度的上升，提炼出通用的法理，找出解决问题的理论性方案。这些理论性的方案不在于古代人的著述中，也不在于西方文本中。古人所提供的理论并不一定能够为我们解决当下问题提供方案，但在一定程度上能帮助我们面对当下的问题：我们为何走到了当代。法律穿越时间，传统与现代存在着时间上的关联，但并不意味着传统中就包含着答案。现在的问题是如何从实践到理论。实际上，当前相关的理论资源已经能够面对当下的问题，那么就需要寻找具体的可适用的理论方案来解决，这种方案既要符合一般性哲学原理，又要符合法律实践背后的现代社会所普遍认同的基本精神和价值。在这个意义上，传统法律实践中的基本原理和追求反而能够以一种更加鲜活的方式呈现出其丰富的面貌。

主持人：王　蔚（中国政法大学法学院副教授）

郑老师用的"同情"让我想到了对历史的温情语义用法，但是这种"同情"也要抛弃中西、古今而应追随到法理的一般问题。郑老师试图更加明确谢老师本身提炼的共同犯罪责任分配机制，而且其从功能意义的角度看到了危机，即从谢老师的讲述中提炼出了打击犯罪的价值，这和我们现行《刑法》的表达存在冲突。最后，郑老师提出的空间观秩序，使我想到是不是窝主的治理突破了古代治理的单一化，本来古代治理的方式是从上至下的，但窝主的存在是否增加了新的竞争性的治理主体？

下面欢迎对法文化有着深刻研究的清华大学屠凯老师。

与谈人：屠　凯（清华大学法学院副教授）

作为一个周边学科的从业者，我很关切法史学科的方法论问题。我想从这个话题谈起。

笼统而言，把中国法律和中国社会一起视为历史事实，发现其中的某些因果关系、治理经验，当然可行。谢晶博士这篇大作有这部分内容，也提示我们注意实践智慧的价值，我深表赞同。

但是，我更想讨论谢晶报告给我的另一个启迪，即如何对待中国律学的问题。

就我自己的工作而言，近年来，我一直在探索应否和如何赋予中国法学传统以现代的（分析的）形式这一问题。有兄长则倡议，干脆借用民国时期前辈学人的说法，称此道路为"以科学方法整理国故"。诚然，类似的做法早已在中国哲学（史）学科中出现，并取得卓绝的成绩。遗憾的是，中国的法哲学这门科学及其话语体系和"中国"这一学术传统、文化传统，尚未建立起紧密联系。

在从事这一工作的过程中，曾经遇到一些兄长提问，为何选择古典学术中的理学部分入手，而非和实定法可能更加贴合的经史材料乃至清代礼学。

以我目前的肤浅认识而言，理学话语似乎和"法哲学"更加接近，都涉及人们自己对是非对错的抽象判断，整理起来不容易，但困难可以克服。而名物度数研究虽然也包括文本解释，但更多地是在说明某种事实。如果这些事实与人们生活的联系已不复存在，研究本身就难以超越其所在的历史语境。

目光如豆，我本以为，律学的情况有类于上述名物度数的研究，受制于实定法体系的更迭。但是，拜读谢晶博士大作后，我的观念已有明显转变。我认识到：

第一，如同理学话语一样，律学话语同样可以顺利完成现代转换。我们完全可以使用现代法学话语清晰释明律学话语的本来含义。我想，任何人都能够理解，也不会反对，将清律"盗贼窝主"说成是"共同犯罪人之一种"，只不过这一范畴有特定的内涵和外延而已。如谢晶所说，古人本就是这样理解的，薛允升所谓"窝家即伙盗"正是此义。只不过由于中国法律人自己的话语体系已经较社会学上的祖先有很大变化，我们不得不费这一番工夫而已。

第二，律学之中包括对中国社会和司法的经验总结，于我们认识实践不无帮助，正如理学之中包括对生命和生活的系统思考，于我们不无启发一样。以此文为例，谢晶告诉我们，律学家普遍认识到，为实行犯提供藏身巢穴的共谋者，对社会秩序危害极大，应当予以重惩。而我们今天也认为，在吸毒、卖淫活动中，容留者比吸毒者、卖淫者更有罪责。

第三，律学家之间互有显著分歧，对一条律例的法学解读不尽相同。本来嘛，人们基于各自的哲学理念、道德情感，乃至学术立场，对同样的社会事实就会有不同评价。因而，将律学乃至中国学术传统、文化传统用几个短语便予以概括，往往失之粗糙。不可想象，广土众民、历时悠久的中国社会居然千人一面。正因为如此，我们的传统既是多元的，又是普遍的。遇到新的但又有一定历史纵深的社会事实，我们可以向许许多多的律学家寻求帮助。

在这个大前提下，和谢晶不同，就窝主这一规定而言，我更同意薛允升的看法。在已有共谋、未共谋但窝藏两罪的情况下，把"共谋+窝藏"单独列出，显得冗芜，没有必要。

而且，薛允升此说显然是出于不满意清律的严苛，试图减少官吏出入人律的手段，维护普通民众——也可能是有力士绅——的利益（我的这一判断在方军老师的精湛分析中也可以得到印证）。所以，就刑法这种受到社会形态变化冲击相对较小的学科而言，古今学说之间的关系，很可能并非什么线性进化、日趋精密，而只是形态变化罢了。薛允升的高超认识而非实践智慧于我们更加重要。

最后，就文章和社会学研究有关的发现来看，玉双老师珠玉在前，我也想补充一点自己的推测。窝主这一规定针对的社会事实，似乎并不主要存在于财产犯罪，实际上，也不一定存在于吸毒、卖淫等社会治安案件之中。文中所举案例透漏出的信息也许是，统治者要发动此律打击的对象，乃是具有广泛影响的社会领袖和颠覆活动庇护者。此种"黑恶势力保护伞"才是真正令官民古今齿冷的，窝藏财物这点事可谓小巫见大巫了。

总而言之，我坚信，这样一个博厚悠久而刚健光辉的学术传统，熔铸了古往今来灿若繁星的智慧，必将以恰当的方式在合适的时机恢复活力。

此外，也对中国政法大学能够为拥有才华和学术理想的清华校友提供宝贵平台表达真诚的敬意，为谢晶取得的成绩感到高兴并祝福她。

主持人：王　蔚（中国政法大学法学院副教授）

屠老师首先是对谢老师研究价值的肯认，也对实践智慧本身对研究以及在立法例上的研究方法上的作用提出赞同的观点。屠老师谈到法史研究的方法论中的事实也出现了变化即事实到规范，"事实的规范力"的概念可能有助于我们理解这一观点。最后，屠老师讲到治理窝主会打破单向的治理模式，与郑老师不谋而合。

下面有请廖靖靖老师从史学的角度作出点评，我们也可以从中感受史学与法学的差异。

与谈人：廖靖靖（中央民族大学历史文化学院讲师）

谢晶先生此篇文章是从法律史的角度深入分析"盗贼窝主"律条的缘由、规则和启发，对史料的把握精准，与以往的律学家们争鸣。其归源和思辨之处使题目的深度和广度都有了延展。现在我从古代史、文献学的角度，提出对本文的一些思考。

对于律令的理解，不同的专业方向，有不同的侧重点。我的研究基础和储备主要来源于对《天圣令》唐宋令的学习和探讨。在社科院黄正建先生组织的读书班中，七年之间我们逐条释读令文，基本采用的是传统考据的方法。谢晶先生的研究则是兼顾了考据与理论建构两方面。可以说，其行文之间，有完整的法系构建贯穿始终。由古而今，将立意定位到古今之辨上，与我们朝代之辨的方法是不同的。

全文的题眼之一在于"重"字，谢晶先生对"重"的解读是多层面的。第一，表现了立法者的侧重、重视，具体的社会背景和时局反映到律条的设置。第二，是加重处罚，即"损益"变化，这是对行刑程度的调整。第三，范围的扩大，从一般情况和特殊案例中都可以看到盗贼案的受罚群体增加了。第四，"重"体现出比较的方法，若无轻，何以为重？这里有两个方向的对比，一是同一主体"窝主"不同时期的对比；二是同一事件不同主体，"窝主"与"盗贼"量刑的差异。这里有一条暗线，隐藏的线索，"重实行"与"靖盗源"在一定程度上与"重其重罪，轻其轻罪"的刑律精神有渊源。从这些动态观察和对比中，本文的创制之处就体现出来了：从理论层面进行了重要概括，从立法思维上作出了有益的探讨。

其中有几个问题，我比较关注。

第一是"窝主"。在文献的处理中，往往遇到"广义"和"狭义"之辨，而且还因为时段的不同，有所变化。谢晶先生在史料的论证和学术体系的梳理中，将"窝主"和"窝藏"二词的关系表达为"窝主＝窝藏+造意或共谋"。将这一概括与律条原文进行比对，可以看出，作者思考角度的犀利，她是从复杂、多元的规定中抓住了窝主身份的定性关键。律条本身对量刑有多个限定，行（施行、参与盗窃）、赃（分取赃物）、知（知情）、谋（参与盗窃案谋划）。根据谢晶先生的研究，此窝主在于窝藏和"参与"到盗窃案中，包括知情或是谋划。这一点上回应了一个问题，窝主是否等同于窝藏之主，即窝藏盗贼的主人。"主人"一词出现了。为什么要强调这个定义呢？我们可以看之前朝代的状况。《天圣令·捕亡令》唐令第七条："诸纠捕贼盗者，所理（徵）倍赃，皆赏纠捕之人。家贫无财可理（徵）及依法不合理（徵）借（倍）赃者，并计所得正赃准为五分，以二分赏纠捕人。若正赃费尽者，官出一分以赏捉人。即官人非因检校而别纠捕，并共盗及知情主人者（首）告者，亦依赏例。"这里的共盗是指共同盗窃之人，而知情主人就与清律中的窝主有相似之处。如果知情主人首先来告发还可以获得奖赏。唐令并没有对窝主进行概念限定，只是在协助抓补的环节有所提及，确实如文章所写"明清律的处罚较唐宋律典有所提高"，这也与清律盗贼处罚原理的突破一致。可以说窝主的单独成律，不与共盗、伙盗一论，是作者从开篇就正面回应的问题，进一步而言这正是清代立法的技术与智慧。

第二是一般性与特殊性之辨。文章从原则的角度进行归纳，总结了处理"盗贼窝主"的一般规则和特殊规定。其中，特殊之处在于窝主身份、盗发地域和附加条文。作者全面地搜集案例，谨慎地论证相关问题，也是本文的精妙之处。

另外，窝主条之下有"失察之牌头、保甲、邻佑""首报到官已经延迟"有所处罚，可以说是"盗贼窝主"的效力扩大。与之相对，《天圣令·捕亡令》宋三条："诸追捕罪人，合发人兵者，皆随事斟酌用多少勘济。其当界有巡检处，即与相知，随即讨捕。若力不能制者，即告比州比县。得告之处，审知是实，等角面发兵相知除剪，仍驰驿中（申）奏。若其迟缓逗留，不赴警急，致使贼得钞掠及追讨不获者，当处录状奏闻。其得贼、不得贼，捕盗之官皆附考。"此条提到，如果因为行动的迟缓、通知的不及时而使追捕受到影响的，捕盗官员会被记录并上报。这条令文里明显有基层组织的负责人，但他们并没有因为抓捕盗贼而背负责任。从这个侧面可以看出，清律在惩处盗贼上的力度确实是超过前代。

还有一个对于时效性的思考。特定区域的窝主行为一节中，关于山东省匪徒的规定："窝主悉照首犯一例治罪。傥数年后此风稍息，奏明仍照旧例办理。"这里体现出对于山东悍匪的强力处罚，也体现出重罚之后的回归。由此，本文有了新的维度，立法者在提升处罚等级的同时也会有选择地回收，那么盗窃罪的判定在清代是否具备了较好的弹性？这就落到了作者所关注的一个要点：从案件到法律再到实施。正是关注实际运行状况才会有律条的弹性变化，轻重之别。

最后，从谢晶先生的文章中，我更多的是开阔了对于明清律法的认识，加深了对法理的理解。希望今后能和她从唐宋到明清律典的变化，乃至法律体系、理论的继承与沿革上深入合作。

主持人：王　蔚（中国政法大学法学院副教授）

我本来以为廖老师会讲述隋唐以降关于窝主的定义，虽然廖老师未如此展开，但是其文学或考据的方法仍是我们一些法学研究者需要学习的。廖老师所提到的关于如何提炼窝主的时效性让我想到了刑事政策"重刑随着时代变化"，这也是方老师所研究的问题。像廖老师所提到的，我们也欢迎您以后和谢老师经常合作刊文，沿着许章润老师所讲的历史法学继续前行。

下面有请中国社科院大学法学院的方军老师。

与谈人：方　军（中国社会科学院大学法学院讲师）

非常感谢论坛的邀请，能够有机会参与讨论和交流。谢晶老师的报告从我国传统社会中的共同犯罪主要是指共同实行犯罪出发，认为清律中对"盗贼窝主"的规定是为了扩大处罚范围、加大处罚力度，主要是因为"窝主"并不实施犯罪但是往往危害性更大，同时想要从源头上杜绝盗贼。报告接着从是否有造意和共谋，以及是否实行和参与分赃，结合具体的案例分析了"盗贼窝主"适用的一般规则，同时也指出了"盗贼窝主"可能由于其所具有的身份、所处的地域、针对的对象不同而进行特别加重处罚。最后，认为清律对于"盗贼窝主"这种面向实践追求效果，但不注重体系化的立法模式值得现代借鉴和反思。

报告整体上逻辑顺畅、资料丰富、分析考证细致。听了报告之后，很有收获，我感到跨学科的交流非常有意思。"盗贼窝主"的规定对我们今天治理盗窃等财产性犯罪具有一定的启发性意义。谢晶老师主要是研究"盗贼窝主"的古今之变，而我主要就此问题从今天的刑法理论角度谈几点想法，供参考。

第一，报告指出之所以出现"盗贼窝主"的规定，是因为实践中出现了相关的情况无法进行处理，或者说处理过轻，而为了从源头上杜绝这种情况的发生，才出台了这样的规定。"盗贼窝主"的规定无论是从古代的视角还是今天的视角来看，实际上都是一种重刑化的立法政策。不过，通过对这些"窝主"处以比普通盗贼更加严重的刑罚，在实践中是否实现了对盗贼更加有效的治理是存在疑问的。在逻辑上，无法通过律文"盗贼窝主"的规定直接推导出在实践中是行之有效的。

第二，按照今天的刑法理论和规定对于"窝主"的处罚，比照清律中的处罚，不存在可罚性的漏洞，同时，相应的处罚也未必轻。因为造意或者说是参与了共谋而没有实行，但是事后参与了分赃与窝赃，那么这就是盗窃等罪的共同犯罪，如果承认共谋共同犯罪的概念，窝主就应该视为正犯，而不是狭义共犯，即教唆犯或帮助犯。这与亲自实施盗窃行为的人处罚是一样的，不存在轻重的问题。如果不承认共谋共同正犯的概念，仅仅是因为造意或者是参与共谋，即使是事后参与了分赃，也只能是教唆犯或者帮助犯。当然，不管是造意或参与共谋，如果还参与了实行，理所当然的都是共同正犯。

第三，"盗贼窝主"中很有意思的一点是对于窝主处罚的规定与窝主是否造意、共谋是否分赃相挂钩，这两点的正当性在当今来看似乎都是不能成立的。

首先，关于造意，其不过是教唆的行为，相比于直接实行或者是假手他人实行（间接正犯）来说，其作用或其危害性相对要小，除非造意的人是犯罪集团的首领，这个时候他的造意类似是一种命令，其他人必须遵守。所以，造意未必为首，这个命题才是正确的。另外，所谓共谋就是共同的谋议，其实就是心理上的一种帮助。在他人有了犯罪的意念后或者是在与他人协商的过程中产生了犯罪意念，加入讨论的过程实际上是加深了他人实行犯罪的意志，就是帮助犯。因此，无论是造意，还是共谋，只要是没有具体实行，原则上还不能成为犯罪的核心，不能作为正犯。因此，对于这两类人，没有特别加重处罚的正当性理由。

其次，我国现在的刑法理论继受了日本的共谋共同正犯概念，所谓的共谋共同正犯，是指参与了谋议但是没有去实行，就会被作为正犯进行处理，而不将其作为教唆犯或者是帮助犯对待的情形。共谋共同正犯的一种典型表现是事前共谋，事后分赃，就要作为正犯处理。尽管这一概念由日本传入，但通过谢晶的报告发现它其实是与清律中的规定原理是相同的。但是，在我看来这个概念是有问题的，为何参与了分赃，就要对其按照正犯的标准进行处罚呢？这种处罚的正当性何在？刑法的目的是保护法益，刑事归责的核心在于行为对法益造成的损害，至于行为人是否从对他人的损害中获益是不重要的。把是否获益作为处罚的标准，实际上是偏离了归责的核心。也就是说，在刑法上，"损人利己"未必比"损人不利己"更可恶。刑法关注的是客观上对他人造成损害的程度，而不是关注某人在对他人造成损害的过程中获得了多少好处。这个道理很好理解。例如，一个人去偷去抢，将获得的东西捐出去了，仅仅是因为没有获得利益，在法律上就能网开一面吗？反过来也是一样，难道仅仅是因为参与了分赃，就应该加重处罚吗？所以分赃从重的观点是站不住脚的。总之，用今天的刑法理论完全可以解决"盗贼窝主"立法的问题。

第四，关于方法论的思考。法制史的研究要考证历史上存在的法治思想、制度及其源流，对其进行梳理，这一点很重要。不过，问题是这一做法或者研究的落脚点是否一定是"古为今用"？

主持人：王　蔚（中国政法大学法学院副教授）

方老师以现代的理论重新梳理了正犯的概念甚至提到"造意"不等于正犯，不能加重处罚。另一个方老师所讲的很精彩的发现也是对谢老师的补充，就是共谋共同正犯来源于清律而不是日本。我也同意方老师的诘问：为什么参与分赃就一定是正犯？

四、互动回应

（一）现场学生提问

问题1：老师刚才提到明清的例文是对具体案件的提炼和归纳，这让我想到当前我国司法解释具体条文的出台，这两者之间是否存在某种关联？

问题2：通过听老师们的报告和点评，让我联想到"表述"一词。在学习和理解古代法律制度的过程中，通过用今天相类似的制度表述古代的制度，可以加深理解和记忆。但这其中也存在一个问题，古代的制度究竟该如何以及能否用现在的话语进行表述？是否存在先入为主的问题？

问题3：法律史学研究的内容对应着多个部门法，法律史学的研究如何对整个法体系产生影响？另外，具体的部门法具有特定的方法论，例如规范法学和社科法学，法律史学研究的方法论是什么呢？

（二）主讲嘉宾回应

感谢各位老师，我切实地感受到了多学科对话的重要性，王老师开始让我做报告时我没有想到会有如此大的收获，因为法史的研究肯定是跨学科的方法。我也谈不上回应，也就是听了各位老师的发言后我进一步的想法。

首先是典蓉老师讲的窝藏逃人的问题，确实我研究到窝藏时也发现其针对的一个是逃人，另一个是盗贼犯罪，对于前者我没有研究，典蓉老师提到两者之间有着联系，我如果想要把后者研究清楚也必须关注前者。我未关注逃人有两个原因：一是我博士论文研究的盗的问题，而逃人有过很多学者研究，尤其是历史学的，他们对史料有着很深的功底，典蓉老师所提到的问题我也需要去研究，看对盗贼窝主的研究有多大帮助。典蓉老师所讲的我国台湾地区"刑法典"的问题，我自己在研究时也会去关注，但是很遗憾不知为什么写这篇文章时我没有涉及，这部分我也需要去补补课。

郑老师所讲的是法理学的高屋建瓴，让我想起了上周在武汉法史学者与法理学者非常精彩的争论。我发现郑老师最后虽然与我所讲的不一致但实质上是一样的，就是现在做研究并不一定要执着古今、中西，我最后说借鉴传统并不是说"盗贼窝主"制度本身有多么好而是要对它作解释，并不涉及价值评判而是讲它为什么会出现，我只是把这个道理找出来。我最后说对今天的借鉴是以关注实践的视角而言的，而不是说这个制度是否能拿到今天来用。所以，我的理念和郑老师一样就是面向实践。作为法史学者对郑老师所讲的空间观等确实没有深入研究，确实需要好好思考，这些都有十分重要的价值。

屠老师讲的用科学方法整理古代律典这样一种方法论，有很大启发。也包括刚才有同学提到的古今话语体系文化发生了很大变化，我们今天在看古代文献的时候如何去解读这是一个很难解决的问题，甚至会伴随我们一辈子，我们所做的就是这个工作。至于有同学提到的我们传统是一套东西、今天是一套东西，如果我们完全用今天的目光看古代，得到的可能只是今天的东西，所以提倡从传统本身出发理解古代。但问题是纯粹用古代的眼光，那么今天的人又如何理解呢？还是要从传统出发，但是用今天的语言表达出来，对于西方的一些理念如人权、权利需要以既贴合传统时代又能被现代人理解的方式讲出来，我所做的就是这样的努力。

廖老师进行的历史学解读让我很受启发，我是法学背景，史学的修养太差，尤其是提到文献。当时我博士毕业答辩时老师说你这是跨学科的，可以增加点刑法的、史学的内容，刑法我还真不怕，就怕历史学，因为刑法基本上是讲逻辑，对此我已经思考了比较多的问题，逻辑上的漏洞并没有这么多，一旦有漏洞，可以从中国传统伦理找缘由。而历史学注重的是史料，如果史料错了那可能就是真错了。今天廖老师的讲述让我很受启发，我需要加大历史学的学习。廖老师提到的用历史学角度分析问题，我一直关注的是明清，对隋唐的研究欠缺，这些都需要我加强。至于我们现在讨论词性的问题，古代可能就没有词性，因为这套理论来自西方。我研究"盗"时，考虑过词性，这也是我的困惑。

方老师从刑法的角度解读让我深受启发，我写博士论文期间也经常与方老师探讨。方老师提到的很多问题都是我一直思考的，比如重刑化的问题，即重刑是否有用，这也是我写这篇文章一开始的落脚点。重刑的问题是不言而喻的，中西古今都在讨论，其他学者都有所研究，我在这里没有过多论及。方老师提到的今天刑法不需要这个律，我也认同具体的规则去探讨到底有没有价值，我做的是先把它描述出来，至于价值则是进一步讨论的问题。方老师提到的律典以造意是否实行、是否分赃这样的标准，分别处以不同的处罚，我在这里没有重点讨论而是在另一篇文章有阐释，这里隐含着古今中西刑法不同的思考方式。今天的刑法是从法益的角度，而传统时代可能更注重犯罪人的主观恶性。传统如此规定是认为万恶之源都在人的大脑中，如孔子所说的：苟子之不欲，虽赏之不窃。法制史研究也是应该先不去区分古今中西而是要先确定古人是如何想的，再去做批判，因为法制史研究毕竟是比较的，我所做的就是先把它挖出来。

第一个同学提到的司法解释与例文存在着相似，我同意这个看法，因为司法解释这个东西国外几乎没有，只有中国大陆有，我国台湾地区有"大法官解释"。中国有司法解释的原因可能在于中国人喜欢思维的具体化，其实罗马法刚开始也是具体的，只是慢慢随着发展而抽象化了，中国人现在虽然不缺乏抽象思维但是更喜欢具体思维。

第二个同学提到的用今天解释古代确实很难，我刚才有所提到，完全用今天的概念去看古代会有着十分多的限制，我们要努力地去做，一方面要挖掘传统，另一方面，用余光去看西方的概念。

第三位同学提到的问题我也一直在思考，其实传统时代的法典基本就是

"刑法典"，从这个角度看没有办法把中国传统与现代完全对应，在我们古人看来很多问题比如婚约等就不需要法律解决，所以它们不在律典当中。关于部门法史学的问题，因为今天的法史学来自西方所以这个可能需要从西方法制的角度研究。

第十三期

刑事证据制度改革的中国道路

主讲人： 吴洪淇　中国政法大学证据科学研究院副教授

与谈人：（按姓氏笔画排列）

　　　　　陈　征　中国政法大学法学院教授

　　　　　侯　猛　北京大学法学院副教授

　　　　　郭　烁　北京交通大学法学院副教授

　　　　　曹　晶　中国政法大学证据科学研究院讲师

　　　　　董　坤　最高人民检察院检察理论研究所副研究员

主持人： 王　蔚　中国政法大学法学院副教授

一、引言

如何解释我国刑事证据改革的历程？它走过了怎样的"中国道路"？支撑这些发展轨迹背后的动因是什么？主讲嘉宾中国政法大学证据科学研究院吴洪淇副教授长期深耕刑事诉讼证据制度，在这个领域已有多篇大作发表。与谈嘉宾有北京大学法学院侯猛副教授、中国政法大学法学院陈征教授、中国政法大学证据科学研究院曹晶老师、北京交通大学法学院郭烁副教授、最高人民检察院检察理论研究所董坤副研究员。各位嘉宾的研究方向包括宪法、法理、刑诉，横跨理论与实务。他们围绕主题展开了充分的讨论。

二、主题报告[1]

主讲人：吴洪淇（中国政法大学证据科学研究院副教授）

今年是改革开放40周年，各个学科都在总结几十年来的成败得失。其实，这样的讨论一直存在，尤其在经济学界。科斯教授曾在芝加哥大学主办过一次会议，主题是中国改革开放以来做对了什么？因为中国最近几十年来的实践常常走在理论的前面，反过来需要现行的理论对于实践给出自己的解释。中国的实践给经济学理论提出了诸多挑战，法学界亦然。

我自己比较关注的是中国的刑事证据制度，刑事证据制度改革历经二十多年，取得了一些成就，但也经历了很多挫折。但如何解释我国刑事证据改革的历程？它走过了怎样的"中国道路"？支撑这些发展轨迹背后的动因是什么？这些问题是我比较感兴趣的，也是今天这场讲座中希望与各位分享的一点探索。今天的报告分为四个部分。

首先，让我们先从一类比较特殊的刑事错案入手来管窥刑事证据制度变

---

〔1〕 参见吴洪淇："刑事证据制度变革的基本逻辑——以1996~2017年我国刑事证据规范为考察对象"，载《中外法学》2018年第1期。

化对我国司法实践环境所带来的深切影响。当我们对过去一系列影响性案件进行检视的时候，会发现有一类非常有趣的案件，这类案件就是杀妻案。

比如，1996 年在安徽发生了"于英生杀妻案"。其妻韩某在家中被人强奸杀害。20 天后，于英生被认为是凶手。1999 年在云南昆明发生了"杜培武杀妻案"。杜培武的妻子和上司衣衫不整地被枪杀在车中，子弹是警用手枪所发，警方自然怀疑身为人民警察的杜培武。

2005 年曝光的有湖北的"佘祥林杀妻案"。1994 年其妻子失踪，警方找到一具高度腐烂的尸体，经亲属辨认为佘祥林的妻子。佘祥林遂被控杀妻。

2015 年也出现了类似的"陈辉案"。陈辉与胡某保持同居关系。两人常因孩子问题产生争吵，甚至有肢体冲突。一天，陈辉报警称胡某失踪。警方在陈辉另外的住处找到胡某的尸体。尸体外缠有透明胶带，从中提取出陈辉两枚血指纹。警方还掌握如下证据：血指纹、裹尸的胶带和毛巾与陈辉家中物品相同，陈辉在个人电脑中多次搜索"故意杀人罪""手机定位""指纹"等有关犯罪的词汇。但也有一些关键证据缺失：陈辉的口供、杀人凶器、被害人的手机。于是，陈辉被认为有重大作案嫌疑。最后，因证据上所存在的问题，陈辉被判无罪。这一类相似案件刚好覆盖了过去 20 年的几个重要节点。

尽管它们在案件的证据情况上存在类似之处，但最后的结局却很不一样。正如一位网友针对陈辉案所点评的："早 10 年前，就这种证据，已经足以判个死刑立即执行了。就算是早 3 年前，这种证据也九成九可以把陈辉送上刑场了。"那么在过去的 20 年里，我国的刑事证据制度环境到底发生了怎样的变化呢？如何描述这种变迁？

第二部分梳理了中国刑事证据制度的变迁。在过去的 21 年间，我国的刑事证据制度可以说发生了巨大的变化。

这种变化首先体现在刑事证据规范的增多上。1996 年《刑事诉讼法》"证据"一章仅有 8 条，最高人民法院的解释中有 16 条，共计 24 条；今天，2012 年《刑事诉讼法》"证据"一章中有 16 条，最高人民法院关于"证据"一章的解释有 52 条，2010 年"两高三部"《关于办理死刑案件审查判断证据若干问题的规定》和《关于办理刑事案件排除非法证据若干问题的规定》共有 56 条，2017 年《关于办理刑事案件严格排除非法证据若干问题的规定》

有 42 条，总共有两百多条。当然，这些条文有很多重复的内容。

第二个现象是刑事证据立法开始以一种体系化的方式运行。证据裁判原则得以确立，以证据种类为基本框架的证据审查规则体系得以构建。

第三个现象是《刑事审判参考》中，之前的案件少有涉及证据问题，2010 年后证据问题开始占有一席之地，在很多卷中甚至占据了半壁江山。这在一定程度上反映了证据问题不仅仅局限在立法层面，它业已成为司法实践中不得不面对的重要问题。

我们可以分三个阶段描述我国刑事证据制度的改革轨迹。

第一个阶段是 1996~2004 年。1996 年的《刑事诉讼法》确立了控辩双方向法庭举证同时不排除法官调查权的庭审方式，法官变得相对消极了，证据的审查、判断、质证便成为愈发突出的问题。既有的 22 个条文无法适应庭审模式转型的需要，许多地方的政法委和公检法机关便自生自发地制定了形形色色的地方证据规定。

而对于刑事证据相关规定的起草，最高人民法院一开始持谨慎态度。这种谨慎的态度可以从一个条文解释和一个案件裁判中看出来。1996 年《刑事诉讼法》第 43 条规定，严禁刑讯逼供和以威胁、引诱、欺骗以及其他非法的方法收集证据。该规定没有设置后果。1998 年，最高人民法院在《关于执行〈中华人民共和国刑事诉讼法〉若干问题的解释》第 61 条中明确增加了一个惩戒性条款，通过非法方法收集的证据"不能作为定案的根据"。但最高人民法院同时将应排除的非法证据限制为言词证据，对于以非法手段收集的实物证据则淡化处理。

在"刘涌案"中，刘涌一审被判处死刑立即执行。上诉后，辽宁省高级人民法院认为，不能排除公安机关在侦查阶段刑讯逼供的可能，改判死缓。舆情沸腾，最高人民法院 2003 年提审此案，认为辩方不能证明存在刑讯逼供，判处刘涌死刑立即执行。这一阶段最高人民法院在刑事证据立法解释方面并没有积极回应实践中的制度需求。

第二阶段是 2004~2010 年，最高人民法院在刑事证据司法解释的起草方面明显加大了力度。2004 年，最高人民法院成立五人专家小组，专门负责调研、制定"关于审理普通刑事案件中非法言词证据排除问题的若干意见"草案。2006 年，最高人民法院又起草"刑事证据规则"草案并征求有关部门意见。2007 年、2008 年，死刑复核权力收回最高人民法院，以死刑案件证据规则为突破口，最高人民法院起草《办理死刑案件证据规定》。随着新一轮司法改革计划的推动，《关于办理刑事案件排除非法证据若干问题的规定》和《关于办理死刑案件审查判断证据若干问题的规定》的制定，一并成为"完善刑事诉讼证据制度"工作的两个组成部分。

第三阶段是 2010 年至今。2010 年是我国刑事证据制度改革的重要节点。其中，"赵作海案"是重要的推动因素。2010 年 5 月 30 日《关于办理死刑案件审查判断证据若干问题的规定》和《关于办理刑事案件排除非法证据若干问题的规定》（以下简称"两个刑事证据规定"）的出台标志着我国刑事证据立法领域的重大突破。

2012 年，《刑事诉讼法》第二次重大修改。它连同配套的司法解释、相关规定吸收了"两个刑事证据规定"的大部分内容。从 2013 年开始，受"杭州张氏叔侄案"推动，中央政法委、公安部、最高人民检察院和最高人民法院针对刑事冤假错案均出台了专门性规定。其中最为重要的一部分就是关于证据的一系列规定。

2017 年 6 月，最高人民法院、最高人民检察院、公安部、国家安全部、司法部发布《关于办理刑事案件严格排除非法证据若干问题的规定》（以下简称《严格排非规定》），回应和整合了 2010 年"两个刑事证据规定"实施中存在的问题。

我们需要追问的是，在过去的 21 年里，我国的刑事证据制度改革为何会呈现出这样一种轨迹？其背后的主要推动因素是什么。

第三部分试图挖掘刑事证据制度生长的推动要素，共有四个。

第一，司法需求是推动刑事证据制度改革的原动力。法院非常需要证据规则。法官本身作为司法最后一道防线的角色定位使其必然要承担起对证据材料进行审查的职责。但司法权力体制赋予法院和法官的权威不足，审判者只能寻求立法的支持。检察院对证据规则也有一定的需求。他们承担着对侦查机关证据进行审查的义务，需要有证据规则的明确指引。公安机关希望通过较为明确的证据规则改善办案质量。当然，法院、检察院和公安机关对证据规则的需求程度有所差异。这种差异化需求使得他们在面对刑事证据变革的时候，常常出现相互矛盾的处理方式。

第二，刑事错案的不断曝光是推动刑事证据制度发展的催化剂。冤假错案的曝光与证据立法进程之间存在着密切关系。从目前确立的证据规则来看，许多规则本身就是针对冤假错案的治理，甚至就是从一些冤假错案中提炼出来的。

比如 2013 年最高人民法院发布的《关于建立健全防范刑事冤假错案工作机制的意见》（以下简称《防范冤假错案意见》）第 6 条规定不得作出"留有余地"的判决，第 8 条排除了通过冻饿晒烤疲等手段获取供述，第 9 条规定对遗留在现场的微量物证必须做同一认定等等，显然都是从业已发现的冤假错案中总结出来的，完全针对刑事错案中存在的证据问题。

第三，自媒体的聚焦效应为刑事证据制度的改革获得了话语正当性。2010 年以前，尽管已经有许多冤案在传统媒体上曝光，但产生的舆论效应还比较有限。随着互联网和自媒体的兴起，某个突发事件一经曝光，即可快速引爆全国舆论，成为全民围观的公共话题，媒体的围观效应使得冤案产生的影响急剧扩大。

第四，政法权力格局的变化和司法改革为刑事证据制度发展提供了组织条件。省级政法委书记不再兼任公安机关负责人，公安机关变得不那么强势。随着监察委改革的推进，检察院不再拥有自侦权，有些自顾不暇。十八届四中全会提出"推进以审判为中心的诉讼制度改革，确保侦查、审查起诉的案件事实证据经得起法律的检验"。这无疑增强了法院系统的权威。另一方面，刑事证据制度作为司法改革整体框架中的一部分在政治高度上不断被强调。

第四部分想要去探讨的是，在这样一种发展轨迹当中我国刑事证据制度变革呈现出怎样的、有别于西方的特征？

第一，从纵向发展趋势来看，刑事证据制度的发展呈现出"进两步退一步"的螺旋式上升态势。比如，2010 年"两个刑事证据规定"在非法证据排除上确立了程序优先审查原则，到了 2012 年《刑事诉讼法》修改的时候开始被淡化，到了 2017 年《严格排非规定》中又重新强调，但增加了一个延迟例外。

另外一个例子是非法证据的排除范围。早先的非法证据局限于刑讯逼供，2013 年最高人民法院在《防范冤假错案意见》中，对非法证据排除的范围进行了扩张。2017 年进一步扩张了非法证据的排除范围，但对于最高人民法院在 2013 年《防范冤假错案意见》所主张的将通过疲劳审讯、冻饿晒烤等获得的供述排除在外的主张却做了淡化处理。

第二，从横向发展格局来看，刑事证据立法呈现出由点及面、先易后难、逐渐扩张的发展格局。由于刑事证据规则制定在我国现有的立法空间比较有限，为了实现突破，制定者会借助有利的社会和舆论形势先实现在一些关键点上的率先立法。比如，选择死刑案件、刑讯逼供作为突破口。

第三，从条文变迁来看，刑事证据规范条文含义呈现出从模糊到清晰的渐进式过程。当公检法机关在某些问题上出现重大分歧的时候，往往会采取模糊的术语来做一个笼统的概括，甚至是选择搁置问题。但当某一机构要进一步推进刑事证据立法的时候，它就会通过司法解释等方式使原来模糊的表述进一步明确和清晰。例如，"两个刑事证据规定"和 2012 年《刑事诉讼法》对于非法供述的表述都是采用"刑讯逼供等非法手段"取得的犯罪嫌疑人、被告人供述。这样的表述催生了公检法对非法供述范围不同的、细化的解释。

第四，从规则范围来看，刑事证据制度的范围涵盖从侦查、审查逮捕、审查起诉到审判的刑事诉讼过程。英美法系的证据法主要规范的对象是证据准入的资格，其规范的主要程序阶段是庭审之前和庭审阶段，然后通过证据规则的辐射效应实现对侦查和审查起诉阶段证据收集与审查的有效控制。而我国，以非法证据排除为例，在侦查阶段、审查起诉阶段、审判阶段，侦查机关、批捕机关、审查起诉机关和审判机关都有排除非法证据的权力和职责。

总体而言，今天的报告大致展示了我国刑事证据制度的变迁、变革的逻辑以及特点。从 20 年这一时段来看，2010 年之前我国刑事证据制度的成长步履蹒跚，充满挫折；2010 年之后的快速发展一方面固然是前面不断努力累积的结果，但也得益于外部政治环境与社会环境的整体变化。刑事证据法的变革与发展从来不曾在一个立法真空当中进行，其法律体系的形成也完全不是一个立法主体进行顶层宏观设计的结果，而是在一个极度复杂的转型社会背景下由多个层次、多个部门的国家主体与民间力量之间反复博弈而来的混合产物。刑事证据法成长的主要脉络深深地嵌入在我国独特的"国家—社会"关系和司法体制当中，受到国家政法体制安排与转型期社会需求的宏观制约。

其未来也必然是在这种宏观制约下各方重叠共识的结果。

三、嘉宾与谈

主持人：王　蔚（中国政法大学法学院副教授）

非常感谢吴老师的精彩报告。本次讲座，吴老师以个案钩沉的方式试图从一系列的"杀妻案"中探寻证据规则从"疑罪从重"到"疑罪从轻"的变化，第二部分又回到中央与地方的脉络中展现出中央从 1996 年以来至今的三个阶段对待证据的态度，从而表明证据从立法不足到飞速发展的演变过程。吴老师也提到他与张保生教授做了大量有关地方的证据规则分析，这与我们现在所讲的量化分析的法学研究方法有着类似性，具体来说，就是从数据中摘取规范的意义。这种摘取试图在对量化内容的定性基础上，回应错案对司法需求的刺激、推动刑事立法的变革在网络治理的发展以及政治格局变动中的作用。最后，吴老师讲的是中国特征，包含有一点点妥协的意味，即证据规则需要和政法体制妥协。总的来说，吴老师的论证过程符合社科法学和规范法学的交叉逻辑。的确，社科法学最近越来越受到关注，而第一位点评嘉宾侯猛老师是社科法学研究的青年代表推动者。下面有请侯猛老师。

与谈人：侯　猛（北京大学法学院副教授）

感谢论坛的邀请。吴老师报告的内容，从整体上来说，是沿着法社会学的路径进行的。我自己也从事法社会学研究，在我看来，法社会学有自己的研究范式。在法学院做法社会学研究，不同于在社会学系做法社会学研究。我们首先是从规则出发，为了要准确理解规则，必须对规则背后的事实，规则制定或实施的过程进行经验描述。为了更好地进行经验描述，必须进行因果关系的解释，找出现象或问题背后所产生的原因，以及可能产生的法律后果、社会后果和经济后果。对原因的分析又分为定性和定量两种方法。虽然我个人偏好定性研究，但也喜欢使用数据来验证和强化理由的解释。

但法社会学做因果关系研究存在的障碍是，比较难以区分解释是因果关系还是相关性的关系。而且，在进行充分解释因果关系以后，还得有更高的追求，那就是要实现研究的概念化或理论化。所谓概念化，就是要归纳概括出新的概念。或者即使没有新的概念，也需要用既有的但并不是那么普遍的概念去解释现象。所谓理论化，首先是要用一套理论去分析现象。如果厉害的话，能够从现象中提炼出理论来。大致来说，如果能够做到概念化和理论化，那就已经是非常厉害的了！

除此之外，因为法社会学研究立足于经验研究，因此，应力求政治上的价值判断。但由于种种原因，实际上很难做到，但学者应当有这样的基本认知。

对于洪淇的研究，里面也是涉及因果关系的解释。但正如我刚才所说，这是很难的。即使你做得足够细致，但也比较难以区分这是相关性还是原因。例如，我最近在做改革开放以来中国涉诉信访的变化。通过分析一些具体的数据变化，我就会推测这些变化会与最高人民法院的司法改革、法律的修改、国家政策的变化直接相关。这些数据变化实际上是非常明显的，而相应的法律政策变化，正好就在时间节点上，因此，再找一些实证材料是可以更好地证明的。但是说，是不是一定是因果关系，我还不那么确定。法社会学研究就需要证据不断补强。

今天洪淇研究报告的主题是证据问题。我这里还是分享一下我对证据法的基本认识。我之前在写《司法中的社会科学判断》[1]一文时，就发现法教义学不能解决事实问题，事实问题实际上是通过证据法来解决的，而证据法中又有大量涉及社会科学、自然科学的材料。但证据法在整个法律体系和法学体系中的地位，与其实践中的重要性是完全不匹配的。当然，这有个过程。就像诉讼法的发展一样，现在有三大诉讼法，但中华人民共和国成立初期，诉讼法是没有的，但最高人民法院自己总结了诉讼程序规则。这样过了 20 年以后，三大诉讼法就慢慢制定出来了。法学院的诉讼法课程也就多起来了，重要起来了。

同理，现在还没有证据法，但证据规则已经有了，包括最高人民法院在内的其他部门都在推动证据规则的发展完善。可以预见的是，未来证据法会制定出来的。这是大势所趋。而证据法的制定，也更可能是先制定民事证据

---

〔1〕 侯猛："司法中的社会科学判断"，载《中国法学》2015 年第 6 期。

法，后制定刑事证据法。这可能是因为这两大领域的制定要求和制定难度不一样。

以上是我的几点思考和体会，谢谢！

主持人：王　蔚（中国政法大学法学院副教授）

侯老师借助吴老师的讲述，希望从经验事实的描述到因果关系的分析再到概念化的脉络来说明中国社科法学在实践中的无奈。陈征老师在德国留学10年，接受过系统的规范法学的教育，有着传统的法教义学的背景。下面有请陈征老师。

与谈人：陈　征（中国政法大学法学院教授）

非常感谢论坛的邀请。吴老师的报告对中国刑事证据制度的改革进行了详细的分析和梳理，使我获益匪浅。

刚才侯老师讲到法社会学难做，我想说其实宪法教义学也很难做。宪法与部门法的"对话"确实存在必要性，过去宪法学的研究大都仅仅是就宪法文本进行规范研究，并没有"下沉"到部门法领域，对于部门法的一些规定都不熟悉。宪法与部门法之间存在着密切的关系，一方面为推动宪法学的发展，宪法学研究应该主动与部门法相结合，另一方面，部门法学者在学术研究，包括立法和法律解释的过程中也应当关注宪法。

吴老师的报告中有很多地方背后都涉及宪法问题。例如，对于证人出庭，《宪法》第130条规定了审判公开原则和被告人有权获得辩护。出于保护被告人辩护权的需要，应当要求证人出庭质证。报告中还提到侦查机关的取证效率和检察机关的指控效率问题，这也涉及《宪法》第27条规定的效率原则，国家机关在行使职权的过程中应当遵循宪法的效率原则。

对于原则，吴老师也提到原则和规则是共同作用的。原则是并非绝对实现，而是要求最优化的实现。规则发生冲突应该是规则制定过程中出现了问题，而原则之间产生冲突是常态，原则之间发生冲突之后，应当选择最优化的实现，尽可能让二者都能够最优化地实现。关于效率原则以及有效打击犯罪、保护公共利益等，其有可能与犯罪嫌疑人的基本权利产生冲突。

但是，实际上，效率原则等是为了保护受害人的权利，因此这在宪法上是基本权利的冲突问题，是法益衡量的问题。另外，关于政法委的协调是否影响独立审判的问题，《宪法》第 131 条也规定了与之相关的独立审判的原则。

此外，报告中还指出了刑事证据规范发展过程中存在的一些问题。在我看来，背后也隐含着宪法问题。比如，关于通过疲劳审讯、冻饿晒烤等方式获得犯罪嫌疑人的供述，要不要排除在立法中存在着先明确后淡化的规定，刑事证据规范立法呈现"进两步退一步"的态势。这其中是机关之间政治博弈的结果，各机关力量的大小也存在着一定的偶然因素。刑事证据立法应该考虑到宪法，同时，法律解释，特别是不确定概念的解释也应当关注宪法。在裁量领域，宪法并非不具有约束力，宪法不仅作用于裁量之外，还要进入到裁量之内，比如在裁量空间之内也应当遵守宪法中的比例原则和平等原则等。

对于不确定概念的解释也受到宪法的约束，比如德国的"抛侏儒案"，侏儒与营业场所自愿签订合同进行表演，愿意被人抛来抛去，供人娱乐。这样的合同是否有效呢？德国工商法规定了违背公序良俗原则的合同应当无效。对于公序良俗的解释不应当毫无依据地进行，应当考虑到宪法的规定。在宪法中存在基本权利放弃的理论，然而对于人的尊严是不能放弃的。因此，这一内容应当成为公序良俗的内容之一。

现在还没有找到宪法为刑事诉讼法中不确定概念的解释提供依据的例子，但是我相信刑事诉讼法的解释一定不能脱离宪法。因此，部门法学者应当具有宪法意识，在涉及宪法的部分，提到宪法，以帮助推进宪法的研究，从而首先在学术共同体内部确立宪法的权威。

主持人：王　蔚（中国政法大学法学院副教授）

陈老师以一种"卑微"的态度实现了"双重"野心。"卑微"的是宪法教义学很难做，希望部门法多引用宪法。第一个"野心"是希望宪法内部排斥政治宪法学；第二个"野心"是实现部门法的宪法化。在欧洲大陆，无论是德国的宪法法院还是法国的宪法委员会经过多年的事前与事后的审查，都完成了部门法的宪法化。下面有请具有美国法背景的曹晶老师。

与谈人：曹　晶（中国政法大学证据科学研究院讲师）

感谢论坛的邀请，感谢论坛提供互相交流的机会。吴老师的报告对我国刑事证据规则的发展过程进行了梳理并分析了发展特点和原因，对于未来刑事证据规则的发展持相对乐观的态度。但是在我看来，我国整个证据规则的发展，不仅仅是刑事证据规则的发展，任重而道远。

美国作为判例法国家，其证据规则的判例最早来源于英国。英国在长期的司法实践中积累了大量的有关证据规则的判例。美国建国之后，继承了英国的判例法，在此基础上形成了自己的判例法。到了 20 世纪初，加利福尼亚州开启了美国各州证据规则成文化的历程。

1965 年，在华伦担任联邦最高法院的首席大法官时，联邦证据规则也开始了成文化的过程。他指定了一个专门委员会专门从事联邦证据规则的立法起草工作，该委员会由学者、律师和法官构成，他们根据判例中的规则整理起草了联邦证据规则。经过先后三次易稿，最终在 1975 年《联邦证据规则》通过并实施。

《联邦证据规则》制定之后并非处于一成不变的状态，在联邦最高法院之下设置专门的联邦证据规则咨询委员会负责针对实践中遇到的有关证据规则适用的问题进行修改。其修改大致要经过这样的一个过程，首先该咨询委员会的报告人针对《联邦证据规则》修改的原因和修改的内容撰写修正案草案，经该咨询委员会负责人批准之后，向公众公布该草案并征求意见。

该咨询委员会报告人在公众反馈意见的基础上修改该草案，然后逐级向联邦最高法院报送审查。经联邦最高法院同意之后，于每年 5 月 1 日前抄送国会，至同年 12 月 1 日，国会没有提出异议，该修改案即生效。这样的一个修改程序和机制的存在，保证了美国联邦证据规则能够适应社会发展的需要而不断完善。

近年的修正案中，就有一例是为了适应网络的发展，增加了电子证据作为证据类型的一种。美国的这种机制对于我国刑事证据的立法有积极的借鉴意义。

与美国相比，我国目前的证据规则立法尚待进一步完善。在美国，可采性（Admissibility）是刑事证据规则的核心，可采性在我国对应的概念是证据资格，其与定案依据是两个不同的概念。并非所有具有可采性的证据材料最终都可以作为定案的依据。美国所有的证据规则都是用来审查言词陈述和实物材料可采性的，而我国的证据规则更多的是在讨论刑事调查过程中取得的证据是否需要排除的问题。

我国刑事证据规则实际上讨论的是刑事调查的合法性问题，而不是刑事证据可采性的判断规则。我国刑事证据排非实际上是一个宪法问题，需要分析警察的取证行为是否违反宪法关于保护公民基本权利的规定。凡是违反宪法，侵害公民基本权利所取得的"证据"都不具有可采性。

我国目前刑事证据规范有两百多条，其主要是有关排除非法证据的规则，主要针对的是对刑讯逼供所取得的证据进行排除，但是非法的证据类型和种类还有很多。在美国，一般情况之下，没有法院令状的搜查和扣押都是非法的，根据宪法第四修正案推演出来的判例规则极其丰富，在此方面我国则需进一步加强。

所谓刑事证据规则其实是判断证据可采性的规则，适用刑事证据规则的前提是证据应当是合法取得的。而我国的刑事证据规则规制的大部分内容是刑事调查的合法性问题，针对真正的刑事证据规则的探讨和研究还存在很大的不足。

吴洪淇老师回应：

我们国家的刑事证据规则的关注点确实还是美国 20 世纪 30 年代就已经关注的问题。在当前的语境之下，对于中美两国刑事证据规则进行对比，实际上存在一个时空错位的问题。

主持人：王　蔚（中国政法大学法学院副教授）

曹老师对吴老师的讲述做了"釜底抽薪"式的点评。当然，这只是商榷，即我们所说的证据规则范畴还仅仅停留在对调查取证的合法性范围内，没有涵摄整个刑事诉讼过程。曹老师站在美国理论的视角下反思中国的问题，而吴老师做的是试图立足中国当代，把证据纳入一个完整的体系内，这也是两位老师的根本差异点。非常感谢曹老师从域外法的视角进行的功能比较。下面有请郭烁老师。

与谈人：郭　烁（北京交通大学法学院副教授）

先说一点证据之外的题外话。陈老师强调宪法与部门法的对话，提到近亲属作证豁免的特权，我觉得这是一个很好的宪法性权利或者宪法与部门法的结合点，2012 年修改的《刑事诉讼法》第 188 条第 1 款规定，经人民法院通知，证人没有正当理由不出庭作证的，人民法院可以强制其到庭，但是被告人的配偶、父母、子女除外。第一，为什么说是配偶、父母、子女，而不是近亲属呢？就是因为如果规定近亲属，则范围太大了，还得包括同胞兄弟姐妹。第二，对于体系解释来说，第188条规定在第一审程序中，不是在总则里，只是限于一审程序中的配偶、父母、子女。拿薄熙来案件为例，薄谷开来不出庭，以视频方式作证，这实际上和书面证据没有区别，因为那个录像是在侦查过程中获取的，但是第188条针对的是审判过程中可以除外，只是说可以不出庭作证，但绝没有豁免作证的义务，对于这点不是学法甚至其中不关注刑事证据的人非常容易忽略。

但我认为，这并不是进步，而且具有迷惑性。因为它表面看起来有点"亲亲得相首匿"的含义，但是实际上并未豁免作证的义务，同时可能剥夺了被告人申请证人出庭的权利。

吴老师已经初步划分了证据的发展阶段，我就想在2008年之后再进行细化。2008年11月中央政法委员会公布了《关于深化司法体制和工作机制改革若干问题的意见》，第一次在党的文件中提到了完善刑事诉讼证据，也就是说明确了证据审查和采信规则以及不同诉讼程序的证明标准，明确了非法证据排除的规则和范围以及救济程序，进一步完善了证人、鉴定人出庭保护制度，明确了侦查人员出庭制度。

以这个观察为起点，可以把近年来的刑事证据改革划分为三个阶段，第一个就是吴老师说的两个证据规定的出台，这"两个刑事证据规定"在刑事诉讼法上是破冰之旅，背景是最高人民法院收回死刑复核权。"两个刑事证据规定"体现在证据的搜查、使用和判定方面，可以说的确看到了诉讼立法的进步，明确了程序合法、法庭质证原则，尤其是建立了"排非"规则，另外就是初步确立了刑事证据规则体系。

第二个阶段就是刑事诉讼法修改对刑事证据的完善，因为有"两个刑事证据规定"的试水，到了2012年修改《刑事诉讼法》时很多问题就水到渠成。

第三个阶段就是党的十八届四中全会之后，第一次以党的全会的名义通过了依法治国的决定，里边提到了大量的证据的内容，比如推动以审判为中心的诉讼制度的改革和全面确保证据裁判规则，严格依法搜集、审查、运用证据，完善证人、鉴定人出庭制度等。

随着 2015 年 2 月最高人民法院发布《关于全面深化人民法院改革的意见》以及 2015 年最高人民检察院发布《关于深化检察改革的意见》诸如此类的文件，使得证据规则在最近 5 年内和以前的刑事诉讼法比简直是爆发性的增长。

主持人：王　蔚（中国政法大学法学院副教授）

非常感谢郭老师。郭老师的幽默梳理与吴老师的讲述一脉相承。我特别关注到郭老师提到党的十八届四中全会提出证据规则，提到《刑事诉讼法》第 188 条作证豁免权如何解释的问题，既赋予家属可以作出不利证言的权利又豁免了当庭质证的义务，二者存在的矛盾还无法得到协调。下面有请董老师来点评。

与谈人：董　坤（最高人民检察院检察理论研究所副研究员）

谢谢洪淇、谢谢主办方、谢谢王老师。这个时间可能大家都饿了，为了保障人权，我简单谈一下个人体会。昨天晚上又再次通读了洪淇在今年《中外法学》第 1 期发表的文章，确实感觉文章透露着如刚才侯猛老师所说的法社会学的知识底蕴。洪淇的文章相对来说比较宏大，较难驾驭。我个人写文章都是从一个法条甚至一个语词出发来写，有点教义学或者解释学方法的味道，所以对洪淇这类有宏大叙事的文章我确实很佩服。

结合我自身的研究情况，我想找一个点来谈一下感受，在这个过程中有不同的观点我就一并表达了。洪淇的文章中谈到刑事证据的发展过程中有个催化剂——刑事错案，在这些错案中，吴老师发现很有意思的地方是"杀妻案"。

以我个人观察而言，这些"杀妻案"中，夫妻双方的关系其实都不算太好。一般而言，发生了一个命案，侦查人员在侦查过程中就会有一个侦查假设，具体到这些案件而言，人死的原因无非是财杀、情杀、仇杀，基本上就这几种情形，按照这个假设再去划定侦查方向，找寻犯罪嫌疑人。像上面这样的案件，如果夫妻感情不和睦，又排除了财杀和仇杀，认为丈夫情杀的可能性自然会很大。但这仅是侦查假设，实践中断不能将假设直接作为嫌疑人有罪的结论，否则就成了戴昕教授在《冤案的认知维度和话语困境》一文中说的"惊险一跳"。为什么叫"惊险一跳",因为没有证据做依据,从主观假设直接跳入有罪推定或者说是有罪认定的结论,当然是惊险的。

所以,研究证据制度的发展离不开对于错案的研究,洪淇老师这个点抓得很准。当然,证据和错案中可能还有中间一环需要考虑,就是刚才洪淇谈的错案其实都是可能涉及死刑的案件,这些案件人命关天,处理不好就可能由案件变为事件,会进一步引起公众对司法的不信任甚至社会事件。

我个人认为,如果从错案切入来研究刑事证据制度的发展,其基本的逻辑应该是从错案到死刑错案,从死刑错案引发的聚焦效应,延续到民众对司法的不信任,甚至对政府的不信任,导致国家层面来推行诉讼程序以及证据制度的变革。

其实,仔细梳理下来,刑事诉讼法的变革与死刑案件的确存在着相关性:1979 年《刑事诉讼法》中死刑案件没有强制辩护,但之后 1996 年《刑事诉讼法》进行辩护权完善的时候就增加了。2007 年我国最高人民法院统一收回死刑复核权也是刑事诉讼程序的一个调整。2010 年的"两个刑事证据规定"的出台也是与当年的"赵作海案"有着紧密的关联,推动了最终证据制度的大发展。

除此以外,我觉得证据学的研究除了宏观层面的研究还应当多从具体问题入手。比如涉及非法证据排除规则,什么是刑讯逼供,什么是非法拘禁,如何理解冻饿晒烤和疲劳审讯与非法供述之间的关系,这些都需要运用解释学以及实践经验加以阐释,如此才能使理论面向实践,助推实践中证据规则的发展。

当然,我国当下证据规则虽存在不足,但总是在不断进步和完善的,也许它存在这样或那样的待改进之处,但中国证据规则的发展不是从国外"拿来主义"就能一蹴而就的,我们还是应当从中国法的语境下一起去研究、去推动,前途我相信是光明的。

主持人:王　蔚（中国政法大学法学院副教授）

董老师的点评从另外一个角度对吴老师的讲述做了补正。非常感谢主讲人吴洪淇老师带来的精彩讲述以及各位老师带来的多角度的评议。

第十四期

量的防卫过当与"一连行为"理论

主讲人： 曾文科　中国政法大学刑事司法学院讲师

与谈人：（按姓氏笔画排列）

王　钢　清华大学法学院副教授

冯　威　中国政法大学法学院讲师

宁势强　中国政法大学刑事司法学院讲师

李　强　中国社会科学院法学研究所助理研究员

黄　河　中国政法大学比较法学研究院讲师

魏晓娜　中国人民大学法学院教授

主持人： 王　蔚　中国政法大学法学院副教授

一、引言

复数防卫行为是新近日本刑法理论界日渐勃兴的一个新的理论问题,该问题的提出最早起源于日本最高裁判所的判例,并引发了更为广泛的探讨。复数防卫行为在日本刑法学界存在质的防卫过当与量的防卫过当之派别对立。对于复数防卫行为如何进行评价?量的防卫过当与"一连行为"理论在日本刑法中具有怎样的含义?二者有何联系?主讲嘉宾中国政法大学刑事司法学院曾文科老师以"量的防卫过当与'一连行为'理论"为主题,将对上述问题作出回答。与谈嘉宾中国人民大学法学院魏晓娜教授、清华大学法学院王钢副教授、中国社会科学院法学研究所李强助理研究员以及中国政法大学法学院冯威老师、刑事司法学院宁势强老师和比较法学研究院黄河老师将针对相关问题从不同的角度作出与谈。

二、主题报告[1]

主讲人:曾文科(中国政法大学刑事司法学院讲师)

"一连行为"理论最初不是来自学者的创造,而是日本裁判所的一些判例。"一连行为"涉及范围很广,在量的防卫过当领域尤其典型。

(一)问题的提出

1. "一连行为"论兴起的背景

从刑事实体法部分来看,"一连行为"解决的是一个行为还是多个行为的问题。这个问题传统上放在罪数阶段讨论。但实际上,刑法总论的不同阶段都会多少涉及一行为或数行为的问题。

在构成要件阶段,"一连行为"的提法用来判断实行行为的存在时点及因

---

〔1〕 参见曾文科:"论多数防卫行为中的评价视角问题——以日本判例为素材的分析",载易延友主编:《中国案例法评论(第一辑)》,法律出版社 2015 年版。

果关系的存否。

在违法阻却阶段，判断防卫过当成立与否也离不开对行为个数的讨论。典型的防卫行为只有一个。如，A 攻击 B，B 一拳将 A 打死，此时存在一个防卫行为。日本判例中有"复数防卫行为"，指在同一防卫机会或状况中作出的，有可能被评价为正当防卫或防卫过当的一连串复数行为。以往的判例认为多个行为都是在一个防卫过程中实施的，因而将其当作一个行为，或者成立正当防卫或者成立防卫过当。然而，最近的判例分别评价各个行为。第一个反击行为被评价为正当防卫，第二个行为超过限度。最高裁判所（以下简称最高裁）认为，即便第一个反击行为是正当防卫，也要和第二个行为放在一起评价，最终数行为被认定为一个防卫过当。很多学者不赞成这种处理，因为第一个行为已经被认定为正当防卫，不应该和后面的过当行为放在一起评价。从根本上看，这关系到对从案件事实中提取的行为，应当进行分析性评价（对复数行为进行个别评价）还是全体性评价（将复数行为作为一个行为评价）。

这个问题也存在于责任阻却阶段。如，A 喝醉酒，陷入无责任能力状态，砍死 B。单就砍人行为而言，行为和责任没有同时存在，A 应该无罪。《刑法》第 18 条第 4 款规定，醉酒的人犯罪，应当负刑事责任。学说为了解释该结论，会把实行行为的开始时间提前到喝酒，即喝酒、砍人被视为一个行为，此时行为和责任是同时存在的。总之，"一连行为"想建立从构成要件阶段到罪数阶段的判断一行为或数行为的标准。

程序法中可能也有上述的问题：在防卫过当案件中有两个反击行为，检察官能否只起诉其中一个行为？当检察官只起诉一个行为时，法院能否将另一个行为纳入审判范围？进一步的，法院判决其中一个行为构成防卫过当，对于判决生效后发现的其他防卫行为，检察官能否再起诉？

2. 复数防卫行为的评价视角问题

《日本刑法》第 36 条第 1 款规定："对于急迫不正的侵害，为了防卫自己或者他人的权利，不得已而做出的行为，不负刑事责任。"第 2 款规定："超过防卫程度的行为，依情节可减轻或者免除其刑罚。"我国《刑法》第 20 条规定了正当防卫，其第 2 款规定："正当防卫明显超过必要限度造成重大损害的，应当负刑事责任，但是应当减轻或者免除处罚。"关于防卫过当，两国的刑法叙述存在差异，并带来解释上的不同。日本刑法典没有过当防卫的条文，相应的内容规定在《日本盗犯防止法》中。我国将其放在《刑法》第20条第3款中。

日本刑法学一般将防卫过当划分为质的过当（强度过当、内涵过当）与量的过当（时间过当、外延过当、事后的防卫过当）两种类型进行讨论。前者是指急迫不正的侵害仍在继续的过程中，防卫行为本身超过了必要且相当程度的情形。例如，【事例1】被告人明明可以一拳将被害人打倒，终止其侵害，却选择了一刀使其毙命的方式。不法侵害尚未结束，不论被告人实行几个行为，都是质的过当。如【事例2】X针对A的攻击实施满足正当防卫条件的第一反击行为后，在A尚未被制服的情况下实施了第二反击行为，但第二反击行为超出了必要且相当的范围。由于不法侵害尚未结束，X的防卫过当是质的过当。如果采用全体性评价的视角，第一个行为是否为正当防卫没有意义，因为只要第二个行为超出必要限度，两行为合起来只能评价为一个防卫过当行为。若采用分析性评价，第一个反击行为被评价为正当防卫，第二个反击行为被认为是防卫过当。此时只需追究第二个行为的刑事责任。

一般认为，量的过当是指被告人在侵害的继续过程中实施反击行为，侵害终了后仍然继续实施追击行为。例如，【事例3】Y针对B的攻击实施满足正当防卫条件的反击行为后，在B已失去攻击能力的情况下对其实施了追击行为。由于不法侵害已经结束，Y又实施了追击行为，此时Y的防卫行为就是量的过当。若采用全体性评价，Y的第二个行为已经超出必要的限度，则两个行为被评价为一个防卫过当行为。若进行分析性评价，Y的第一个行为是正当防卫。第二个行为的评价有争议。如果承认量的过当，则第二个行为是防卫过当。如果认为追击行为已经不满足正当防卫的时间要件，则其被评价为单纯的犯罪。

（二）相关最高裁判例

在复数防卫行为的评价上，有四个具有重要意义的判决。

1. 最高裁1959年昭和34年2月5日判决

第一个判决是最高裁在昭和34年2月5日作出的，是关于量的过当的开端性判例，也是唯一一个最高裁正面承认量的过当的判例。被害人手持修葺屋顶用的大剪刀朝被告人实施攻击，被告人为了保护自己，用劈刀朝被害人左侧头部砍了一刀（第一暴行），然后又向摇摇晃晃将要倒地的被害人头部进行追击，朝着横倒在当场的被害人头部砍了三四刀（第二暴行），造成被害人因脑损伤即刻死亡。

一审认为，被告人的第一行为构成正当防卫；第二行为虽然是在急迫的危险已经不存在的情况下做出的，但对危险已经消失欠缺认识，所以是为实现防卫而在一瞬间内继续实施的追击行为，符合《日本盗犯防止法》第1条第2款（该法中无过当防卫的范围更广，偏向保护被攻击一方）的规定，最终宣告被告人无罪。二审则认为，将同一机会中同一个人实施的行为进行区分，分别适用宗旨不同的两个法律，是不符合立法目的的，应将被告人所实施的"一连行为"作为整体认定为防卫过当。

最高裁支持二审的观点，认为"本案中被告人的一连行为作为整体来看，根据其实施时的情况，不能说是《日本刑法》第36条第1款中所言的'不得已而做出的行为'，而是同条第2款中所言的'超过防卫程度的行为'"。

2. 最高裁平成9年6月16日判决

被告人在公用的厕所小便时，被害人突然从其背后用铁管殴打了被告人头部一次，被告人将铁管夺过来后用该铁管打了被害人头部一次（第一暴行），然后两人扭打在一起。由于被害人从被告人处将铁管抢回，挥动铁管将要殴打被告人，被告人逃出厕所。此时，追击被告人的被害人控制不住势头，上半身前倾冲出二层建筑物栏杆的外侧，被告人提起被害人的一只脚使其跌落在约四米之下的水泥道路上（第二暴行），被害人受到需入院治疗约3个月程度的伤害。

一审认为，被告人的第一暴行成立正当防卫，但实施第二暴行时，被害人已经停止攻击，被告人此时也没有防卫的意思，成立伤害罪。二审认为，虽然第一暴行不成立防卫过当，但其实施第二暴行时急迫不正的侵害已经终了，被告人也不具备防卫意思。此外，两个行为是在同一机会里实施的"一连行为"，而且第二暴行造成的伤害比第一暴行造成的伤害更加重大，是最终伤害结果的主要部分。所以，被告人实施的行为整体上成立一个伤害罪，没有承认防卫过当的余地。

最高裁认为，被告人在实施第二暴行时，被害人对被告人所实施的急迫不正侵害仍在继续，被告人仍然具备防卫意思。理由是：被害人对被告人进行的是执拗的攻击；加害被告人的意欲旺盛且强固；尽管被害人使其上半身立即从栏杆外侧恢复体势到栏杆内侧有困难，但如果没有被告人的第二暴行，被害人很有可能不久就会恢复体势并追击被告人，再次展开攻击。被告人所实施的一连串暴行从整体上看超过了不得已而为之的程度，成立一个防卫过当。

3. 最高裁平成 20 年 6 月 25 日决定

被告人受到被害人甲的殴打，转而殴打甲的面部时，由于甲将铝制的烟灰缸投向被告人，被告人又继续殴打甲的面部致使甲跌倒后不能动弹（第一暴行）。然后，被告人在充分认识到甲像是失去了意识那样一动不动仰面倒地这一状况下，激愤难平，又用脚踢甲的腹部等处使其负伤（第二暴行）。最终，甲死亡，但死因在于第一暴行。

一审认为，被告人的行为作为整体构成一个防卫过当，成立伤害致死罪。二审认为，第一暴行成立正当防卫，但第二暴行没有成立正当防卫及防卫过当的余地，成立单纯的伤害罪。被告方在二审后的上诉意见中指出，第一暴行与第二暴行不应分断，而应作为一体的行为予以评价，既然前者成立正当防卫，那么就应当就行为全体认定为正当防卫，从而无罪。

最高裁支持二审判决，认为：因第一暴行而跌倒的甲，不具有对被告人继续做出侵害行为的可能性，被告人在认识到这一点的基础上，完全是基于攻击的意思实施第二暴行的，因此，第二暴行明显不满足正当防卫的要件。尽管两个暴行在时间、场所上是连续的，但在甲的侵害是否具有继续性以及被告人是否具有防卫意思这一点上，其性质明显不同。被告人是在做出前述行为的基础上，对处于抵抗不能状态的甲实施了行为样态相当激烈的第二暴行，这之间应该说存在着断绝，因此难以认定是在针对急迫不正的侵害继续实施反击时，反击行为在量上过当的情形。全体性地考查两个暴行，认定成立一个防卫过当是不合适的。对于构成正当防卫的第一暴行，不能追究其刑事责任；但是第二暴行本来就不成立正当防卫，也没有防卫过当的余地，对于由该行为使甲所负伤害，被告人应当承担伤害罪的责任。

4. 最高裁平成 21 年 2 月 24 日决定

该决定引发很大争议，基本案情是：因违反兴奋剂取缔法被起诉且被羁押在拘置所内的被告人，在该拘置所的房间内与同处一室的被害人发生口角。被害人将折叠起来的榻榻米长桌朝向被告人推翻，撞上被告人左脚后，作为反击，被告人将该长桌推了回去，撞上被害人的左手（第一暴行），造成被害人左中指肌腱断裂及左中指挫伤（治疗该伤害需要约三周时间），然后又实施了用拳头数次殴打被害人面部等暴行（第二暴行）。

一审认为，被告人在实施第一暴行时，被害人的行为已经终了，难以认定对被告人的身体而言，还存在着急迫的侵害；此外，作为对被害人挑拨性言行的回应，被告人完全是出于攻击的意图实施其暴行的，因此，不存在防卫的意思；最终，无论针对哪个暴行，都应否定正当防卫的成立。

二审认为，各暴行都是在具有防卫意思的情况下做出的，第一暴行作为针对急迫不正侵害的防卫手段，具有相当性；第二暴行则超出了作为防卫手段的范围。这些暴行是针对被害人实施的急迫不正侵害，在时间上与场所上都接连在一起的一连一体行为，应就整体进行判断，而不应该将这些行为分段开来进行评价。各个暴行作为一个整体来看超过了为实现防卫而不得已为之的程度，所以应当将被告人实施的暴行评价为一个防卫过当行为。考虑到单独评价与本案伤害结果具有直接因果关系的第一暴行，其具有作为防卫手段的相当性，所以将其作为应酌情考虑的情节。对此，被告人及辩护人在上告意见中认为：被告人的第二暴行没有超过正当防卫的程度，作为防卫手段具有相当性。假使被告人的第二暴行作为防卫手段超过了相当性的程度，也不应认定伤害罪成立。理由在于，被告人的第一暴行作为针对急迫不正侵害的防卫手段，具有相当性，因此第一暴行不是具有违法性的行为。而被害人的伤害是由被告人的第一暴行造成的，亦即由不具有违法性的行为造成的。

因此，针对不具有违法性的行为所产生的结果，当然不能追究被告人的刑事责任，不能将不具有违法性的第一暴行与之后的第二暴行一体化，使第一暴行的违法性复活。从而，即便假定第二暴行是防卫过当的行为，那么也没有成立伤害罪的余地，只不过成立暴行罪。最高裁支持二审的判断，认为被告人对被害人施加的暴行是基于同一个防卫意思，针对急迫不正侵害作出的一连一体的一个行为，对其进行全体性地考察，作为一个防卫过当行为成立伤害罪是合适的。上告意见中提出的观点，作为对被告人量刑时有利的情节来考虑足矣。

5. 最高裁在复数防卫行为评价上的基本立场

以上四个判例表明，最高裁基本承认量的过当。无论是质的过当，还是量的过当，在复数行为场合，根据判例的立场，只要满足相应条件，都能通过全体性评价认定复数行为成立一个防卫过当。为进行全体性评价，最高裁提出的标准大体而言有三个，即客观上急迫不正侵害继续存在；复数行为具有时间、场所上的连续性；主观上具有连续的防卫意思。

第一个标准有违最高裁承认量的过当属于防卫过当这一基本立场。第二个标准也非决定性的。在平成 20 年的最高裁决定中，裁判所认为即便两个行为有时间、场所上的连续性，但第二个行为不存在防卫意思，所以两个行为不能放在一起评价。最重要的标准是有无连续的防卫意思。

以下通过事例检验上述标准。【事例 2】[1]是所谓质的过当。如果在该事例中采用以上三个标准，最高裁会认为事例符合标准，采用全体性评价，X 成立一个防卫过当。【事例 3】[2]是量的过当。对于 Y，如果此时有连续的防卫意思，应认定为一个防卫过当；如果无连续的防卫意思，则反击行为被评价为正当防卫，追击行为成立单纯的犯罪。因而，按照最高裁的意见，以下情况不可能出现：部分行为成立正当防卫，部分行为成立防卫过当。

(三) 全体性评价与分析性评价

对于复数防卫行为，到底应该采用全体性评价还是分析性评价？判例引发了学界的进一步争论。

1. 争论的起源：量的过当是否属于防卫过当？

日本旧刑法明确规定量的过当是防卫过当。新刑法虽删除了相关条文，但立法理由书没有明确表示否定量的过当是防卫过当。后续的司法判决和学者著述中均将量的过当认定为防卫过当。那么，为什么防卫过当可以减轻或免除处罚？学界大体有四种看法：(1) 责任减少说认为，防卫人在实施防卫行为时，由于遭受了急迫的不法侵害，所以容易产生精神上的动摇，期待可

---

[1] X 针对 A 的攻击实施满足正当防卫条件的第一反击行为后，在 A 尚未被制服的情况下实施了第二反击行为，但第二反击行为超出了必要且相当的范围。

[2] Y 针对 B 的攻击实施满足正当防卫条件的反击行为后，在 B 已失去攻击能力的情况下对其实施了追击行为。

能性减少，从而难免作出过当行为。（2）违法减少说认为，防卫过当与正当防卫一样，也是针对急迫不正的侵害，通过防卫行为保护了正当利益，所以与通常的犯罪行为相比，违法性减少了。（3）违法且责任减少说（重叠并用说，多数说）认为，作为刑罚减免的必要前提，要求行为的违法性减少；此外，在实际判断是否要减免，尤其是能否免除刑罚时，必须依据情节，综合考虑违法减少与责任减少两个方面。（4）违法或责任减少说（择一并用说）则认为，无论是违法减少还是责任减少，只要其减少的程度能够达到减免刑罚的程度即可。责任减少说会肯定量的过当，违法减少说会否认量的过当。但通说违法且责任减少说承认量的过当。全体性评价最初是为了说明量的过当中作为减免处罚依据的违法减少。单纯地考查追击行为，很难说明存在更值得保护的利益。只有全体的评价才符合违法减少。

2. 全体性评价的问题："违法性复活"

我们通过几个事例反映"违法性复活"的问题。第一个事例：【事例4】X对被害人实施了两个伤害（反击）行为，被害人最终死亡。但不能查明致死伤是由哪个反击行为造成的。如果单独评价第一个反击行为时，符合正当防卫的要件。如果采用全体性评价的视角，X造成了过当的结果，死亡行为归因于其行为，最终X被认为防卫过当，承担故意伤害致人死亡的罪责。此时的法院判决可能会违反存疑有利于被告的原则。

第二个事例：【事例5】对于丙的不法侵害，甲与乙共同实施了符合正当防卫的第一反击行为，在乙离去的情况下，甲又对丙继续实施了第二反击行为乃至追击行为。如果甲的复数行为满足条件，可以全体性地评价为一个具有违法性的防卫过当。在共同犯罪的情形中，乙要承担防卫过当的责任，但这种结论不妥当。

全体性的评价最初是通过扩大防卫过当行为的范围，使被告人更多地享受减免处罚的量刑优惠，本身对被告人是有利的。否定防卫过当的结果本应是被告人的罪责变重，但按照判例（全体性评价）的见解，否定防卫过当却出现了在罪名乃至量刑上反而变轻的奇妙现象。这是因为将没有违法性的行为（第一反击行为）与具有违法性的行为（第二反击行为或追击行为）在"违法性层面"进行了全体性评价。

3. 全体性评价的理由

很多学者和实务人员写文章支持最高裁的全体性评价。理由如下，但不同程度地存在漏洞：第一个理由是在犯罪论体系上，前一阶段对作为判断对象的行为作出的评价对后一阶段具有拘束力。该理由不能成立，因为作为违法性判断对象的事实不等于影响违法性有无及强弱的事实。正当防卫中的行为本身就不是犯罪行为，将其纳入考虑不太妥当。而且，之前没有哪个理论这样认为：前一阶层是一个行为，后一阶层就必须是一个行为。第二个理由是采取全体性评价可以在不能查明超过防卫程度的结果是由哪个行为造成时，也能追究刑事责任。该观点违反"存疑有利于被告人"的原则，造成怠于甚至阻碍搜集相关证据的倾向。第三个理由是为了彰显防卫过当与单纯犯罪行为的不同。但我们不能断言防卫过当的判断对象必须包含构成正当防卫的部分。第四个理由是在单纯的一个行为构成质的过当的场合，根本不能将这个单纯的行为再进行分割。复数防卫行为应同理判断。但在这种场合本来也谈不上是进行了全体性评价，也不存在追究"正当防卫"刑事责任的问题。而复数防卫行为时，追究了正当防卫的刑事责任。第五个理由是用罪数反推行为数量。在第一反击行为本身就是防卫过当的场合，即便之后继续实施了多个反击或追击行为，最终仍应全体性评价为单纯一罪或者包括一罪。但是，正当防卫本来就不是犯罪行为，自始欠缺纳入罪数考虑的前提。

最有力的理由是：全体性评价能够说明反击或追击行为得以评价为防卫过当的前提条件：在每个防卫行为单独都具有相当性，但合在一起却能被评价为超过防卫程度的场合，追究防卫过当的刑事责任。但以上理由并不足以证明被告人需对正当防卫行为造成的结果承担责任，并不必然推导出各行为是"正当防卫"还是"防卫过当"这样的违法性判断。

4. 分析性评价的观点与问题

分析性评价认为应针对各个行为分别考查是否满足成立犯罪的条件，是否具备减少或者排除犯罪性的事由，避免了全体性评价带来的"违法性复活"的问题。但在证据能够证实，每个防卫行为单独都具有相当性，但合在一起却能评价为超过防卫程度的场合，会导致难以追究防卫过当的责任。

第二个问题是，仅仅通过责任减少，难以说明量的过当需要特别减免刑罚，防卫过当的成立根据不同于防卫过当的减免处罚根据。

第三个问题是，分析性评价限缩防卫过当的适用，容易使某些防卫过当被评价为犯罪，否定了量的过当，与日本通说不符。分析性评价的运作结果与全体性评价一样，不会出现以下结果：部分行为成立正当防卫，部分行为成立防卫过当。

5. 复数防卫行为的评价阶段与评价视角

两种观点都没有区分犯罪评价的阶段，在犯罪评价体系中自始至终地贯彻了单一的评价视角。我认为，各个犯罪评价阶段有着各自需要解决的问题，前一犯罪评价阶段得出的结论不过是后一犯罪评价阶段的素材或前提而已，前者对后者并没有绝对的约束力。

具体而言，在（前）犯罪构成要件阶段宜采用全体性评价的视角，通过将过当的反击或追击行为与成立正当防卫的反击行为相连，描述出前者之所以能特别地依据防卫过当的规定减免处罚的前提要件，即防卫行为性或防卫现象性。而这种防卫行为性或防卫现象性主要是通过连续的"防卫意思"来支撑。在违法性（乃至责任）评价阶段，则宜针对正当防卫与防卫过当进行分析性评价，分别确定其违法性（乃至责任）的有无及大小。

在上述【事例2】[1]和【事例3】[2]中，当 X 与 Y 的第二行为是在与第一行为具有连续性的防卫意思下作出时，应当将各自的第一行为认定为正当防卫，将第二行为认定为防卫过当。在【事例5】[3]中，甲和乙都不需要对第一反击行为造成的结果承担刑事责任。

在平成 21 年的案件中，第一暴行成立正当防卫，被告人无须对该暴行造成的伤害结果承担责任；另一方面，第二暴行成立暴行罪，且是满足防卫过当要件的暴行罪，可以减免处罚。由此，在一个案件中，可能出现这样的结果：部分行为成立正当防卫，部分行为成立防卫过当。

---

〔1〕 X 针对 A 的攻击实施满足正当防卫条件的第一反击行为后，在 A 尚未被制服的情况下实施了第二反击行为，但第二反击行为超出了必要且相当的范围。

〔2〕 Y 针对 B 的攻击实施满足正当防卫条件的反击行为后，在 B 已失去攻击能力的情况下对其实施了追击行为。

〔3〕 对于丙的不法侵害，甲与乙共同实施了符合正当防卫的第一反击行为，在乙离去的情况下，甲又对丙继续实施了第二反击行为乃至追击行为。

6. 总结

全体性评价存在"违法性复活"的问题，不足取。分析性评价忽视了防卫过当行为与正当防卫行为之间的连续性，不当限制了防卫过当的成立范围。个人的看法是区分阶段评价，在（前）犯罪构成要件阶段采用全体性评价的视角，在违法性（乃至责任）的评价阶段，采取分析性评价的视角。

（四）今后的课题

日本最高裁采用全体性评价的关键标准是连续的防卫意思，而防卫意思的含义是什么？站在结果无价值论的立场，成立正当防卫不需要防卫意思。但如果不需要防卫意思，应该如何解释最高裁的一系列判决？或者说两处的防卫意思含义不同？

平成9年的判决中有"侵害继续性"的判断，继续性的标准和急迫性的标准有什么区别？是否更为缓和？德国的判例中也比较宽松地看待急迫性的要件，将我们看来超过时间限度的认为没有超过限度，实际上将量的过当的情形转化为质的过当，也扩大了防卫过当的适用范围。

我国《刑法》第20条第2款更加强调防卫结果的相当性，更加重视防卫过当与正当防卫之间的连续性，对防卫过当的处理是"应当"而不是"可以"减免处罚。因而，在我国一旦成立防卫过当，必然会减免处罚，防卫过当的成立根据等同于防卫过当的减免处罚根据，这一点与日本不同。

另外，在我国要不要承认量的过当？我认为，追击行为不满足时间要件的，也可以解释为"明显超过必要限度"。进一步的，如果超出必要限度的追击行为没有"造成重大损害"时，成立单独的防卫过当，还是单纯的犯罪，抑或与先行的正当防卫行为合起来进行全体性评价，成立一个正当防卫（或防卫过当）？

另外，即便我国不承认量的过当，是否可以像日本、德国那样，通过缓和防卫的时间性要件，将相当于量的防卫过当转化为质的防卫过当来处理？

最后，区分犯罪评价的阶段采用不同的评价方法，可能出现如下问题。这次报告讨论的主要是在（前）犯罪构成要件阶段，将所有行为看作一个行为，然后在违法性判断时分开判断。但之后还有责任阶段，这个阶段能否将所有行为再合起来，看作一个行为？如A攻击B，后者反击，并继续追击。

当实施追击行为时，B 突然丧失心智，没有责任能力。在责任阶段，为了让 B 为过当的结果负责，是否要适用原因自由行为理论，将其追击行为与前面的反击行为看作一个行为？这样一来，在违法性阶段被分开评价的行为在责任阶段又被合在一起了。这样的处理是否过于技巧化了？

以上是我不成熟的见解，谢谢大家！

三、嘉宾与谈

主持人：王　蔚（中国政法大学法学院副教授）

非常感谢曾老师的精彩讲述，"一连行为"解决一个行为还是多个行为的问题是贯穿整个讲座的主线，这就产生了全体性评价还是分析性评价两种方法的取舍问题，接着曾老师从日本最高裁四个案例切入，表明日本最高裁的立场，即他们依然采取全体性评价的方式。

在这个基础上我发现了四重危机：第一个危机是价值危机，量的防卫过当到底是追求量刑减免还是违法性复活？第二个危机是刑事诉讼的危机，比如说检察官的起诉裁量权会增大。第三个危机是实体刑法危机，在最后阐释自己的观点时，曾老师也提到我国《刑法》第 20 条的解释会存在前后矛盾，法官该如何考量的情形，请各位老师在下面的点评中若有可能也回应下这个问题。第四个危机是学说与判例之间的危机，日本是大陆法系国家，但是"一连行为理论"是通过判例形塑的，但是学说又反过来对判例批评，这就牵扯到如何判断判例效力的问题。

首先欢迎第一位与谈人清华大学王钢老师，期待王老师今天继续进行多角度点评。

与谈人：王　钢（清华大学法学院副教授）

感谢论坛的邀请，感谢曾老师精彩的报告。通过曾老师对于日本刑法判例及相关理论的介绍，让我对日本刑法有了初步的认识，接下来就曾老师的报告谈以下几点。

第一，关于"一连行为"理论。在德国也有与之相关的讨论，不过将与之对应的德文翻译过来为"自然的单一行为"。该理论主要运用于罪数领域，其含义大概是：行为人在同一意志支配之下，在紧密的时间和空间范围内连续实施的多个行为应当在法律上被评价为一个行为，对这里多个行为所触犯的罪名应当按照想象竞合的方式进行处理。在德国比较经典的案例是，被告人在逃避警察追捕的过程中，先将路人撞倒摔伤，而后将商贩的摊子掀翻，最后又驾驶汽车在道路上逃窜。单独分析被告人的每一个行为，可能分别构成故意伤害罪、故意毁坏财物罪和危险驾驶罪。然而，德国联邦最高法院认为，尽管被告人的每个行为都构成犯罪，但是其一系列的行为都是在为了逃避警察追捕这一个意志支配之下作出的，而且这些行为是连续发生的，具有时间和空间上的紧密联系性，因此认定属于同一行为，按照想象竞合的方式进行定罪处罚。

这一案例引发了德国学界对于"自然的单一行为"的讨论。就我的观察来看，尽管德国学界和判例大体都赞同有关"自然的单一行为"的基本原则，但是在将之适用于具体的案件时，还是存在一定的混乱。首先，在类似的案件中，德国联邦最高法院并没有全面坚持这一原则，而是在有些案件中采用了数罪并罚。其次，在涉及具有高度个人性的人身法益时，这一原则往往无法适用。例如，被告人基于同一意志，在火车车厢中连续杀害了多人时，虽然符合"自然的单一行为"理论的适用前提，但却难以基于该理论认定被告的多个杀人行为构成想象竞合。

第二，关于防卫过当的分类和法律适用。《德国刑法》第 33 条规定了防卫过当，但是其只涉及部分的防卫过当情形，即由于慌乱、恐惧、惊吓而防卫过当的，不负刑事责任。在德国，如何认定防卫过当，与日本类似，也分为质的防卫过当和量的防卫过当。不过按照德文直接翻译为"强度上的防卫过当"和"外延上的防卫过当"。对于质的防卫过当，可以适用第 33 条的规定，但是对于量的防卫过当是否适用上述规定，学界存在争议。通说采用"折中说"，将量的防卫过当区分为事前的防卫过当与事后的防卫过当。事前的防卫过当是指，事实上从一开始就不存在不法侵害，但是防卫人却认为存在不法侵害而实施了过当的"防卫行为"。由于此时不法侵害并不存在，该行为根本不能被称为防卫，因此，通说观点认为事前的防卫过当不适用《德国刑法》第 33 条的规定。事后的防卫过当则是指，不法侵害确实存在，但防卫人在不法侵害消除之后还继续实施"防卫行为"。防卫人在防卫过程中并不知道不法侵害何时消除，而继续实施"防卫行为"的，通说认为这属于防卫过当。如果这种过当是由于慌乱、恐惧或惊吓而引起的，则适用《德国刑法》第33条的规定。从某种意义上来说，德国通说采用了与日本"一连行为"理论类似的立场，将事后的防卫过当与之前的防卫行为（正当防卫行为）一体评价。

第三，对于报告可能存在的不足。报告涉及内容较多，"一连行为"理论和"防卫过当"二者本身比较复杂，二者结合起来分析，很具有挑战性。在我看来，曾老师的报告对于核心问题已经阐述得相当清楚了，但其中似乎还遗漏了一个环节，即对于防卫过当的认定问题。可能这不是核心问题，但是缺少这一环节，对于报告中案例的理解会令人感到疑惑。例如在最高裁平成9年6月16日判决[1]的案件中，被告人的行为似乎应当构成正当防卫，而非防卫过当。

另外，在报告的过程中，曾老师提到一个观点，即单个防卫行为不构成防卫过当，但是多个防卫行为结合在一起就会构成防卫过当。对于这一点我存在疑惑：为何单个正当的行为结合在一起会变成不正当的行为？在"打十拳"的例子中，防卫人对不法侵害人连续打了十拳，最终造成了防卫过当的结果，但是"拆开"来看，必然是防卫人在打某一拳的时候已经达到了过当界限，不可能每一拳都没有达到防卫过当的程度。因此，这一例子和观点有待完善和思考。

第四，对于量的防卫过当的评价视角。个人倾向于采用"一连行为"理论，主要在于其最大的优点是有利于在实务中认定。如果将防卫行为"拆分"，实务中很难确定防卫人的防卫行为究竟于何时达到了过当的程度。如果从整体的角度进行评价，则可以避免这一问题。曾老师认为采用全体性评价存在的最大问题是"违法性复活"，在我看来，这并不是重大问题。因为在防卫过当的场合，不可避免地会将原本构成正当防卫的行为作为防卫过当予以

---

〔1〕 被告人在公用的厕所小便时，被害人突然从其背后用铁管殴打了被告人头部一次，被告人将铁管夺过来后用该铁管打了被害人头部一次（第一暴行），然后两人扭打在一起。由于被害人从被告人处将铁管抢回，挥动铁管将要殴打被告人，被告人逃出厕所。此时，追击被告人的被害人控制不住势头，上半身前倾冲出二层建筑物栏杆的外侧，被告人提起被害人的一只脚使其跌落在约四米之下的水泥道路上（第二暴行），被害人受到需入院治疗约3个月程度的伤害。

评价。例如，面对不法侵害，防卫人本来可以通过实施致不法侵害人轻伤的防卫行为制止侵害，但防卫人的防卫行为却致不法侵害人重伤。这样的情形下，防卫人构成防卫过当，但却不可能在重伤的范围之内将构成轻伤的部分予以排除而只评价剩余部分，而只能将造成重伤的防卫行为整体评价为防卫过当。因此，"违法性复活"天然存在于防卫过当之中，只要认定防卫过当，就必然存在这一问题。之所以对防卫过当的行为在量刑时应当减轻甚至免除处罚，其实也正是考虑到了这一点。因此，以"违法性复活"质疑"一连行为"理论，值得商榷。

另外，对于结果无价值论不要求防卫意思，是否还能适用"一连行为"理论的问题。在我看来，回答是肯定的。只要是在同一个意思支配之下，在时间和空间上具有紧密联系的各个行为，就可以在法律上认定为一个行为。至于此时防卫人是否是出于"防卫"意图实施行为，对于"一连行为"的认定并无影响。因此，结果无价值论与"一连行为"理论没有矛盾。

主持人：王　蔚（中国政法大学法学院副教授）

王老师的评议完成了日语环境向德语环境的转换。从中我发现德国的理论体系从自然单一行为、同一个意志、连续性到想象竞合是完备的，但是在适用的过程中也存在一罪和数罪在司法上的困惑。王老师又从事前、事后的角度剖析出德国类似日本最高裁的立场，即也是采取全体性或整体的分析，此外对曾老师也提出商榷，就是防卫过当的决定认定是否在文章上有所疏漏，这个需要曾老师结合最高裁平成9年6月16日判例作出回应。

最后王老师提出了一个疑惑和一个延伸，疑惑是指多个正当防卫行为能不能构成曾老师说的防卫过当，延伸是违法性复活本身就是防卫过当可能天然带有的而且这恰好增加了量的防卫过当在司法实务中的有效性。再次感谢王钢老师。

下面有请李强老师。

与谈人：李　强（中国社会科学院法学研究所助理研究员）

感谢论坛的邀请。我觉得曾老师的报告可能存在方法论上的问题。从阶层犯罪论的角度看，无论是正当防卫还是防卫过当的判断，都应当先对案件事实作构成要件阶层的判断，此时不考虑"急迫不正的侵害"这一因素，仅仅看作为侵害行为的防卫行为本身是否符合犯罪的构成要件。如果防卫行为本身符合犯罪的构成要件，则推定其具有违法性。然后，在违法性阶层再加入"急迫不正的侵害"这一要素，考虑是否成立正当防卫阻却违法性，或者是成立防卫过当从而从宽处罚。也就是说，构成要件阶层的判断是类型化的；反之，违法性阶层的判断是非类型化的。在日本最高裁昭和34年2月5日判决[1]所展示的案例中，如果查清被害人的死亡结果是由被告人的第一暴行造成的，死亡结果就可以直接归属于第一暴行；第二暴行则是另外一个侵害行为，应单独评价。即，在构成要件阶层，评价结论为：第一行为是故意伤害致死，第二行为是故意伤害未遂。这似乎是采取了分析性评价。

接下来，在违法性阶层，则加入"急迫不正的侵害"这一因素，考虑被告人是否成立正当防卫或者成立防卫过当。由此，得出的判断结论是，第一暴行是在防卫人遭到急迫不正的侵害时作出的，是正当行为，不具有违法性。因此，在违法性的评价上，不可能将正当行为造成的结果当作违法性结果进行评价（以不构成质的防卫过当为前提），故第一暴行构成正当防卫。对于第二暴行，则考虑是否有成立量的防卫过当的可能。

也就是说，由于违法性阶层的判断不是类型化的，所以，在构成要件阶层，是采用全体性评价还是分析性评价，其实是无所谓的，不会影响违法性阶层的判断结果。比如，假设上述案例中，被告人连续实施的两个防卫行为，查不清是哪一个行为造成了被害人死亡，那么，在构成要件阶层的判断上，因为死亡结果必然是由两个行为中的某一个造成的，或者是由两个行为共同造成的，故可以认为被告人造成了死亡结果，构成故意伤害致死，此时似乎采取了全体性评价。

但是，在违法性阶层的判断上，因为加入了"急迫不正的侵害"这一因素，之前在构成要件阶层认定的结果的因果归属在结果的不法归属上就产生了疑问，即死亡结果有可能是正当行为（第一暴行）造成的，这样就可以否定被告人第一行为的违法性（事实存疑时有利于被告）。对于第二暴行，也仍然可以讨论是否有可能成立量的防卫过当。这与前面采取分析性评价时的判

---

[1] 被害人手持修葺屋顶用的大剪刀朝被告人实施攻击，被告人为了保护自己，用劈刀朝被害人左侧头部砍了一刀（第一暴行），然后又向摇摇晃晃将要倒地的被害人头部进行追击，朝着横倒在当场的被害人头部砍了三四刀（第二暴行），造成被害人因脑损伤即刻死亡。

断结论是没有差别的。

总之，如果严格贯彻阶层犯罪论的方法论，对案件事实作阶层性评价，那么，在构成要件阶层，无论采取全体性评价还是分析性评价，都不会影响违法性阶层的判断结论。这是因为二者的判断素材是不一样的；二者的判断内容也是有区别的，一个主要是归因性的归属判断，一个主要是不法性的归属判断。既然二者的判断存在质的区别，自然也就不存在谁决定谁的问题，采取不同的评价视角自是理所当然；没有必要非得说构成要件阶层的判断采取分析性评价才合理，只有采取分析性评价，才不至于在违法性阶层的判断上出现不合理的结论。

主持人：王　蔚（中国政法大学法学院副教授）

李老师认为方法的区分不应该产生，因为按照阶层构成要件说第一阶层是归因性判断，第二阶层是不法归属判断，它们可能不在一个位阶上，所以曾老师说的违法性上的判断不影响结果的判断。曾老师的文章本身就是对方法立场上的再展示，从而得出自己的分阶段理论判断观点，从这个方面来说，李强老师的点评确实对曾老师理论的后续判断产生了冲击，请曾老师予以回应。

下面有请冯威老师。

与谈人：冯　威（中国政法大学法学院讲师）

感谢论坛的邀请！我首先谈一下对于题目的看法。曾老师的报告将刑法中两个经典的理论融合起来，是否存在问题？一方面，"一连行为"理论是有关行为的理论，在罪数领域发展得已经比较完善了；另一方面，正当防卫理论，涉及防卫过程中的行为区分问题。在我这个刑法学的外行看来，这里涉及两个方面的问题，单独讨论犯罪行为的数量和罪数问题是比较容易理解的，单独考虑正当防卫过程中多个防卫行为是单独评价还是整体评价的问题，也是比较容易理解的，但是，将涉及罪数的理论迁移到防卫行为的讨论中，给人的感觉是比较混杂。

费舍尔在《德国刑法评注》中还提到了"假想防卫"。假想防卫与量的防卫过当，或者说，假想防卫与事后的防卫过当是什么关系呢？我进行了一些思考。假想防卫可能存在这样的情况：第一，防卫人主观认为不法侵害正在进行，而采取防卫行为，但事实上并不存在不法侵害；第二，防卫人主观认为自己的防卫行为是适当的，但是在客观上并不适当。两者都属于主观上认识错误。而假想防卫究竟属于正当防卫还是防卫过当，在德国也存在争议。在很多情形下，假想防卫可以被直接界定为过失伤人或过失致人死亡，这个时候根本不需要考虑防卫是否过当，因为其本身就不构成防卫。我的想法是，是否要将假想防卫加入到报告的框架之中，作为一个相对独立的章节。

另外，对于防卫是否过当的讨论，让我联想到了宪法上对于比例原则的讨论。事实上，二者存在一定的关联，宪法上比例原则的适用确实借鉴了刑法上违法阻却审查模式的适用。首先，在刑法上要判断是否存在一个不法侵害，与之类似，宪法上也要判断是否存在一个国家行为对公民的基本权利造成了侵害。其次，二者均要判断侵害行为的形式违法性或违宪性。接下来，进入实质的适当性、必要性以及狭义比例原则的权衡阶段。总之，对于防卫行为界限的讨论与宪法上的比例原则的适用存在很多通约之处。不过，曾老师的报告中存在一处小小的缺失，即正当防卫与防卫过当的界限认定标准，并没有在报告中体现。但是，报告却突出体现了我认为比较重要的一点，即比例原则适用的认知方面。防卫人在进行防卫时要有防卫意思，要对自己的防卫行为与制止不法侵害之间所采取的手段是否适当、必要具有一定的认识，还要认识到不法侵害正在进行。这一点在宪法上比例原则的适用过程中或许是比较薄弱的。在审查国家行为是否侵犯公民基本权利时，宪法学的研究可能没有充分考虑到国家在制定法律时对于是否会限制公民基本权利的认知问题。比如，制定一部保护环境的法律，可能限制公民出行的权益，这要考虑到法律制定者是否以及在多大程度上认识到了法律或政策的制定会造成公民基本权利的减损，这需要得到相关的专家意见和统计数据支持，需要进行立法评估等一系列工作。认知的问题应当纳入到比例原则适用时的考量因素之中。由此，刑法中所进行的一些精细化的思考也值得宪法学的借鉴。

主持人：王　蔚（中国政法大学法学院副教授）

我本以为冯老师在批评刑法，但实际上是在"隔空批评"宪法。冯老师开始把自己放在"进攻者"的姿态，营造部门宪法的氛围，但是慢慢落入刑法教义的"窠臼"，去"歌颂"刑法教义学的精细化，并试图从国家行为、被告人行为这种相关性的层面探讨宪法与刑法并进的可能，在此我们可以回溯到 2012 年刑法年会的主题"宪法与刑法的关系"。

而且，王钢老师在《出于营救目的的酷刑与正当防卫——战后德国最具争议之刑法问题评析》一文中也提到宪法中人性尊严是防卫行为的伦理限制，从而将营救酷刑排除在正当防卫的适用范围。所以，未来我们也可以在这些细节地方进行不同学科的合作。冯威老师有着深厚的德国教育背景，王钢老师也做了一个很好的德国刑法学引领。

下面有请在刑法与刑事诉讼法学界穿梭的黄河老师。

与谈人：黄　河（中国政法大学比较法学研究院讲师）

感谢论坛的邀请。刚才王钢老师从德国刑法的角度介绍了防卫过当的类型，由于我不了解日本刑法，不知道日本刑法中使用质的防卫过当和量的防卫过当是出于何种考虑，但是从德文的翻译来看，质的防卫过当是指超过了正当防卫的必要性的行为，而量的防卫过当如曾老师重点介绍的一样，主要是由于并满足正当防卫的时间性要求，要么行为人进行了事前的过当防卫（不法侵害尚未开始），要么行为人事后进行了所谓的"防卫"行为（不法侵害已经结束）。

对于量的防卫过当，我个人存在一点困惑。防卫人实施第一个行为可能基于防卫的意图，那么接下来所实施的行为能否认定其也基于防卫的意图？刚才也提到事后的防卫过当可能存在当不法侵害已经结束，防卫人并没有意识到这一事实，仍然进行"防卫"的情况。这种情况下，如果从德国法的角度来看，可能与所谓的"假想防卫"的情况较为接近。对于假想防卫的处理，理论上存在重大分歧，即所谓的"容许性的构成要件错误"，对此，至少存在五种不同的理论观点，其中要么排除行为人的故意，按过失犯罪处理，要么排除或减轻罪责。这些处理结果都非常有利于行为人，换言之，对于量的防卫过当，并不一定就得认定为故意犯罪。

此外，其实还存在一种可能，防卫人知道不法侵害已经不存在，反而基于其他的意图（即行为人在《德国刑法》第 33 条防卫过当所规定的"慌乱、恐惧、惊吓"的情形下，采取的过当行为还或多或少带有一点点"报复"的意图）继续实施所谓的"防卫行为"，从而造成严重的后果，这样的情况下如何认定和处理？这种情况显然与第一种情况在性质上存在一定的差异，这里是否能够直接适用第33条防卫过当的规定，理论上也存在争议，但主流学说认为是可以适用的。

另外，日本刑法是如何理解"违法性"这一概念呢？报告中提到了日本刑法中作为防卫过当可以减免处罚根据的几种学说，有"违法减少说""违法且责任减少说""违法或责任减少说"等，其中提到了"违法性减少"。在我看来，违法性只存在是否有无之说，而不存在增减之说。例如，杀人行为与强奸行为，其不存在违法性多少的区分，而只存在有无的区分，不过在不法或责任上却可能存在程度上的高低、多少之分。

在【事例5】[1]中，曾老师认为其中可能存在"违法性复活"的问题。在我看来，这无需涉及违法性判断，可能在构成要件的该当性阶段就能解决问题，也就是说，如果将甲和乙的行为视为共同犯罪，甲在乙离开后，继续施暴，可以视为是甲与乙在第一波防卫行为之外的"过限行为"，对于过限的行为则不可能相互归责，因此，对此并不需要到违法性层面进行判断。

最后，在日本对丁量的防卫过当是在"三阶层"理论的哪一阶层进行讨论？在德国，其是在第三阶层进行讨论。如果在罪责阶层进行讨论的话，需要回归到有责性或罪责这一概念本身，首先罪责意味着行为人的个人可谴责性，及行为人能够分辨善恶是非、有机会弃恶从善，但却执意为恶。在这种情况下，该行为才是值得谴责的。其次从惩罚的必要性来看，判断罪责，还需要考虑从一般预防的角度，对行为人个人的惩罚性的需求。而量的防卫过当恰好可以从这两个角度出发，在罪责层面去论证减轻或免除罪责的正当性。

主持人：王　蔚（中国政法大学法学院副教授）

黄老师所说的价值立场对制度设计影响的梳理，包括德国和日本在不同的阶段有不同的追寻，也就是在制刑权、量刑权有不同的价值预设，这也是我的困惑之处。第二是把违法性责任和是否违法做了区分。最后黄老师对曾老师进行了追问，文章是仅从量刑角度还是从贯穿三阶层的角度来论述？非常感谢黄老师。

---

〔1〕　对于丙的不法侵害，甲与乙共同实施了符合正当防卫的第一反击行为，在乙离去的情况下，甲又对丙继续实施了第二反击行为乃至追击行为。

下面有请宁老师。

与谈人：宁势强（ 中国政法大学刑事司法学院讲师 ）

感谢论坛的邀请。本期论坛的题目是关于量的防卫过当的问题，按照我国刑法来理解这一问题，我认为可以对应"正当防卫+事后的假想防卫"。日本对于量的防卫过当采用"一连行为"的理论，而我国尚无此种理论，其结果在量刑方面体现的不同可能是，在我国对被告人将在法定刑幅之内量刑，而在日本则是在法定刑幅之下进行。通过聆听报告和阅读文章，我产生了一些困惑。

首先，对于这篇文章的写作原因在报告和文章中没有找到直接的回答，日本刑法这一理论对于我国的正当防卫理论有何借鉴意义，文章没有明确指出。针对这一问题，我自己进行了一点思考。我国刑法有关正当防卫的理论和规定尚不存在重大问题，但是在实务中，特别是在侦查过程中，我们很难判断不法侵害何时结束。尽管刑法理论中存在各种学说，但在重构过去事件时，我们很难根据这些学说找到一个准确的时间点认定不法侵害已经结束。如果引入日本的这一理论，在一定程度上淡化了正当防卫的时间条件，可能有利于解决上述问题。

其次，从量刑的角度来看，如果引入了量的防卫过当，事实上使得原本应在法定刑幅以内量刑的行为变为在法定刑幅以下量刑，这是否有鼓励公民进行私力救济之嫌。量的防卫过当理论在量刑上给予防卫人减轻或免除处罚的"保障"，实际上会降低防卫人的注意义务，此时防卫人在正当防卫的过程中是否就不用考虑后果了呢？

再次，关于报告中的防卫意思，不知道是否包含防卫意志和防卫认识这两个方面的内容。在实践中，认定正当防卫有两方面的内容是应着重考察的：一是不法侵害何时结束，二是防卫人是否尽到了注意义务。如果引入量的防卫过当这一理论，在防卫人进行防卫的一系列过程中，还应考察其是否一直具有防卫意思，这事实上是增加了控方的证明难度。另外，防卫意思这一概念本身具有很强的主观色彩，在实务中难以判断和认定，据了解，相关工作人员也很少会注意到这一要素的证明问题。我曾试图在裁判文书上查一些认定防卫过当的案例，看看实务中是如何论证主观条件的，但很遗憾我没能找到。况且刑法理论关于正当防卫是否需要防卫意思以及防卫意思具体为何，目前均存在争论，此种情况下量的防卫过当理论中的防卫意思应当如何理解？

最后，由【事例4】[1]相关讨论所引发的一点想法，其实在刑法的学习过程中，所列举的一些案例，在现实生活中根本是不可能发生的。不能查明致死的行为由哪一行为造成的，不法侵害何时结束也无从知晓，自然也不存在量的防卫过当的问题。

主持人：王　蔚（中国政法大学法学院副教授）

宁老师虽然说话很文气，但是点评却不温柔。宁老师刚才讲到正当防卫理论，并提出了侦查阶段不法侵害何时结束以及在量刑上的注意义务，还有在公安办案防卫意思如何证明、曾老师对于案例的选用是不是过于拟制等问题。谢谢宁老师。

下面有请压轴的魏老师从程序法的角度进行"批驳"。

与谈人：魏晓娜（中国人民大学法学院教授）

非常感谢论坛的邀请。与刑法学相比，中国的刑事诉讼法学的理论相对粗疏。原因我想可能有以下两个方面：一是外部原因，刑事诉讼牵涉太多体制性的东西，禁区太多，对于一些在学界被认为是不证自明的道理，在刑事诉讼中需要不断地、反复地进行论证，很多时候也未必有结果，这在一定程度上影响了理论的精细化和纵深化发展；二是可能与刑事诉讼法学本身的性质有关，刑事诉讼法学是一个"接地气"的学科，它必须考虑"落地"和"操作"的问题。例如，前面提到的"打十拳"的例子，刑法可以对其进行"天马行空"式的讨论，但是刑事诉讼法学必须考虑如何操作。比如，如何确定不法侵害人在防卫人打出第几拳时丧失了反抗能力，这在技术上是难以实现的。另外主讲人提到的反击行为和攻击行为，在外在表现上几乎没有什么区别，区别仅在于反击的意思和攻击的意思，如何证明其是出于何种意思，在技术上很难辨识。只能依赖口供，这反而会造成口供主义盛行，引发其他的问题。因此，刑事诉讼法学的发展更多地受制于体制和技术水平。接下来，

---

[1] X对被害人实施了两个伤害（反击）行为，被害人最终死亡。但不能查明致死伤是由哪个反击行为造成的。

回应一下曾老师在报告的过程中提到的几个问题。

第一，关于存在多个犯罪行为，检察机关仅就其中的部分行为进行起诉，法院能否就其他行为进行审理的问题。在"控审分离""不告不理"的原则之下，通常，起诉范围决定了审理范围，这其中涉及对于起诉范围的确定问题。对于起诉范围的确定无非从人和事两个方面进行判断。对人的判断比较简单明确，但是对事的判断则相对复杂。在我国台湾地区，传统坚持起诉不可分原则，相应的理论是"单一事实说"，即凡是在单一事实范围之内，检察机关只要是起诉了其中一部分行为，起诉效力自动及于全部单一事实。单一事实的判断基准则是刑罚权的个数：一个刑罚权成立一个单一事实。关于刑罚权的个数，则与刑法上的"罪数"理论有相通之处，凡是能够在刑法上被评价为一罪的，反射到刑事诉讼法中就属于一个单一事实。例如，一个被告人实施了 10 次盗窃行为，如果检察机关仅对其中的 8 次进行起诉，如果在法院审理的过程中发现了未被起诉的 2 次，因为这 10 次盗窃在刑法上仅成立一个刑罚权，因而属于单一事实，因此即使这 2 次未被起诉，法院也可以审理。

然而，上述理论存在两个重大问题，从而受到了一定的批判。首先，该理论可能造成审理范围的不当扩张，不利于保护辩护权。在上述例子中，如果检察机关仅发现了 2 次盗窃行为从而进行起诉，那么根据"单一事实说"，其他 8 次行为也属于法院的审理范围，这有可能会造成法院审判权的不当扩张，对于被告进行辩护来说，是不利的。其次，从逻辑上看会产生本末倒置的问题。在裁判的过程中评价被告的多个行为在法律上是一罪还是数罪完全是没有问题的。但是，刑事诉讼法上的"起诉不可分""单一事实"理论解决的是起诉的效力范围问题，这种以刑罚权的个数来决定起诉效力范围的方法是以裁判结果反推起诉的范围，这在逻辑上是成问题的。

第二，关于在判决生效之后，发现尚未起诉的行为，该判决既判力是否涵盖这些行为的问题。"起诉不可分"理论解决的是起诉效力范围问题，从而也决定了法院审判的范围问题。但是，如果法院仅对起诉的部分行为作出判决，那么原本具有不可分关系的其他几个行为因为未经法院审判和评价，已经生效的裁判当然不会对这些行为发生效力。上述起诉不可分原则不适用于此种情形。

另外，关于曾老师的报告和文章其实质是进行理论移植，在我看来可能存在一定的问题。其实对于犯罪嫌疑人的多个行为是进行单独评价还是整体评价所讨论的多个行为本身是以刑罚权为基础的，其多个行为都已经构成了犯罪。而曾老师则是将这样的理论移植到讨论防卫过程中的多个行为，这多个行为之中，前面的行为属于正当防卫，不构成犯罪，而后面的行为属于伤害行为，是构成犯罪的。由此来看，该理论所针对的前提是存在区别的，关于理论移植的可行性需要进一步说明和论证。

最后，从刑法对于刑事诉讼法的影响角度来谈一下采用全体性评价和分析性评价两种视角对于刑事诉讼法证明责任的影响。在报告中，曾老师对分析性评价的视角采取了一种相对肯定的态度，我着重分析一下分析性评价的视角对证明责任的影响。全体性评价的视角会产生一个防卫过当，分析性评价的视角可能会产生一个正当防卫和一个伤害行为。采用分析性评价的视角，防卫人所实施的一系列行为会产生两个证明责任。因为在刑事诉讼法中，抗辩者承担证明责任，否定者不承担证明责任。这意味着在刑事诉讼中，检察机关承担举证责任，辩护方主张正当防卫，这属于抗辩，应当由辩护方承担举证责任。因此，在防卫人作出的一系列行为之中，属于正当防卫部分的举证责任由辩护方承担，而属于伤害行为的举证责任则由检察机关承担，同时，检察机关还承担整个案件构成要件意义上证明责任。因此，采用分析性评价的视角产生了三个不同的证明责任，这使得实践操作更加复杂化。

主持人：王　蔚（中国政法大学法学院副教授）

非常感谢魏老师。魏老师开始从外部环境和内部环境描绘了刑事诉讼法学科发展的体制问题以及必须要接地气的限制，并从中延伸出为什么刑事诉讼中口供主义盛行，并试图从曾老师的讲述中找到进一步衔接的地方。魏老师从起诉的范围入手，借用我国台湾地区理论的变迁，从更有利于保护辩护权的角度来剖析我国台湾地区"司法界"如何遏制"审判权"的扩张以及对一罪范围进行更精细化的梳理脉络。

最后魏老师对曾老师的理论提出了质疑，以及阐释了分析性评价视角下证明责任如何分配，因为虽然刑法学者对这个问题可以作出精细的想象，但是落地之后却面临着谁来承担的问题。

四、总结回应

主讲人：曾文科（中国政法大学刑事司法学院讲师）

我简短回答一下，不一定都能回应各位提出的问题，因为问题都挺尖锐的，有的我想的也不是很明白，写这个文章是因为觉得这个主题很有意思，想要分析分析。我就按照刚才发言的顺序回应。

首先是王钢师兄，我当时也查了德国是否有理论在讨论"一连行为"，但是没有找到对应的名词，只能分别去看防卫过当、原因自由行为部分等，自然单一行为本身是关于罪数的一个讨论，虽然罪数理论涉及如何评价的问题，但是其评价目的和本次讨论情形不太一样。师兄提到的最高裁平成9年那个案件中第二个行为本身能否构成防卫过当，这个我确实没有很细致地看判决里面事实的认定部分，因为从一审开始认为要么是防卫过当要么是犯罪。还有就是很多老师提到的"打十拳"的问题，确实我也认为这是全体性评价里边最有利的一个论点，因为我们不可能更仔细地判断是哪一拳导致的结果。我说的每一拳都不构成过当，但是加起来构成过当，一开始人还是完好的状态，打每一拳出来，人的状态会变差，但这时候也不是说我把十拳加起来看成过当，而是打的过程中到某一拳的时候造成过当，但是事实上很难查清，再去发现具体哪一拳就没有必要了，除非第一拳把人打死，这种情况很少见，这是全体性评价里唯一一个能让我动摇的例子。

但是这个例子也只是说明十拳里有一拳过当，只不过我查不清楚而已。师兄提到"违法性复活"的问题可能并没有这么大，确实日本最高裁很早就开始考虑相关问题，为什么到2009年、2010年才开始讨论，因为之前在判例中很少遇到这样的情况，考虑多个打击行为，一般不会第一个造成致命伤，后边的才会造成这种结果，所以正是出现了最高裁平成21年那样的案件才开始讨论起来。

如果说在质的防卫过当里边几乎不存在这样的问题，但是在量的防卫过当中，一旦明显可以看出致命伤一个在不法侵害发生中造成、一个在不法侵害发生后造成的，那我觉得把前者连起来可以看作防卫过当，因为已经超出了时间的限制，这个定性不会变，如果这个时候依然采用全体性评价，定性就是防卫过当，在量的防卫过当中很容易出现"违法性复活"的问题。对于防卫意思，我也赞成师兄的观点，因为可以把防卫意思理解为行为意思。

李强师兄所说不用区分视角，即全体性评价性方法，其实当说防卫过当的时候，凭什么说是防卫过当而不是单纯的犯罪行为，从而适用一个单独的条款来减轻或免除处罚，而不是像一般情形作为量刑情节出现，一定是看到了这个行为和前边构成正当防卫的行为有紧密相关性，在这个意义上有所谓的违法减少，过会儿我再对违法减少进行说明。师兄说前一个阶段通过归因的方式就可以解决，后一个阶段是不法的归属判断。前一个阶段归因判断里边确实也存在归结于哪一个行为，案件中究竟是多个行为还是一个行为，只有预设了两个行为时，才可以讨论归因于哪个行为。十拳的问题刚才也说过了，就不再赘述了。

冯威老师提的问题都很尖锐，因为可能不限于刑法领域，所以对许多问题看得更透彻。首先是行为理论与防卫过当是否可以融合，我觉得罪数理论和防卫过当未必能够融合，但是行为理论与防卫过当是有可能在一起的，只是以前的教科书很少在别的问题里讨论，给人的感觉是行为理论都是在罪数里边讨论的，写这个文章的目的是要说在刑法领域很多问题都要用到这个理论，浙江大学李世阳老师发表在《中国法学》[1]上的那篇文章就是从行为论的角度去谈的，但是后边也提到行为理论不能只在罪数里边用。

第二个问题更难，就是假想防卫和量的防卫，如果说不法侵害已经结束，行为人误以为不法侵害没有结束，这时确实是假想防卫，但是认定假想防卫并不意味着不是量的防卫过当，认定防卫过当是要考虑量刑上要不要减轻或免除处罚。

所以，我认为二者并不一定是排斥的关系，当然我在文章中也提及，完全不是这种情况的假想防卫，就是说已经认识到对方不会攻击我，但是基于兴奋或者愤怒继续实施了后期的防卫行为，在日本承认量的防卫过当更多地可能是解决这类案件，就是不认定假想防卫的时候，是否可以认定为量的防卫过当，这个时候的考虑是既然意识到了不法行为被压制，那么防卫意思在哪里，这个也就涉及宁老师提到的防卫意思是如何认定的问题。

---

〔1〕 李世阳："刑法中行为论的新展开"，载《中国法学》2018年第2期。

在日本，多数说认为防卫意思里边，攻击意思和防卫意思并存的时候，或者更极端一点只要不是完全出于攻击意思而实施行为，都具有防卫意思，所以防卫意思的认定在日本是很缓和的，像刚才那种情况误认为不法侵害已经结束而实施的防卫行为也被认为构成防卫过当，而假想防卫不一定是完全重合的，即便是完全重合，同时认定这两种情形都存在也没有什么问题。

最后冯老师还提出了宪法上的比例原则，这个也是我很关注的问题，就是如何把比例原则用到刑法当中，我的博士论文第一章就是刑法上的可罚性和比例原则的关系，至少在日本刑法学里边已经有很多学者用比例原则讨论防卫行为的成立条件，当然还有用比例原则考查刑罚权的发动，还有人在过失犯罪里边考虑比例原则等。

黄河老师提出的"质"和"量"的用法，刚开始看的时候我自己也很奇怪，后来也不求甚解就这样记了，黄河老师也稍微帮我解释了一下。黄老师提到对事前故意案件的处理，我不知道黄老师提出来的处理方法是不是德国的主流观点，我印象中多数说是将两个行为作为一个行为来对待，才能得出故意既遂的责任。按照黄河老师提到的问题，前行为的防卫意思是否可以用到后行为中去，我觉得在日本的话如果只是为了报复并不会被认为有防卫意图，前边那个引不过来。但是量的防卫过当是说即便认识到不法侵害已经结束，仅仅是为了保全自己，日本的法律还是认为有防卫意图的，所以可能不需要援引前一个。

提到的违法性减少问题，日本的学者认为违法是有程度的，不仅仅是是和非的关系，很少用到"不法"这个概念，我也习惯性用到这个概念。对于【事例5】[1]是不是共犯过限的问题，我觉得说过限一定是共犯人实施了某个行为，比如乙偷盗并强奸，需要考虑的是这是一个行为还是多个行为，或者说是结果上的过限。但是按照整体性评价，是把这个看作是一个行为。

最后黄河老师提到量的防卫过当体系定位，日本与我们国家有点相似，德国的防卫过当最终的结果是不处罚，是在犯罪评价的第三个阶段认为没有答责性或责任，但在日本，防卫过当最后的效果仅仅是可以减轻或者免除，

---

〔1〕　对于丙的不法侵害，甲与乙共同实施了符合正当防卫的第一反击行为，在乙离去的情况下，甲又对丙继续实施了第二反击行为乃至追击行为。

并不是不成立犯罪。有的人认为是违法减少，有的人认为是责任减少。之所以与德国有不同的规定是因为德国要求防卫过当必须基于恐吓、惊吓等，但是在日本没有这种区分。

王蔚老师提到的价值判断问题在日本也是有的，日本制定旧刑法时一定以量的防卫过当作为一个出发点，在我们国家讨论这个问题也是很前提性的判断，这个时候时间要件已经不能满足了，和那个满足了时间要件的防卫过当同样地享受条文上的优惠，我觉得可以，这就是一种价值判断。

宁老师提到量的防卫过当是不是就是正当防卫加事后的假想防卫，有一类并不是，事后确实存在自己认识到对方已经停止了侵害，这种情形下有可能成为量的防卫过当。至于对我国的意义，刚开始写这篇文章时我确实没有考虑太多，只是想介绍日本判例研究对学说发展的影响。对于我们国家的意义可能在于，引发量的防卫过当要不要存在、值不值得讨论。承认量的防卫过当会鼓励国民的私力救济，我们国家不是防卫过当认定的太多，而是认定的太少，所以这个问题可能特别突出。关于防卫意思内容的讨论，日本认为存在防卫认识即可，关于防卫意思的判断会不会给公安机关带来压力，我认为可能恰恰相反，是辩护方而非公安机关需要证明有没有防卫意思。

最后提到的是教学案例、自编案例有什么意义，实际上对实务的意义确实不大，这更像是思维实验，验证把这种理论推到极致是否还适用，实践中可能无论采用哪个理论结果都一样，但是学者总是想要一个一贯的理论。

魏老师刚才的点评打消了我一直以来的几个疑惑，提出了单一事实说的缺陷，我也看到日本有相关讨论。关于既判力的讨论也给了我一个很好的回复，我也同意这个观点。对于证明的问题，使得证明责任分配更加混乱，是不是具有可操作性，由于我没有太多实务经验，所以不是很清楚，我个人感觉好像两个证明责任之间，两方分别负担也有着合理性。对于有同学提到的问题，在我们国家如果承认量的防卫过当，那么可以适用《刑法》第20条第2款的规定；即便不承认是防卫过当，也应当作为酌情情节予以考虑。